firma

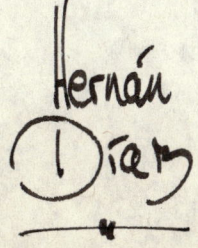

Traducción de:
ANA MARÍA NETHOL

Teoría de la literatura de los formalistas rusos

por
Jakobson, Tinianov, Eichenbaum,
Brik, Shklovski, Vinogradov,
Tomashevski, Propp

Antología preparada y presentada por Tzvetan Todorov

siglo veintiuno editores, s.a. de c.v.
CERRO DEL AGUA 248, DELEGACIÓN COYOACÁN, 04310 MÉXICO, D.F.

siglo veintiuno de españa editores, s.a.
CALLE PLAZA 5, 28043 MADRID, ESPAÑA

siglo veintiuno argentina editores

siglo veintiuno editores de colombia, s.a.
CALLE 55 NÚM. 16-44, BOGOTÁ, D.E., COLOMBIA

portada de anhelo hernández

primera edición en español, 1970
sexta edición en español, 1991
© siglo xxi editores, s.a. de c.v.
isbn 968-23-0244-7

primera edición en francés, 1965
© éditions du seuil, parís
título original: *théorie de la literature*

derechos reservados conforme a la ley
impreso y hecho en méxico/printed and made in mexico

ÍNDICE

ROMAN JAKOBSON
7   Hacia una ciencia del arte poético

TZVETAN TODOROV
11 Presentación

I

B. EICHENBAUM
21 La teoría del "método formal"

V. SHKLOVSKI
55 El arte como artificio

R. JAKOBSON
71 Sobre el realismo artístico

V. V. VINOGRADOV
81 Sobre la tarea de la estilística

J. TINIANOV
85 La noción de construcción

J. TINIANOV
89 Sobre la evolución literaria

J. TINIANOV y R. JAKOBSON
103 Problemas de los estudios literarios y lingüísticos

II

O. BRIK
107 Ritmo y sintaxis

B. TOMASHEVSKI
115 Sobre el verso

V. SHKLOVSKI
127 La construcción de la "nouvelle" y de la novela

	B. Eichenbaum
147	Sobre la teoría de la prosa
	B. Eichenbaum
159	Como está hecho *El capote* de Gogol
	V. Propp
177	Las transformaciones de los cuentos fantásticos
	B. Tomashevski
199	Temática
233	Nota bibliográfica
234	Sobre los autores

HACIA UNA CIENCIA DEL ARTE POETICO

ROMAN JAKOBSON

Era la época de los jóvenes experimentadores en las artes y en las ciencias. En el curso del invierno 1914-1915, algunos estudiantes fundaron el Círculo Lingüístico de Moscú bajo los auspicios de la Academia de Ciencias; dicho círculo se dedicaba a promover la lingüística y la poética, como lo decía el programa que sus organizadores sometieron al secretario de la Academia, el célebre lingüista Shajmatov. A la iniciativa de O. Brik, apoyado por un grupo de jóvenes investigadores, debemos la publicación de la primera antología colectiva de estudios sobre la teoría del lenguaje poético (Petrogrado, 1916) y luego, a comienzos de 1917, la formación de la nueva Sociedad de estudio del lenguaje poético, que será designada más tarde con la abreviatura Opoiaz y que colaborará estrechamente con el Círculo de Moscú.

El aspecto lingüístico de la poesía fue puesto deliberadamente de relieve en todas estas empresas. En esa época comenzaban a abrirse nuevos caminos en la investigación de la lengua; el lenguaje de la poesía es el que se prestaba más para ello porque este dominio, descuidado por la lingüística tradicional, permitía salirse de las huellas de los neogramáticos y además, porque la relación entre medios y fines, así como del todo con las partes, o sea entre las leyes estructurales y el aspecto creador del lenguaje, se encontraban más al alcance del observador en el discurso poético que en el habla cotidiana. Por otra parte, el denominador común de las bellas letras —la impronta de la función poética en su estructura verbal— aportaba una dominante neta en el conjunto de los valores literarios; la historia de la literatura se encontraba dotada de un hilo conductor y prometía unirse a las ciencias nomotéticas.

La significación primordial del término poesía en griego antiguo es "creación"; en la antigua tradición china shih ("poesía, arte verbal") y chich ("finalidad, designio, fin"), son dos nombres y conceptos estrechamente vinculados. Ese carácter netamente creador y finalista del lenguaje poético, es el que trataron de explorar los jóvenes rusos.

El "formalismo", una etiqueta vaga y desconcertante que los detractores lanzaron para estigmatizar todo análisis de la función poética del lenguaje, creó el espejismo de un dogma uniforme y consumado. Sin embargo, como repetía B. Eichembaum, todo movimiento literario o científico debe ser juzgado ante todo en base a la obra producida y no por la retórica de sus manifiestos. Desgraciadamente al discutir el saldo de la escuela "formalista" hay una inclinación a confundir los slogans pretenciosos e ingenuos de sus heraldos con el análisis y metodología innovadoras de sus investigadores científicos.

La búsqueda progresiva de las leyes internas del arte no eliminaba del programa de estudio los problemas complejos de la relación entre este arte y los otros sectores de la cultura y de la realidad social. Es evidente que entre los investigadores de estas leyes inmanentes nadie había tomado en serio los folletines que lamentaban las discrepancias en el seno de la Opoiaz y anunciaban, para impresionar al lector, que "en el arte, libre desde siempre con respecto a la vida, el color de la bandera que corona la fortaleza no puede ser reflejado de ninguna manera". Pero los que polemizaban contra el "método formal", solían aferrarse, precisamente, a estas boutades. Sería igualmente erróneo identificar el descubrimiento e incluso la esencia del pensamiento "formalista" con los vacuos discursos sobre el secreto profesional del arte, que consistiría en hacer ver las cosas desautomatizándolas y volviéndolas sorprendentes (ostranienie), mientras que en realidad el lenguaje poético opera un cambio esencial en las relaciones entre el significante y el significado, así como entre el signo y el concepto.

Evidentemente, el desarrollo internacional del análisis estructural en lingüística y en las otras ciencias sociales en el curso de la época siguiente, aportó numerosas correcciones a las hipótesis preliminares, nuevas respuestas a los problemas anteriores y planteó numerosos problemas imprevistos. Debe reconocerse sin embargo la contribución sustancial de los pioneros rusos de los años 1910-1920 en el dominio de la poética, al progreso del pensamiento científico en lo que concierne a la lengua en la diversidad de sus funciones. Estas ideas vivificadoras se difundieron mundialmente, sobre todo por intermedio del grupo ruso-checo formado en Praga en 1926, a imagen del Círculo moscovita.
Quiero citar aquí a uno de los más finos y serios representantes del equipo, B. Tomashevski, quien, en ocasión de nuestro último encuentro en Moscú (1956), me hizo observar que las ideas más osadas y estimulantes del movimiento permanecen aún en la sombra. Podrían citarse las penetrantes observaciones sobre la correlación de las funciones referencial y poética o sobre la interdependencia de la

sincronía y la diacronía y, ante todo, sobre la mutabilidad, desconocida de ordinario, en la jerarquía de los valores. Los trabajos que extendían los principios sintácticos al análisis de enunciados completos y de su intercambio dialógico han llegado a uno de los más grandes descubrimientos de la poesía rusa: el de las leyes que rigen la composición de los temas folklóricos (Propp, Skaftymov) o de las obras literarias (Bajtin).

Desde el comienzo, las cuestiones teóricas retuvieron la atención de los investigadores, como lo señala el título de sus primeras publicaciones. Pero si bien no faltan las tentativas de hacer un balance de la doctrina (tal como el meditado libro de Engelgardt), lo que permanece como más significativo de los "formalistas", es la discusión; tanto la oral como la reflejada en sus escritos. Se encuentra allí la complementaridad necesaria de las diversas perspectivas, tal como se ha manifestado en los diálogos de Platón y erigida en principio en la concepción fundamental de Niels Bohr. El encuentro de los analistas del arte poética con sus maestros es lo que pone a prueba la investigación y la enriquece: <u>no por azar el Círculo lingüístico de Moscú contó entre sus miembros a poetas como Maiakovski, Pasternak, Mandelshtam y Aseiev.</u>

En la crónica de los debates en el Círculo de Moscú y en la Opoiaz, tal vez los más encarnizados y sugestivos son los que conciernen a la relación entre las propiedades puramente lingüísticas de la poesía y sus caracteres que trascienden los límites de la lengua y pertenecen a la semiología general del arte.

Los años veinte dieron a los estudios rusos de poética una fuerte envergadura. La investigación, la enseñanza, la lista de los autores, de las publicaciones, de institutos consagrados al estudio de la poesía y las otras artes, de cursos y conferencias, se acrecentaron constantemente. La crisis de crecimiento era inminente. El desarrollo constante de la poética exigía un nuevo impulso de la lingüística general que era tan sólo embrionaria. Pero esta inhibición temporaria se transformó en un letargo de larga duración.

"La interrupción prolongada en el estudio del lenguaje de las bellas letras en su carácter de fenómeno estético", como lo señala una publicación reciente de la Academia de Ciencias de la U.R.S.S., "es debida menos a la lógica interna del proceso del conocimiento que a las limitaciones extrínsecas al pensamiento científico". El carácter de estas barreras ha sido evidenciado por el eminente poeta S. Kirsanov en el primer Congreso de Escritores soviéticos (Moscú, 1934): "No se pueden tocar los problemas de la forma poética, de las metáforas, de la rima o el epíteto, sin provocar la respuesta inmediata: ¡detened a los formalistas! Todo el mundo está amenazado de ser acusado del crimen formalista. Este término se ha trans-

formado en un punching-ball para ejercitar los bíceps de los críticos. Toda mención de la "figura fónica" o de la "semántica" es automáticamente seguida por un rechazo: ¡Al formalista! Ciertos críticos caníbales han hecho de este santo y seña un grito de guerra para defender su propia ignorancia en la práctica y en la teoría del arte poético y para arrancar el cuero cabelludo a cualquiera que ose perturbar el wigwam de su oscurantismo".

Pese a las enojosas supervivencias de estas actitudes de odio, se observa actualmente "una tendencia a retomar, a reinterpretar, a desarrollar con un nuevo impulso creador las verdaderas conquistas de la lingüística y de la estética soviética de los años veinte", confrontándolas con las corrientes actuales del pensamiento lingüístico y semiológico e integrándolas en el sistema conceptual actual. Esta beneficiosa tendencia se manifiesta vivamente en los debates y en interesantes trabajos de los jóvenes investigadores de Moscú, Leningrado y Tartu.

1965

PRESENTACION

TZVETAN TODOROV

Formalismo fue el nombre que designó, en la acepción peyorativa que le daban sus adversarios, la corriente de crítica literaria que se afirmó en Rusia entre los años 1915 y 1930. La doctrina formalista se encuentra en el origen de la lingüística estructural o por lo menos de la corriente representada por el círculo lingüístico de Praga. Actualmente, numerosos dominios están afectados por las consecuencias metodológicas del estructuralismo. De esta manera, las ideas de los formalistas se encuentran representadas en el pensamiento científico actual; sus textos, en cambio, no pudieron franquear las múltiples barreras aparecidas posteriormente.

El movimiento estaba ligado en sus comienzos a la vanguardia artística: el futurismo. Este ofrecía los *slogangs* de sus poetas (Jlebnikov, Maiakovski, Kruchenij) para recibir, como retribución generosa, explicación y justificación. El parentesco señalado vincula directamente el formalismo al arte actual: a través de las épocas y bajo diversas denominaciones, la ideología de las vanguardias permanece aparentemente estable.

Debemos a los formalistas una teoría elaborada de la literatura (título de una obra aparecida entonces, de la que la nuestra ha tomado el nombre) que debía ensamblarse naturalmente con una estética que, a su vez, forma parte de una antropolgía. Ambición difícil que desenmascara lo que toda la literatura sobre la literatura no llega a disimular a pesar de su abundancia verbal: poco se ha avanzado sobre las cualidades intrínsecas del arte literario. Cuando se trata de hacer el balance del pasado, tarea en la que se empeñan eruditos y sabios congresos, las teorías formalistas· aparecen en lugar privilegiado.

No presentaremos en este prefacio una exposición sistemática de la doctrina formalista: los textos que siguen son suficientemente explícitos. El primero nos ofrece un bosquejo histórico de los diez primeros años de la actividad formalista. Traducir la doctrina en términos de lingüística moderna sería una tentativa que rebasaría el marco de una introducción; nos hemos asignado esta tarea en otro estudio. Nos limitaremos aquí a algunas indicaciones históricas y a algunas consideraciones de orden más general.

Actualmente nos parece que las ideas alrededor de las cuales se ha constituido la doctrina del formalismo se encuentran al margen del sistema. Se trata de las ideas sobre el automatismo de la percepción y el papel renovador del arte. El hábito nos impide ver, sentir los objetos; es necesario deformarlos para que nuestra mirada se detenga en ellos: esa es la finalidad de las convenciones artísticas. El mismo proceso explica los cambios de estilo en arte: las convenciones, una vez admitidas, facilitan el automatismo en lugar de destruirlo. Treinta años después, la teoría de la información resucita las tesis de Shklovski, explicando que la información aportada por un mensaje disminuye a medida que su probabilidad aumenta. Como buen formalista, Norbert Wiener afirma: "Aún en los grandes clásicos del arte y de la literatura no se encuentra ya gran cosa de su valor informativo porque el público se ha familiarizado con su contenido. Los escolares no aman a Shakespeare porque no ven en su obra nada más que una cantidad de citas conocidas". Sin embargo, identificar el valor de una obra con su novedad (como a veces hicieron los formalistas) es una simplificación exagerada. Otro principio adoptado desde el comienzo por los formalistas es el de colocar la obra en el centro de sus preocupaciones: rehuyen el enfoque psicológico, filosófico o sociológico que regía entonces la crítica rusa. En este punto, sobre todo, los formalistas se distinguen de sus predecesores: según ellos no se puede explicar la obra a partir de la biografía del escritor, ni a partir de un análisis de la vida social contemporánea. En este primer período las concepciones de los formalistas se habían difundido ampliamente; en casi toda Europa se produjo un movimiento análogo hacia la misma época. La evidencia misma de esas afirmaciones las hace actualmente menos interesantes; además, como toda teoría construída a partir de la negación de un dogma existente, de un vuelco de valores, ésta no llega a salir del marco de la concepción criticada. Una vez que se rechazan las opiniones tradicionales, no nos queda saldo positivo. De todas maneras, estas mismas ideas revestirán otra forma a lo largo del desenvolvimiento posterior del formalismo y darán nacimiento a una teoría que sigue siendo actual.

Otra idea importante para la primera fase del formalismo es la que V. Shklovski resume en el título de uno de sus artículos: *El arte como artificio*. Rechazando toda mística que no hace más que oscurecer el acto de creación. (y la obra misma), los formalistas tratan de describir su fabricación en términos técnicos. Sin duda la tendencia artística más próxima a los formalistas es aquella que es más consciente de sus propios medios. La concepción de "fabricación" se reforzó aún más cuando, después de la revolución de 1917, este espíritu se expande sobre toda la cultura soviética. Un punto de partida totalmente nuevo hace creer en el poder de la técnica; provistos de una nueva terminología, los investigadores quieren explicar todo lo que sus predecesores han declarado inexplicable. Pero sólo más tarde los formalistas sacarán las conclusiones teóricas de estos principios positivistas.

Los años que siguen son años de trabajo intenso. El grupo se apoya sobre los principios elaborados y aborda un gran número de problemas de la teoría literaria, así como de la literatura rusa y también de la occidental; problemas que hasta entonces no habían sido advertidos. Recordemos los principales temas teóricos: la relación entre lengua emocional y lengua poética, la constitución fónica del verso (R. Jakobson, *La poesía moderna rusa* y *Sobre el verso checo*), la entonación como principio constructivo del verso (B. Eichembaum, *La melodía del verso lírico ruso*), el metro, la norma métrica, el ritmo en verso y en prosa (B. Tomashevski, *A propósito del verso*), la relación entre ritmo y semántica en poesía, la metodología de los estudios literarios (J. Tinianov, *El problema de la lengua poética*), el modo en que las exigencias impuestas a la obra por la realidad interfieren con las que reclama por su propia estructura (A. Skaftimov, *Poética y génesis de las bilinas*), la estructura del cuento fantástico (V. Propp, *La morfología del cuento*), la tipología de las formas narrativas (V. Shklovski, *Acerca de la teoría de la prosa*), etc.

En el curso de estos años se produce una modificación imperceptible. Como se ha mostrado, el formalismo está estrechamente vinculado en sus comienzos con la vanguardia artística de la época. El nexo no se manifiesta solamente a nivel teórico, sino también a nivel del estilo, como lo muestran los primeros textos formalistas. La búsqueda de lo paradójico, las digresiones líricas, remplazan a menudo la argumentación fundada, propia del razonamiento científico. Estos textos aparecen así en su mayor parte en revistas artísticas y llegan a ser materia de discusiones animadas de donde están ausentes los escrúpulos de la erudición. Este rasgo se desdibuja en las obras publicadas en el curso de los años siguientes: lo paradójico y la fórmula espiritual dan lugar a un pensamiento riguroso y lógico. Esta transformación es debida, en parte, a una evolución personal (en Jakobson, por ejemplo); pero también a la importancia lograda por los trabajos de algunos de los jóvenes participantes del grupo como J. Tinianov, B. Tomashevski, V. Vinogradov. El espíritu de vanguardia persiste, con la diferencia de que la actitud hasta entonces artística se torna científica de allí en adelante.

Si todas las obras enumeradas no fueran más que una ilustración de los principios elaborados anteriormente, no hubieran contribuído a la evolución de la doctrina. Uno de estos principios empero, ha abierto el camino al perfeccionamiento ulterior: el que postula que el método debe ser inmanente al estudio. Se ve así que su valor se encuentra a un nivel superior, puesto que este principio no excluye los diferentes enfoques de un mismo objeto. Un método inmanente implica la posibilidad de recibir sugerencias de los hechos analizados. En efecto, los formalistas modifican y perfeccionan su método cada vez que encuentran fenómenos irreductibles a leyes ya formuladas. Esta libertad ha permitido, diez años después de los manifiestos del comienzo, una nueva síntesis, muy diferente a la primera.

Esta actitud ha reforzado el positivismo ingenuo de los formalistas: muy a menudo declaran a la cabeza de sus obras que la ciencia es independiente de toda teoría. De creerles, no existiría en su trabajo ninguna premisa filosófica o metodológica. Del mismo modo, ellos no tratan de sacar las consecuencias que surgen de sus trabajos, y aún menos de generalizarlas en una metodología de las ciencias humanas. No puede dejar de sorprender una declaración tal de parte de estos estudiosos que, negando todo valor autónomo a su método, han elaborado de hecho una de las doctrinas metodológicas más logradas; actualmente hasta se les podría reprochar el no haber pensado más que en la metodología. Esto muestra una vez más que, en ciencia, el positivismo ingenuo es siempre ilusorio; es más bien el índice de un fenómeno corriente en los empiristas: la falta de conciencia de sus propios medios, incluso de la esencia de sus actos.

Tinianov, en sus últimos artículos, esboza la nueva síntesis. Encontramos allí muchas ideas que confirmarán su importancia en los años siguientes. En primer lugar está la distinción entre forma y función del elemento (signo) literario. Esta pareja puede estar relacionada con la dicotomía saussuriana de significante y significado; pero como se trata aquí de literatura, es decir de un sistema significativo de segundo grado, las dos nociones están en este caso no sólo inseparablemente unidas sino también confundidas. Estando constituída la forma por signos lingüísticos, se puede comprender la interpretación que ella provoca a nivel del lenguaje común, como también la capacidad de una misma sustancia de participar tanto en el anverso como en el reverso del signo, en épocas o autores diferentes: de esta manera se introduce la confusión que consiste en clasificar erróneamente los elementos formales bajo la categoría de sentido y viceversa. Tomemos un ejemplo. El "viaje en búsqueda de un medio de existencia" no es un elemento formal para la novela picaresca del siglo dieciséis. Más tarde, en cambio, llega a ser simple procedimiento que puede tener funciones diversas: así es como se permite al autor vincular situaciones diferentes conservando simpre el mismo héroe (primera función), expresar sus impresiones sobre diversos lugares visitados (segunda función), o bien presentar los retratos de diferentes personajes que de otro modo no serían compatibles en el mismo relato (tercera función), etc. Estos dos aspectos del discurso literario se encuentran en una interdependencia compleja. La noción de significación funcional se revela particularmente útil en literatura, donde estamos en presencia de un material heterogéneo: ella nos permite colocar en un mismo plano elementos tan diferentes como el ritmo, la construcción fónica y fonológica, los procedimientos de composición, las figuras retóricas, etc.

Tinianov introduce una distinción importante en la noción de función: ésta puede ser definida sea en relación con las otras funciones parecidas que podrían remplazarla, sea en relación con las funciones vecinas con las cuales entra en combinación. Además, ella se manifiesta a muchos niveles. Así, para la "función sinoma" (de combinación) el primer nivel es el de la "función constructiva", es decir la posibilidad de incluir los signos en una obra; en el nivel siguiente encontramos la "función literaria", es decir la inclusión de las obras en la literatura; finalmente toda la literatura es integrada en el conjunto de los hechos sociales gracias a su "función verbal". En consecuencia, el orden de la descripción, el procedimiento, adquiere una importancia particular ya que la confusión de niveles equivale a la falsa interpretación del sentido. Así aparece el concepto de jerarquía, presente tanto en el fenómeno estudiado como en el desarrollo de nuestro análisis.

En el interior de cada clase jerárquica, las formas y las funciones constituyen sistemas (y no simple conjuntos de hechos yuxtapuestos). Cada sistema refleja un aspecto homogéneo de la realidad, llamado "serie" por Tinianov. Así, en una época determinada encontramos, al lado de la serie literaria, una serie musical, teatral, etc., pero también una serie de hechos económicos, políticos y otros. Una vez más, el orden lógico de las relaciones juega aquí un papel primordial; es solamente por su conocimiento que llegaremos a abarcar la totalidad de los hechos. Tal punto de partida permite integrar la dimensión histórica en el estudio estructural de la literatura (o de toda otra actividad social). En este esbozo de la antropología social los partidarios actuales del estructuralismo encontrarán una correspondencia entre sus puntos de vista y los de los formalistas.

Se percibe rápidamente que la mayor parte de estas ideas no

pueden aspirar a ser completamente originales. Colocar la obra literaria en el centro de la atención, examinar sin prejuicios su materia y su construcción, es una tarea que ha llevado a los pensadores de todas las épocas y de todos los países a conclusiones que se aproximan a las de los formalistas. Los creadores lo hicieron más frecuentemente que los críticos: en Francia, más o menos en la misma época, Mallarmé, André Gide, Marcel Proust, expresaron a menudo las mismas reflexiones sobre el arte literario: la correspondencia es particularmente sorprendente en el caso de Valéry quien, por sus puntos de vista teóricos, se revela como un "formalista" por excelencia. Pero entonces, ¿tienen un valor particular las teorías del formalismo? Y si es así, ¿en qué consiste? ¿Por qué el formalismo ha dado origen a la metodología actual de las ciencias humanas y no otra doctrina? Pues, ciertamente, no es el estilo lo que asegura perennidad a los escritos de los formalistas...

Para tener la posibilidad de dar una respuesta justa a este problema de valor, es necesario sin duda captar ante todo el criterio que la funda. El trabajo científico no puede reducirse a su resultado final: su verdadera fecundidad reside en la actividad por medio de la cual ese trabajo se actualiza, en sus contradicciones inherentes, en sus *impasses* meritorios, en sus grados sucesivos de elaboración. El pedagogo exige un tratado que describa un sistema acabado de fórmulas perfectas; no el investigador, quien encuentra en las aproximaciones de su predecesor un punto de partida para su trabajo. El contenido de una obra científica, como el de una obra de arte, no se confunde con su mensaje lógico, que se resume en un pequeño número de proposiciones. Es lo mismo que afirmar el carácter finito del conocimiento, pretender que es posible agotarlo, sin tener en cuenta a aquél que, observándola, formula el sentido de la realidad. Las ideas abstractas se sitúan más acá de la obra científica, que, para constituirse, exige ser integrada en una experiencia personal. A partir de esto, una concepción sólo se expande después de su primera formulación, cuando ella se encuentra sostenida por un conjunto de formas y de relaciones vividas. No se trata entonces, en el trabajo científico, de comunicar un conocimiento que ha tomado ya su forma definitiva, sino de crear una obra, de escribir un libro. Los formalistas han sabido dejar en sus libros la impronta de su esfuerzo. Descubrimos allí no solamente un resultado, sino también un acto. Es una obra que lleva en sí misma la imagen de su devenir.

Así vemos que, paradójicamente, el doble peligro que representa tanto la verificación de las teorías como el mejor conocimiento de los hechos es ilusorio: ni la confirmación de las hipótesis que las hace evidentes y las sustrae así del pensamiento activo, ni su refutación que las obliga a contentarse con ocupar un lugar en la historia de las ideas, pueden alterar el valor de la obra científica. El paso dado por la teoría del formalismo desde la vanguardia artística a la vanguardia científica no es ocasional ni inexplicable: a este nivel, ambos procesos marchan juntos y llegan a conjugarse. Podría justificarse así todo conocimiento de la literatura, conocimiento que de otra manera no alcanzaría nunca una calidad comparable a la de la obra de arte analizada.

Actualmente podemos preguntarnos cuál es la significación del formalismo para nosotros, en qué medida corresponde a nuestra imagen del conocimiento de la literatura. Esta pregunta nos obliga a colocar en primer plano la pareja constituída por el método y el objeto de estudio. El reproche de "formalismo" dirigido a los formalistas parece injustificado y, considerando el grado de nuestros conocimientos actuales, su análisis conceptual del hecho literario se mantiene, según nuestra opinión, siempre válido. Si no se reduce el método a una serie de procedimientos técnicos de descomposición y recomposición se podrá percibir que el programa anunciado está aún lejos de ser realizado. Se objetará que la imagen de la literatura que surge de sus análisis es relativamente pobre y que no supera el grado de complejidad de un relato mítico. Sin embargo, esta impresión de simplismo en los resultados se debe a la complejidad estructural de la obra literaria, forma superior de expresión, propia de nuestra civilización. Los formalistas han distinguido, justamente, en el interior de la obra, la presencia de varios planos superpuestos que, aunque poseen sustancia diferente, poseen funciones correlativas: los fonemas, la prosodia, el ritmo, la entonación, etc. Pero el análisis literario no puede detenerse aquí: esta estratificación no corresponde a la verdadera multiplicidad de significaciones inherentes a la obra. En realidad, el nivel del relato constituído por los elementos lingüísticos sirve de significante al mundo virtual, a los caracteres de los personajes y a los valores metafísicos. El creador se encuentra también inmerso en esta red (no en su personalidad concreta, sino por una imagen indisolublemente integrada en la obra); su sensibilidad es un significado suplementario. El método elegido no limita nuestro objeto: en efecto, podemos integrar en el análisis todo nivel de significación que encontremos útil aislar; el carácter del código nos indicará los medios y las técnicas a utilizar. Esto prueba, una vez más, la riqueza del camino propuesto por el formalismo.

Durante los quince años que duró su actividad, los formalistas produjeron una cantidad considerable de obras. Una antología supone en consecuencia una elección que, aun siendo inevitablemente subjetiva, no debe deformar la imagen de la doctrina. Diversas exigencias nos han impuesto restricciones. En primer lugar, el título de la colección: si bien la teoría de la literatura es el tema principal de sus trabajos, no es sin embargo el único; hemos dejado de lado preciosos textos sobre las otras artes y sobre lingüística. Por otra parte, esta antología está destinada esencialmente a lectores que no poseen forzosamente un conocimiento profundo de la lengua y de la literatura rusas. De esto resultan dos consecuencias importantes para el contenido de este libro: la teoría de la prosa es la que ocupa el primer lugar y no la del verso, que hubiera sufrido más en la traducción o resultaría simplemente incomprensible. El sistema fonológico y prosódico del ruso es demasiado diferente del sistema del francés como para que el lector no iniciado pueda aprehenderlo sin dificultad *.

La segunda consecuencia corre el riesgo de deformar aún más el verdadero aspecto de la actividad formalista. Hemos elegido casi exclusivamente textos que tratan el aspecto teórico de los problemas, omitiendo así la mayor parte de los análisis y observaciones concretas, así como todo tipo de conclusión que sólo tendría valor para la historia determinada de una literatura, rusa o cualquier otra. El lector podría imaginar fácilmente una doctrina abstracta, aislada de los hechos y de la práctica científica. En realidad, se trata de lo contrario. El trabajo de los formalistas es ante todo empírico. Lo que falta con frecuencia son, precisamente, las conclusiones abstractas, la neta conciencia teórica.

Agreguemos, finalmente, que no hemos conseguido todos los textos formalistas, lo que ha restringido igualmente la selección. Hemos agrupado los textos elegidos en dos partes. Se puede decir, simplificando, que la primera se centra en los estudios literarios y la segunda en la literatura en sí misma. Por supuesto que este límite entre el objeto de estudio y su método es ilusorio, y cada parte toca, por lo menos parcialmente, los dos aspectos.

El artículo de B. Eichembaum, "La teoría del método formal" presenta un balance del trabajo de los formalistas durante los años 1916-1925. Este artículo puede servir de introducción a la doctrina, ya que señala las más importantes adquisiciones de este período. Escrito por uno de los participantes más activos del grupo, nos ofrece una condensación de los puntos de vista de los formalistas sobre su propio trabajo y, de una manera más general, de su actividad ante el *status* e historia de la ciencia.

* Otro tanto ocurre en español (N. de T.)

Los otros artículos incluidos en esta parte siguen un orden cronológico. Los dos primeros pertenecen a la fase inicial del movimiento. "El arte como artificio", de V. Shklovski, fue el artículo-manifiesto. Su autor desempeña el papel de cabeza del grupo durante este primer período. El texto de R. Jakobson no tuvo la misma importancia en la evolución de la doctrina puesto que fue publicado originariamente en checo y luego en ucraniano; el original ruso apareció por primera vez en 1962. Este texto presenta las posiciones iniciales del autor, que luego desarrolló en su libro *La poesía rusa moderna*. Hemos preferido el primero en lugar del más reciente, que se ocupa de la poesía de Jlebnikov y que se presta menos a una traducción.

V. Vinogradov no adhirió nunca al grupo formalista; sus preocupaciones fueron siempre de orden lingüístico y estilístico; sin embargo, la influencia de los formalistas sobre sus primeras obras es incontestable. El extracto elegido, que trata de la relación entre el estudio sincrónico y el estudio diacrónico, es la conclusión de un análisis estilístico sobre un texto ruso del siglo XVI.

"La noción de construcción" es igualmente un extracto, tomado del primer caítulo del libro de Tinianov, *El problema del lenguaje poético*. Esta obra encara los problemas del ritmo y de la significación en el verso y constituye indiscutiblemente un logro de la actividad formalista.

Principalmente en los artículos que marcan la última etapa del movimiento, el mismo Tinianov desarrolla las ideas retomadas más tarde por el estructuralismo. Algunas de ellas ("De la evolución literaria") esperan aún una elaboración y una aplicación más extensa. Las tesis de Tinianov y de Jakobson, último texto de esta primera parte, les dan una forma más general apoyándose en el principio, después célebre, de la analogía entre el lenguaje y las otras formas de la actividad social.

En la segunda parte, los textos están dispuestos según un principio sistemático. Los extractos tomados del artículo de O. Brik sobre la interferencia entre ritmo y sintaxis caracterizan bien a este inspirador de los formalistas que ha dejado tan pocos escritos "científicos". Se puede notar su influencia en los textos tomados de diferentes artículos de B. Tomashevski (de los cuales hemos quitado casi enteramente los ejemplos).

Los tres textos siguientes se refieren a la teoría de la prosa; el último ("Cómo está hecho *El capote* de Gogol") es el único análisis concreto aquí presentado; lo hemos elegido por dos razones: su importancia en la evolución del formalismo y la notoriedad del texto analizado.

El artículo de V. Propp "Las transformaciones de los cuentos fantásticos" da cuenta del último período del movimiento; representa un complemento precioso al libro del mismo autor sobre la morfología del cuento. Al mismo tiempo, este texto tiene valor por sí ya que destaca un problema actual para el estudio estructural de los mitos, sueños, etc.

Finalmente, el largo extracto sobre la temática está sacado del libro de Tomashevski *Teoría de la literatura*. Esta obra, realizada en forma de manual, está destinada a un público más vasto; esto explica la presencia de algunas informaciones casi banales. Con todo, sin pretender tener un carácter original, este libro es la única tentativa contemporánea de dar una forma sistemática a las adquisiciones de los formalistas, en especial en el dominio de la prosa.

Además del primero y del último artículo, que presentan visiones de conjunto, el lector percibirá ciertas repeticiones o contradicciones entre los textos particulares. Este defecto es fácil de explicar, ya que nuestro libro no constituye un estudio homogéneo. Son textos de autores diferentes escritos a lo largo de un período de diez años. Al mismo tiempo, permanecemos fieles de esta manera al espíritu de los formalistas, que siempre rehusaron dar forma definitiva e indiscutible a los resultados adquiridos.

Agradezco al profesor Roman Jakobson, de la Universidad de Harvard, que me dió consejos preciosos sobre la elección de los textos y me ayudó a encontrar algunos de ellos; al profesor Ladislav Majetka, de la Universidad de Michigan, que me procuró diversos textos; y a Gérard Genette, que me dio la idea de esta colección y los primeros impulsos en mi trabajo.

Agradezco particularmente a Annie Lavaur, que participó en la elaborción del texto francés de la traducción, así como a Delphine Perret por su trabajo desinteresado; expreso también mi vivo reconocimiento a mis amigos Eliane Morere, Nicolás Ruwet, Georges Sebbag y Marc Rouanet, que leyeron y corrigieron partes del manuscrito.

París, noviembre de 1964.

LA TEORIA DEL "METODO FORMAL"

B. EICHENBAUM

> *Lo peor, a mi criterio, es presentar a la ciencia como definitiva.*
>
> A. P. DE CANDOLLE

El llamado "método formal" no resulta de la constitución de un sistema "metodológico" particular, sino de los esfuerzos por la creación de una ciencia autónoma y concreta. En general, la noción de "método" ha adquirido proporciones desmesuradas: significa actualmente demasiadas cosas. Para los "formalistas"([1]) lo esencial no es el problema del método en los estudios literarios, sino el de la literatura considerada como objeto de estudio.

En los hechos, nosotros no hablamos ni discutimos de ninguna metodología. Hablamos y podemos hablar únicamente de algunos principios teóricos sugeridos por el estudio de una materia concreta y de sus particularidades específicas y no por tal o cual sistema acabado, sea metodológico o estético. Los trabajos de los formalistas que tratan la teoría y la historia literaria expresan estos principios con suficiente claridad: sin embargo, en el curso de los últimos diez años se han acumulado tantos nuevos problemas y viejos malentendidos en torno a aquellos principios que no será inútil tratar de resumirlos: no como un sistema dogmático sino como un balance histórico. Interesa mostrar, pues, de que manera comenzó y evolucionó el trabajo de los formalistas.

El elemento evolutivo es muy importante para la historia del método formal. Sin embargo nuestros adversarios y muchos de nuestros discípulos no lo tienen en cuenta. Estamos rodeados de eclécticos y de epígonos que transforman el método formal en un sistema inmóvil de "formalismo" que les sirve para la elaboración de términos, esquemas y clasificaciones. Fácilmente se puede criticar este sistema que de ninguna manera es característico del método formal. Nosotros no teníamos y no tenemos aún ninguna doctrina o sistema acabado. En nuestro trabajo científico, apreciamos la teoría sólo como hipóte-

---

1. En este artículo llamo "formalistas" al grupo de teóricos que se habían constituido en una *Sociedad para el estudio de la lengua poética* (Opoiaz) y que comenzaron a publicar sus trabajos desde 1916.

sis de trabajo con cuya ayuda se indican y comprenden los hechos: se descubre el carácter sistemático de los mismos gracias al cual llegan a ser materia de estudio. No nos ocupamos de las definiciones que nuestros epígonos buscan ávidamente y tampoco construimos las teorías generales que los eclécticos encuentran tan agradables. Establecemos principios concretos y, en la medida en que pueden ser aplicados a una materia, nos atenemos a ellos. Si la materia requiere una complicación o una modificación de nuestros principios, obramos de inmediato: nos sentimos libres con respecto a nuestras propias teorías; (y toda ciencia debería serlo, pensamos, en la medida en que existe diferencia entre teoría y convicción). No existe ciencia acabada, la ciencia vive venciendo errores y no estableciendo verdades.

La finalidad de este artículo es polémica. El período inicial de discusiones científicas y de polémicas periodísticas ha terminado. Ahora sólo nuevos trabajos científicos pueden responder a este género de polémicas, de la que *Prensa y revolución* (1924, n° 5) me juzgó digno de participar. Mi tarea principal es la de mostrar cómo, al evolucionar y extender el dominio de su estudio, el método formal ha sobrepasado los límites de lo que se llama generalmente metodología, y se ha transformado en una ciencia autónoma que tiene por objeto la literatura considerada como una serie específica de hechos. Diversos métodos pueden ocupar un lugar en el marco de esta ciencia, a condición de que la atención se mantenga concentrada en el carácter intrínseco de la materia estudiada. Este ha sido, desde el comienzo, el deseo de los formalistas y el sentido de su combate contra las viejas tradiciones. El nombre de "método formal", sólidamente ligado a este movimiento, debe ser interpretado como una denominación convencional, como un término histórico, y no es útil apoyarse en él para definirlo. Lo que nos caracteriza no es el "formalismo" como teoría estética, ni una "metodología" que representa un sistema científico definido, sino el deseo de crear una ciencia literaria autónoma a partir de las cualidades intrínsecas de los materiales literarios. Nuestra única finalidad es la conciencia teórica e histórica de los hechos que pertenecen al arte literario como tal.

I

A los representantes del método formal se ha reprochado a menudo, y desde distintos puntos de vista, el carácter oscuro e insuficiente de sus principios, su indiferencia con respecto a los problemás generales de la estética, de la psicología, de la sociología, etc. Estos reproches, a pesar de sus diferencias cualitativas, tienen el mismo fundamento y dan cuenta, correctamente, de la distancia que separa a los formalistas tanto de la estética como de toda teoría general acabada, o que pretenda serlo. Este desapego (sobre todo para con la estética) es un fenómeno que caracteriza en mayor o menor medida todos los estudios contemporáneos sobre el arte. Luego de haber dejado de lado un buen número de problemas generales (como el problema de lo bello, del sentido del arte, etc.), dichos estudios se han concentrado sobre los problemas concretos planteados por el análisis de la obra de arte *(Kunstwissenschaft)*. La comprensión de la forma artística y su evolución han sido cuestionados al margen de las premisas impuestas por la estética general. Fueron planteados numerosos problemas concretos concernientes a la historia y a la teoría del arte. Aparecieron consignas reveladoras, del tipo de la de Wölflin, *Historia del arte sin nombres* *(Kunstgeschichte ohne Namen)*, y tentativas sintomáticas de análisis concretos de estudios y procedimientos, como el *Ensayo de estudio comparativo de los cuadros*, de K. Foll. En Alemania, la teoría y la historia de las artes figurativas fueron las disciplinas más ricas en experiencia y en tradiciones y ocuparon un lugar central en el estudio de las artes, influyendo tanto en la teoría general del arte como en las disciplinas particulares, en especial los estudios literarios(²). En Rusia, en virtud de razones históricas locales, la ciencia literaria ocupó un lugar análogo.

El método formal llamó la atención sobre dicha ciencia y ella ha llegado a ser un problema actual, no por sus particularidades metodológicas, sino en razón de su actitud ante la interpretación y el estudio del arte. En los trabajos de los formalistas se destacaban netamente algunos principios que contradecían tradiciones y axiomas, a primera vista estables, de la ciencia literaria y de la estética en general. Gracias a esta precisión de principos, la distancia que separaba los problemas particulares de la ciencia literaria de los problemas generales de la estética se redujeron considerablemente. Las nociones y los principios elaborados por los formalistas y tomados como fundamento de sus estudios, se dirigían a la teoría

---

2. R. Unger señala la influencia decisiva que tuvieron los trabajos de Wölflin sobre los representantes de la corriente estética en los estudios actuales de historia literaria en Alemania, O. Walzel y F. Strich; cf. su artículo "Moderne Strömungen in der deutschen Literatur Wissenschaft" (*Die Literatur*, 1923, Nov. H. 2). Cf. el libro de O. Walzel, *Gehalt und Gestalt im Kunstwerk des Dichters*, Berlin, 1923.

general del arte aunque conservaban su carácter concreto. El renacimiento de la poética, que en ese momento se encontraba en completo desuso, se hizo a través de una invasión a todos los estudios sobre el arte y no limitándose a reconsiderar algunos problemas particulares. Esta situación resultó de una serie de hechos históricos, entre los que se destacan la crisis de la estética filosófica y el viraje brusco que se observa en el arte que, en Rusia, eligió la poesía como terreno apropiado. La estética quedó al desnudo mientras el arte adoptaba voluntariamente una forma despojada y apenas observaba las convenciones más primitivas. El método formal y el futurismo se encuentran, pues históricamente ligados entre sí.

Pero el valor histórico del formalismo constituye un tema aparte: aquí deseo ofrecer una imagen de la evolución de los principios y problemas del método formal, una imagen de su situación actual. En el momento de la aparición de los formalistas, la ciencia académica que ignoraba enteramente los problemas teóricos y que utilizaba tibiamente los envejecidos axiomas tomados de la estética, la psicología y de la historia, había perdido hasta tal punto el sentido de su objeto de estudio, que su propia existencia era ilusoria. No teníamos necesidad de luchar contra ella: no valía la pena forzar una puerta abierta; habíamos encontrado una vía libre y no una fortaleza. La herencia teórica de Potebnia y Veselovski, conservada por sus discípulos, era como un capital inmovilizado, como un tesoro al que se privaba de valor por no animarse a tocarlo. La autoridad y la influencia ya no pertenecía a la ciencia académica sino a una ciencia periodística, si se permite el término: pertenecían a los trabajos de los críticos y teóricos del simbolismo. En efecto, en los años 1907-1912, la influencia de los libros y de los artículos de V. Ivanov, Briusov, A. Bieli, Merekovski, Chukovski, etc., era infinitamente superior a la de los estudios eruditos y de las tesis universitarias. Esta ciencia periodística, a pesar de su carácter subjetivo y tendencioso, estaba fundada sobre ciertos principios y fórmulas teóricas que apoyaban las corrientes artísticas nuevas y de moda en esa época. Libros como *Simbolismo* de André Bieli (1910) tenían naturalmente más sentido para la nueva generación que las monografías de historia literaria privadas de concepciones propias y de todo temperamento científico.

Por este motivo, el encuentro histórico de las dos generaciones, encuentro extremadamente tenso e importante, tiene lugar, no en el dominio de la ciencia académica, sino en la corriente de la ciencia periodística compuesta por la teoría simbolista y por los métodos de la crítica impresionista. Nosotros entramos en conflicto con los simbolistas para arrancar de sus manos la poética, liberarla de sus teorías de subjetivismo estético y filosófico y llevarla por la vía del estudio científico de los hechos. La revolución que promovían los futuristas (Jlebnikov, Kruchenij, Maiakovski) contra el sistema poético del simbolismo fue un sostén para los formalistas al dar un carácter más actual a su combate.

Liberar la palabra poética de las tendencias filosóficas y religiosas cada vez más preponderantes en los simbolistas, fue la consigna que consagró al primer grupo de formalistas. La escisión entre los teóricos del simbolismo (1910-1911) y la aparición de los acmeístas prepararon el terreno para una revolución decisiva. Era necesario dejar de lado toda componenda. La historia nos pedía un verdadero *pathos* revolucionario, tesis categóricas, ironía despiadada, rechazo audaz de todo espíritu de conciliación. Lo que importaba era oponer los principios estéticos subjetivos que inspiraban a los simbolistas en sus obras teóricas, contra nuestra exigencia de una actitud científica y objetiva vinculada a los hechos. De allí proviene el nuevo énfasis de positivismo científico que caracteriza a los formalistas: rechazo de premisas filosóficas, de interpretaciones psicológicas y estéticas, etc. El estado de las cosas nos exigía separarnos de la estética filosófica y de las teorías ideológicas del arte. Necesitábamos ocuparnos de los hechos, alejarnos de sistemas y problemas generales y partir de un punto arbitrario para entrar en contacto con el fenómeno artístico. El arte exigía ser examinado de cerca; la ciencia quería ser concreta.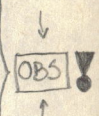

II

El principio de concreción y especificación de la ciencia fué el principio organizador del método formal. Todos los esfuerzos se concentraron en poner término a la situación precedente, cuando la literatura era, según el término de A. Vaselovski, *res nullius*. Resultó imposible conciliar en esto la posición de los formalistas con los otros métodos y hacerla admitir por los eclécticos. Al oponerse, los formalistas negaron y niegan todavía no los métodos, sino la confusión irresponsable de las diferentes ciencias y de los diferentes problemas científicos. Postulábamos y postulamos aún como afirmación fundamental, que el objeto de la ciencia literaria debe ser el estudio de las particularidades específicas de los objetos literarios que los distinguen de toda otra materia; independientemente del hecho que, por sus rasgos secundarios, esta materia pueda dar motivo y derecho a utilizarla en las otras ciencias como objeto auxiliar. Roman Jakobson *(La poesía rusa moderna*, esbozo 1, Praga 1921, pág. 11) da forma definitiva a esta idea: "El objeto de la ciencia literaria no es la literatura sino la "literaturidad" (*literaturnost*), es decir lo que hace de una obra dada una obra literaria. Sin embargo, hasta ahora se podría comparar a los historiadores de la literatura con un policía que, proponiéndose detener a alguien, hubiera echado mano, al azar, de todo lo que encontró en la habitación y aún de la gente que pasaba por la calle vecina. Los historiadores de la literatura utilizaban todo: la vida personal, la psicología, la política, la filosofía. Se componía un conglomerado de pseudo disciplinas en lugar de una ciencia literaria, como si se hubiera olvidado que cada uno de esos objetos pertenece respectivamente a una ciencia: la historia de la filosofía, la historia de la cultura, la psicología, etc., y que estas últimas pueden utilizar los hechos literarios como documentos defectivos, de segundo orden".

Para realizar y consolidar este principio de especificación sin recurrir a una estética especulativa, era necesario confrontar la serie literaria con otra serie de hechos y elegir en la multitud de series existentes aquella que, recubriéndose con la serie literaria, tuviera sin embargo una función diferente. La confrontación de la lengua poética con la lengua cotidiana ilustraba este procedimiento metodológico. Esto fue desarrollado en las primeras publicaciones de la Opoiaz (los artículos de L. Yakubinski) y sirvió de punto de partida al trabajo de los formalistas sobre los problemas fundamentales de la poética. Mientras que para los literatos tradicionales era habitual orientar sus estudios hacia la historia de la cultura o de la vida social, los formalistas los orientaron hacia la lingüística que se presentaba como una ciencia que coincidía parcialmente con la poética en la materia de su estudio, pero que la abordaba apoyándose en otros principios y proponiéndose otros objetivos. Además, los lingüistas se interesaron también en el método formal, en la medida en que los hechos de la lengua poética pueden ser considerados como pertenecientes al dominio lingüístico puesto que son hechos de lengua. De ello resulta una relación análoga a la que existía entre la física y la química en cuanto a la utilización y delimitación mutua de la materia. Los problemas presentados tiempo atrás por Potebnia y aceptados sin pruebas por sus discípulos, reaparecieron bajo esta nueva luz y tomado así un nuevo sentido.

Yakubinski había realizado la confrontación de la lengua poética con la lengua cotidiana bajo su forma general en su primer artículo "Sobre los sonidos de la lengua poética" (*Ensayos sobre la teoría de la lengua poética*, fasc. 1, Petrogrado, 1916), donde formulaba la diferencia del siguiente modo: "Los fenómenos lingüísticos deben ser clasificados desde el punto de vista de la finalidad propuesta en cada caso por el sujeto hablante. Si éste los utiliza con la finalidad puramente práctica de la comunicación, se trata del sistema de la lengua cotidiana (del pensamiento verbal) donde los formantes lingüísticos (sonidos, elementos morfológicos, etc.) no tienen valor autónomo y son sólo un medio de acumulación. Pero se pueden imaginar (y ellos existen realmente) <u>otros sistemas lingüísticos en los que la finalidad práctica retrocede a segundo plano (aunque no desaparece enteramente) y los formantes lingüísticos obtienen entonces un valor autónomo''.</u>

Verificar esta diferencia era no sólo importante para la construcción de una poética sino también para comprender la tendencia de los futuristas a crear una lengua "transracional" * como revelación total del valor autónomo de las palabras, fenómenos que se observa en parte en la lengua de los niños, en la glosolalia de los Sectantes, etc. Los ensayos futuristas de poesía transracional adquirieron importancia esencial puesto que aparecieron como demostración contra las teorías simbolistas que, al no ir más allá de la noción de sonoridad que acompaña el sentido, desvalorizaban el papel de los sonidos en la lengua poética. Se otorgó importancia particular al problema de los sonidos en el verso: ligados a los futuristas en este punto, los formalistas se enfrentaron con los teóricos del simbolismo. Es natural que los formalistas hayan librado su primera batalla en este terreno: era necesario reconsiderar su primera batalla en este terreno: era necesario reconsiderar ante todo el problema de los sonidos a fin de oponer un sistema de observaciones precisas a las tendencias filosóficas y estéticas de los simbolistas y sacar inmediatamente las conclusiones científicas que de allí surgían. Se constituye así la primera selección de trabajos consagrados enteramente al problema de los sonidos en poesía y al de la lengua transracional.

En la misma época que Yakubinski, V. Shklovski mostraba con numerosos ejemplos, en su artículo "Sobre la poesía y la lengua transracional", como "la gente a veces hace uso de palabras sin referirse a su sentido". Las construcciones transracionales se revelaban como un hecho lingüístico difundido y como un fenómeno que caracteriza la poesía. "El poeta no se atreve a decir una palabra transracional; la trans-significación se oculta habitualmente bajo la apariencia de una significación engañosa, ficticia, que obliga a los poetas a confesar que ellos no comprenden el sentido de sus versos". El artículo de Shklovski pone el acento, entre otras cosas, sobre el aspecto articulatorio, desinteresándose del aspecto

---

* Traducimos así el término *zaumnyj* que designa una poesía donde se supone un sentido a los sonidos sin que constituyan palabras. (T.T.)

puramente fónico que ofrece la posibilidad de interpretar la correspondencia entre el sonido y el objeto descripto, o la emoción presentada de una manera impresionista: "El aspecto articulatorio de la lengua es sin duda importante para el goce de una palabra transracional, de una palabra que no significa nada. Es probable que la mayor parte de los goces aportados por la poesía estén contenidos en el aspecto articulatorio, en el movimiento armonioso de los órganos del habla". El problema de la relación con la lengua transracional adquiere así la importancia de un verdadero problema científico, cuyo estudio facilitaría la comprensión de muchos hechos de la lengua poética. Shklovski formuló así el problema general: "Si para hablar de la significación de una palabra exigimos que sirva necesariamente para designar nociones, las construcciones transracionales permanecen exteriores a la lengua. Pero no son las únicas que permanecen exteriores; los hechos citados nos invitan a reflexionar sobre la pregunta siguiente: ¿las palabras tienen siempre un sentido en la lengua poética (y no solamente en la lengua transracional) o bien hay que ver en esta opinión una resultante de nuestra falta de atención?"

Todas estas observaciones y todos estos principios nos han llevado a concluir que la lengua poética no es únicamente una lengua de imágenes y que los sonidos del verso no son solamente los elementos de una armonía exterior: que éstos no sólo acompañan el sentido sino que tienen una significación autónoma en sí mismos. Así se organizaba la reconsideración de la teoría general de Potebnia construída sobre la afirmación de que la poesía es un pensamiento por imágenes. Esta concepción de la poesía admitida por los teóricos del simbolismo nos obligaba a tratar los sonidos del verso como la expresión de otra cosa que se encontraría detrás de ellos, y a interpretarlos sea como una onomatopeya, sea como una aliteración. Los trabajos de A. Bieli caracterizaban particularmente esa tendencia. Había encontrado en dos versos de Pushkin una perfecta "pintura por sonidos" de la imagen del champagne que pasaba de la botella a la copa, mientras que en la repetición del grupo r, d, t, en Blok veía "la tragedia del desengaño" [3].

Esas tentativas de explicar las aliteraciones, tentativas que se encontraban en él límite del "pastiche", provocaron nuestra resistencia intransigente y nos incitaron a demostrar con un análisis concreto que los sonidos existen en el verso fuera de todo vínculo

---

3. Cf. los artículos de A. Bieli en las antologías *Los Escitas* (1917), *Ramos* (1917) y mi artículo "Sobre los sonidos en el verso" de 1920, incluído en la selección de trabajos: *A través de la literatura* (1924).

con la imagen y que tienen una función verbal autónoma. Los artículos de L. Yakubinski servían de base lingüística a las afirmaciones del valor autónomo de los sonidos en el verso. El artículo de O. Brik "Las repeticiones de los sonidos" (*Ensayos sobre la teoría de la lengua poética*, fasc. 2, Petrogrado, 1917) mostraba los textos (extractos de Puschkin y Lermontov) y los disponía en diferentes clases. Luego de expresar sus dudas sobre la opinión corriente de que la lengua poética es una lengua de imágenes, Brik llega a la conclusión siguiente: "Sea cual sea la manera cómo se consideren las relaciones entre la imagen y el sonido, queda determinado que los sonidos y las consonancias no son un puro suplemento eufónico sino el resultado de una intención poética autónoma. La sonoridad de la lengua poética no se agota con los procedimientos exteriores de la armonía, sino que representa un producto complejo de la interacción de las leyes generales de la armonía. La rima, la aliteración, etc., no son más que una manifestación aparente, un caso particular de las leyes eufónicas fundamentales". Oponiéndose a los trabajos de Bieli, el artículo de Brik no da ninguna interpretación al sentido de tal o cual aliteración; supone solamente que el fenómeno de repetición de los sonidos es análogo al procedimiento de tautología en el folklore, es decir que en ese caso la repetición en sí desempeña un papel estético: "Evidentemente se trata aquí de manifestaciones diferentes de un principio poético común, el principio de la simple combinación donde pueden servir como material de la combinación ya los sonidos de las palabras, ya su sentido, ya lo uno y lo otro." Esta extensión de un procedimiento sobre materias diferentes caracteriza el período inicial del trabajo de los formalistas. Con el trabajo de Brik, el problema de los sonidos en el verso perdió su particularidad, para entrar en el sistema general de los problemas de la poética.

III

El trabajo de los formalistas comenzó con el estudio del problema de los sonidos en el verso que en esa época era el más candente e importante. Tras este problema particular de la poética se elaboraban, por supuesto, tesis más generales que aparecieron posteriormente. La distinción entre los sistemas de la lengua poética y la lengua prosaica que había determinado desde el comienzo el trabajo de los formalistas, influyó la discusión de muchas cuestiones fundamentales. La concepción de la poesía como un pensamiento por imágenes y la fórmula que de allí se desprendía: poesía=imagen, no correspondía evidentemente a los hechos observados y contradecía los principios generales esbozados. Desde este punto de vista, el ritmo, los sonidos, la sintaxis, no tenían más que una importancia secundaria al no ser específicos de la poesía y no entrar en un sistema. Los simbolistas, que habían aceptado la teoría general de Potebnia puesto que justificaba el papel dominante de las imágenes-símbolos, no podían superar la famosa teoría sobre la armonía de la forma y del fondo, aunque ella contradijera ostensiblemente su propio deseo de tentar experiencias formales y rebajara estas experiencias confiriéndoles carácter de juego. Al alejarse de los puntos de vista de Potebnia, los formalistas se liberaban de la correlación tradicional forma / fondo y de la noción de forma como una envoltura, como un recipiente en el que se vierte un líquido (el contenido). Los hechos artísticos testimoniaban que la *differentia specifica* en arte no se expresaba en los elementos que constituyen la obra sino en la utilización que se hace de ellos. La noción de forma obtenía así otro sentido y no reclamaba ninguna noción complementaria, ninguna correlación.

En 1914, época de las manifestaciones públicas de los futuristas y antes de la creación de la Opoiaz, V. Shklovski había publicado un folleto titulado *La resurrección de la palabra* en el que, refiriéndose en parte a Potebnia y a Veselovski (el problema de la imagen no tenía aún esta importancia), postulaba como rasgo distintivo de la percepción estética el principio de la sensación de la forma. "No sentimos lo habitual, no lo vemos, lo reconocemos. No vemos las paredes de nuestras habitaciones; nos es difícil ver los errores de una prueba de imprenta sobre todo cuando está escrita en una lengua muy conocida, porque no podemos obligarnos a ver, a leer, a no reconocer la palabra habitual. Si deseamos definir la percepción poética e incluso artística, se impone inevitablemente lo siguiente: la percepción artística es aquella en la que sentimos la forma (tal vez no sólo la forma, pero por lo menos la forma)". Resulta claro que la percepción de la que se habla no es una simple noción psicológica (la percepción de tal o cual persona) sino un elemento del arte, y éste no existe fuera de la percepción. La noción de forma obtiene un sentido nuevo: no es ya una envoltura sino una integridad dinámica y concreta que tiene un contenido en sí misma, fuera de toda correlación. Aquí se evidencia la distancia entre la doctrina formalista y los principios simbolistas según los cuales "a través de la forma" debería transparentarse un "fondo". A la vez era superado el esteticismo, la admiración de ciertos elementos de la forma conscientemente aislados del "fondo".

30

Pero todo esto no era suficiente para un trabajo concreto. Al mismo tiempo que se establecía la diferencia entre la lengua poética y la lengua cotidiana y que se descubría que el carácter específico del arte consiste en una utilización particular del material, era necesario concretar el principio de la sensación de la forma, a fin de que permitiera analizar en sí misma esta forma comprendida como fondo. Era necesario demostrar que la sensación de la forma surgía como resultado de ciertos procedimientos artísticos destinados a hacérnosla sentir. El artículo de V. Shklovski "El arte como artificio" (*Ensayos sobre la teoría de la lengua poética*, fasc. 2, 1917) que representaba una suerte de manifiesto del método formal, abrió el camino del análisis concreto de la forma *. Aquí se ve claramente el distanciamiento entre los formalistas y Potebnia y, por lo tanto, entre sus principios y los del simbolismo. El artículo comienza con objeciones a los principios fundamentales de Potebnia sobre las imágenes y a la relación de la imagen con lo que ella explica. Shklovski indica entre otras cosas que las imágenes son casi invariables: "Cuanto más se conoce una época, más uno se persuade de que las imágenes que consideraba como la creación de tal o cual poeta fueron tomadas por él de otro poeta casi sin modificación. Todo el trabajo de las escuelas poéticas no es otra cosa que la acumulación y revelación de nuevos procedimientos para disponer y elaborar el material y consiste mucho más en la disposición de las imágenes que en su creación. Las imágenes están dadas; en poesía se recuerdan mucho más las imágenes de lo que se las utiliza para pensar. El pensamiento por imágenes no es en todo caso el vínculo que une todas las disciplinas del arte, ni siquiera del arte literario; el cambio de imágenes no constituye la esencia del desarrollo poético". Más adelante, Shklovski indica la diferencia entre la imagen poética y la imagen prosaica. La imagen poética está definida como uno de los medios de la lengua poética, como un procedimiento que en su función es igual a otros procedimientos de la lengua poética, tales como el paralelismo simple y negativo, la comparación, la repetición, la simetría, la hipérbole, etc. La noción de imagen entraba así en el sistema general de los procedimientos poéticos y perdía su papel dominante en la teoría. Al mismo tiempo se rechazaba el principio de economía artística que se había afirmado sólidamente en la teoría del arte. En compensación se indicaba el procedimiento de singularización ** y de la forma difícil, que aumenta la dificultad y duración de la percepción: el procedimiento de percepción en arte es un fin en sí y

---

* Cf. págs. 55 a 70 de este libro.
** En ruso: *ostranenie* (T. T.).

debe ser prolongado. El arte es interpretado como un medio de destruir el automatismo perceptivo; la imagen no trata de facilitarnos la comprensión de su sentido, sino de crear una percepción particular del objeto, la creación de su visión y no de su reconocimiento. De allí proviene el vínculo habitual de la imagen con la singularización.

La oposición a las ideas de Potebnia está definitivamente formulada por Shklovski en su artículo "Potebnia" (*Poética, ensayos sobre la teoría de la lengua poética*, Petrogrado, 1919). Shklovski repite una vez más que la imagen, el símbolo, no constituyen la distinción entre la lengua poética y la lengua prosaica (cotidiana): "La lengua poética difiere de la lengua prosaica por el carácter perceptible de su construcción. Se puede percibir, sea el aspecto acústico, sea el aspecto articulatorio, sea el aspecto semántico. A veces no es la construcción sino la combinación de palabras, su disposición, la que es perceptible. La imagen poética es uno de los medios que sirven para crear una construcción perceptible, que uno puede experimentar en su sustancia misma; pero no es más que eso... La creación de una poética científica exige que se admita como presupuesto que existe una lengua poética y una lengua prosaica cuyas leyes son diferentes; idea probada por múltiples hechos. Debemos comenzar por el análisis de esas diferencias".

Se ve en estos artículos un balance del período inicial del trabajo de los formalistas. La principal adquisición de este período consiste en el establecimiento de un cierto número de principios teóricos que servirán de hipótesis de trabajo para el estudio ulterior de los hechos concretos; al mismo tiempo, gracias a ellos, los formalistas pudieron superar el obstáculo que oponían las teorías vigentes, fundadas en las concepciones de Potebnia. A partir de los artículos citados se desprende que los principales esfuerzos de los formalistas no tendían al estudio de la llamada forma, ni a la construcción de un método particular, sino a fundar la tesis según la cual se deben estudiar los rasgos específicos del arte literario. Para esto es necesario partir de la diferencia funcional entre la lengua poética y la lengua cotidiana. En cuanto a la palabra "forma", para los formalistas era importante modificar el sentido de ese término confuso a fin de evitar la molestia creada por la asociación corriente que se hacía con la palabra "fondo", cuya noción era aún más confusa y menos científica. Interesaba destruir la correlación tradicional y enriquecer así la noción de forma con un sentido nuevo. La noción de artificio ha sido de importancia mucho más grande en la evolución posterior, puesto que surgía directamente de haber establecido diferencia entre la lengua poética y la lengua cotidiana.

IV

El estadio preliminar del trabajo teórico estaba ya superado. Se habían esbozado los principios teóricos generales con cuya ayuda era posible orientarse dentro de la multitud de hechos. En adelante era necesario examinar la materia más de cerca y precisar más los problemas. Las cuestiones de la poética teórica que habían sido sólo rozadas en los primeros trabajos pasaban a ocupar ahora el centro de nuestro interés. Era necesario pasar de la cuestión de los sonidos del verso, que tenía solamente una importancia ilustrativa para la idea general de la diferencia entre la lengua poética y cotidiana, a una teoría general del verso; de la cuestión del procedimiento en general, al estudio de los procedimientos de composición, al problema del argumento, etc. Al lado de los problemas presentados por las teorías heredadas de Potebnia, se situaba el de la relación con las opiniones de A. Veselovski y su teoría del argumento.

Es natural que durante ese tiempo las obras literarias representaran para los formalistas sólo una materia adecuada para verificar las tesis teóricas. Aún se dejaban de lado las cuestiones relativas a la tradición, a la evolución, etc. Era importante que nos apropiáramos del material más vasto posible, que estableciéramos leyes y que realizáramos un examen previo de los hechos. De este modo, no era ya necesario para los formalistas recurrir a premisas abstractas, y por otra parte podían asumir la materia sin perderse en detalles.

Durante este período, los trabajos de V. Shklovski sobre la teoría del argumento y de la novela tuvieron particular importancia Shklovski demuestra la existencia de procedimientos inherentes a la composición y su vínculo con los procedimientos estilísticos generales, fundándose en ejemplos muy diferentes: cuentos, novelas orientales, *Don Quijote* de Cervantes, Tolstoi, *Tristam Shandy* de Sterne. Sin entrar en detalles, me detendré sobre los puntos que tienen tal importancia teórica, que superan el marco de los problemas relativos al tema y que han dejado sus huellas en la evolución ulterior del método formal.

El primero de esos trabajos, "El vínculo entre los procedimientos de composición y los procedimientos estilísticos generales" (*Poética*, 1919), contiene una serie de esos puntos. En primer lugar, al afirmar la existencia de procedimientos específicos a la composición del argumento (existencia ilustrada por numerosos ejemplos), se cambiaba la imagen tradicional del argumento, dejaba de ser la combinación de una serie de motivos y se los transfería, de la clase de elementos temáticos a la clase de elementos de elaboración. Así, la noción de argumento adquiría nuevo sentido (sin coincidir sin embargo con la noción de trama) y las reglas de su composición entraban en la esfera del estudio formal como cualidad intrínseca de las obras literarias. La noción de forma se enriquecía con rasgos nuevos y se liberaba poco a poco de su carácter abstracto perdiendo su importancia polémica. Es evidente que la noción de forma se había confundido poco a poco con la noción de literatura, con la noción de hecho literario. Por consiguiente, el establecer una analogía entre los procedimientos de composición del argumento y los procedimientos estilísticos era de gran importancia teórica. La construcción en escalones que caracteriza la epopeya se encontraba en la misma serie que las repeticiones de sonidos, la tautología, el paralelismo tautológico, las repeticiones, etc. Esta serie dependía de un principio general del arte literario construido siempre sobre un fraccionamiento.

Se pueden comparar, por lo tanto, los tres golpes de Rolando sobre la piedra (*La canción de Rolando*) y las otras repeticiones ternarias semejantes (habituales en los cuentos) con fenómenos análogos como el empleo de sinónimos en Gogol, con construcciones lingüísticas tales como *kudi-mudy, pl'uski-ml'uski*, etc.*. "Todos estos casos de construcciones escalonadas no se encuentran habitualmente reunidas y se intenta una explicación aislada para cada una de ellas". Es claro el deseo de afirmar la unidad del procedimiento sobre materias diferentes, en conflicto con la teoría de Veselovski que, en casos semejantes recurre a una tesis histórica y genética que explicaba las repeticiones épicas por el mecanismo de interpretación inicial (el canto amorfo). Aunque sea verdadera en relación a la génesis, una expresión de este tipo no explica el fenómeno como hecho literario. Shklovski no rechaza el vínculo general de la literatura con la vida real (que servía a Veselovski y a otros representantes de la escuela etnográfica para analizar las particularidades de los motivos y argumentos de los cuentos) pero no lo utiliza para explicar estas particularidades del hecho literario. La génesis explica sólo el origen, mientras que lo que interesa para la poética es la comprensión de la función literaria. El punto de vista genético no tiene en cuenta la existencia del artificio que es una utilización específica del material; no se tiene en cuenta la elección realizada cuando se toma materia de la vida, de la transformación sufrida por ese material, de su papel constructivo: finalmente, no se tiene en cuenta que un medio desaparece mientras que la función literaria que él ha engendrado permanece: no sólo

---

* Cf., en francés, construcciones tales como "pêle-mêle".

como supervivencia, sino también como procedimiento literario que mantiene su significación independientemente de toda relación con ese medio. El mismo Veselovski se contradecía cuando consideraba las aventuras de la novela griega como puro procedimiento estilístico.

El etnografismo de Veselovski tropezó con la resistencia natural de los formalistas para quienes este método desconocía el carácter específico del procedimiento literario y sustituía el punto de vista genético por el punto de vista teórico y evolutivo. Sus puntos de vista sobre el sincretismo como fenómeno perteneciente sólo a la poesía primitiva y nacido de las condiciones de existencia, fueron criticados más tarde en el estudio de B. Kazanski "La idea de la poética histórica" (*Poética*, periódico de la sección literario del Instituto de Estado de Historia del Arte, Leningrado, 1926). Kazanski demuestra que la naturaleza de cada arte comprende tendencias sincréticas que aparecen con nitidez particular en ciertos períodos y por ese motivo rechaza el punto de vista etnográfico. Es natural que los formalistas no aceptaran las consideraciones de Veselovski cuando éstas hacían referencia a los problemas generales de la evolución literaria. Los principios fundamentales de la poética teórica se habían aclarado a partir del conflicto con las ideas de Potebnia. Ahora, gracias al conflicto con las ideas de Veselovski y de sus discípulos, pudieron formularse las concepciones de los formalistas sobre la evolución literaria y, en consecuencia, sobre el estatuto de la historia literaria.

El comienzo del cambio estaba contenido en ese mismo artículo de Shklovski. Al discutir la fórmula de Veselovski tomada del principio etnográfico, "la nueva forma aparece para expresar un contenido nuevo", Shklovski propone otro punto de vista: "La obra de arte es percibida en relación con las otras obras artísticas, y con ayuda de asociaciones que se hace con ellas... No sólo el "pastiche", sino también toda obra de arte se crea, paralelamente y en oposición con un modelo cualquiera. La nueva forma no aparece para expresar un contenido nuevo, sino para remplazar la vieja forma que ha perdido su carácter estético". Para fundar esta tesis, Shklovski se refiere a la indicación de B. Christiansen sobre la existencia de sensaciones diferenciales o de una sensación de las diferencias; por esa vía se prueba el dinamismo que caracteriza todo arte y que se expresa en las violaciones constantes del canon creado. Al final del artículo, Shklovski cita a F. Brunetière, según quien "de todas las influencias que se ejercen en la historia de una literatura, la principal es la de las obras sobre las obras" y "no es necesario multiplicar inútilmente las causas ni, bajo pretexto de que la historia de la literatura es la expresión de la sociedad, confundir la historia de la literatura con la de las costumbres. Las dos son cosas distintas".

Este artículo así esbozaba el pasaje de la poética teórica a la historia literaria. La imagen inicial de la forma se enriquece con los rasgos nuevos de la dinámica evolutiva y de la variabilidad permanente. El paso a la historia literaria era el resultado de la evolución de la noción de forma y no una simple ampliación de los temas de estudio. La obra literaria no es percibida como un hecho aislado y su forma es apreciada en relación con otras obras y no por sí misma. Los formalistas salieron así del marco de ese formalismo concebido como una elaboración de esquemas y de clasificaciones (imagen habitual de los críticos poco informados sobre método formal), y que es aplicado con tanto celo por algunos espíritus escolásticos que se alegran frente a todo dogma. Este formalismo no está ligado al trabajo de la Opoiaz ni históricamente ni en su esencia y nosotros no somos responsables de él; por el contrario, somos sus adversarios más opuestos e intransigentes.

V

Me detendré más tarde en los trabajos de historia literaria de los formalistas. Concluiré antes la exposición de los principios y problemas teóricos que se encuentran en los estudios de la Opoiaz a lo largo del primer período. En el citado artículo de Shklovski existe otra noción que desempeñó un gran papel en el estudio ulterior de la novela: la noción de motivación. El descubrimiento de diferentes procedimientos utilizados para la construcción del tema, construcción escalonada, paralelismo, "encuadre", enumeración, etc.) nos ha llevado a percibir la diferencia entre los elementos que forman su material: la trama, la elección de los motivos, de los personajes, de las ideas, etc. Esta diferencia fue bien señalada en los trabajos de ese período, pues la tarea principal era establecer la unidad de tal o cual procedimiento constructivo sobre materiales diferentes. La ciencia anterior se ocupaba sólo del material y le daba el nombre de fondo; adjudicaba el resto a la forma exterior que solamente podría interesar a los aficionados; o quizás absolutamente a nadie. De allí provenía el esteticismo ingenuo de nuestros antiguos críticos e historiadores de la literatura que encontraban en los versos de Tiuchev un descuido de la forma y simplemente una mala forma en Nekrasov o Dostoievski. (Es cierto que se perdonaba a estos escritores esa mala forma en razón de la profundidad de sus ideas o experiencias). Es natural que los formalistas, en los años de polémica contra esta tradición, se esforzaran por mostrar la importancia de los procedimientos constructivos y descartaran todo lo que era motivación. Cuando se habla del método formal y de su evolución es necesario tener en cuenta que muchos de los principios postulados por los formalistas en los años de discusión intensa con sus adversarios tenían importancia no sólo como principios científicos, sino también como consignas, que en su finalidad de propaganda y oposición se acentuaban hasta la paradoja. No tener en cuenta este hecho y tratar los trabajos de la Opoiaz de 1916 a 1921 como trabajos académicos, es ignorar la historia.

La noción de motivación ofreció a los formalistas la posibilidad de aproximarse más a las obras literarias, en particular a la novela y al cuento y observar los detalles de la construcción. Tal es el tema de dos estudios posteriores de Shklovski: *El desarrollo del argumento* y *Tristam Shandy de Sterne y la teoría de la novela* (separatas de la Opoiaz, 1921). En estos dos estudios, Shklovski observa la relación entre el procedimiento y la motivación; considera *Don Quijote* de Cervantes y *Tristam Shandy* de Sterne como una materia apropiada para estudiar la construcción del cuento y de la novela fuera de los problemas de la historia literaria. *Don Quijote* es considerada como eslabón intermedio entre la colección de cuentos (del tipo de *Decamerón*) y la novela de un solo protagonista construída con ayuda del procedimiento de "enhebrado", justificado por un viaje. La novela de Cervantes sirve de ejemplo porque en ella el procedimiento y la motivación no están lo suficientemente entrelazados como para formar una novela totalmente motivada en la que todas sus partes estarían bien soldadas. A menudo el material está simplemente agregado, los procedimientos de composición y las diferentes formas de construcción aparecen con nitidez; en el desarrollo ulterior de la novela, "el material diseminado penetra más y más profundamente en el cuerpo mismo de la novela". Cuando analiza "cómo está hecho *Don Quijote*", Shklovski muestra entre otras cosas el carácter inestable del héroe y llega a la conclusión de que "ese tipo de héroe es el resultado de la construcción novelesca". Se subrayaba así la primacía del argumento, de la construcción por sobre el material.

Es evidente que un arte que no es enteramente motivado o que destruye conscientemente la motivación y pone al desnudo la construcción, provee de la materia más conveniente para aclarar este género de problemas teóricos. La existencia misma de obras cuya construcción es conscientemente puesta al desnudo, debe testimoniar en favor de estos problemas, confirmando su existencia y la importancia de su estudio. Se puede decir que estas obras sólo fueron comprendidas a la luz de estos problemas y principios teóricos; fue el caso de *Tristam Shandy* de Sterne. Gracias al estudio de Shklovski, esta novela no sólo ilustró los principios teóricos, sino que adquirió nuevo sentido y despertó la atención sobre ella. La novela de Sterne pudo ser percibida como una obra contemporánea gracias al interés general por la construcción: hasta interesó a quienes veían en ella sólo una charla aburrida o anecdótica y aún a quienes la consideraban desde el punto de vista del famoso sentimentalismo, del cual Sterne es tan poco responsable como lo es Gogol del realismo.

Observando el develamiento consciente de los procedimientos constructivos, Shklovski afirma que en el caso de Sterne la construcción de la novela está acentuada: la conciencia de la forma que se obtiene gracias a su deformación constituye el fondo de la novela. Al final de su estudio formula así la diferencia entre el argumento y la trama: "Se confunde a menudo la noción de argumento con la descripción de los hechos a los que propongo llamar convencionalmente, trama. Así, el argumento de *Eugenio Oneguin* no es el romance del héroe con Tatiana sino la elaboración de esta trama dentro de un argumento realizado por medio de disgresiones intercaladas... Las formas artísticas se explican por su necesidad estética y no por una motivación exterior tomada de la vida práctica. Cuando el artista demora la acción de la novela, no introduciendo rivales sino desplazando capítulos, nos muestra las leyes estéticas sobre las que reposan los dos procedimientos de composición".

Mi artículo "Cómo está hecho *El capote* de Gogol" (*Poética*, 1919) * se relacionaba igualmente con el problema de la construcción del cuento. Al problema del argumento agregué el del relato directo donde la construcción está fundada en el tono de la narración. Traté de mostrar que el texto de Gogol "se compone de imágenes verbales vívidas y de emociones verbales", que las palabras y las proposiciones están elegidas y combinadas por Gogol siguiendo el principio del relato directo expresivo, donde la articulación, la mímica, los gestos fónicos, etc., desempeñan un papel particular. Analicé la composición de *El capote* desde ese punto de vista, demostrando la alternancia del relato directo cómico ligado a las anécdotas, a los retruécanos, etc., con una declamación sentimental y melodramática, alternancia que confiere a la obra su carácter grotesco. En este orden de ideas, la conclu-

---

* Cf. págs. 159 a 176 de este libro.

sión de *El capote* está tratada como una apoteosis de lo grotesco del tipo de la escena muda de *El inspector*. Vemos que las reflexiones tradicionales sobre el romanticismo y el realismo de Gogol eran inútiles y no aportaban nada a la comprensión de la obra.

De esta forma el problema del estudio de la prosa salió de un punto muerto. Se ha definido la diferencia que existe entre la noción del argumento como una construcción y la noción de trama como un material; se han descubierto los procedimientos específicos de la composición del argumento; se abría después una amplia perspectiva para el trabajo dirigido a la historia y a la teoría de la novela; al mismo tiempo se planteó el problema del relato directo como principio constructivo de la novela sin argumento. Estos estudios ejercieron influencia sobre gran número de investigaciones aparecidas en estos últimos años escritas por personas que no están directamente ligadas a la Opoiaz.

VI

Nuestro trabajo no se realizaba sólo con el objeto de ampliar y profundizar los problemas, sino también en el sentido de su diferenciación; al mismo tiempo la Opoiaz se enriquecía con numerosos miembros que hasta entonces trabajaban aisladamente o que recién comenzaban a hacerlo. La principal diferencia seguía la línea demarcatoria entre prosa y verso. Opuestos a los simbolistas, que durante ese tiempo trataban de abolir en la teoría y en la práctica la frontera entre verso y prosa y que se empeñaban en buscar un metro en la prosa (A. Bieli), los formalistas insistían en el hecho de que existe una delimitación neta de estos géneros del arte literario.

En el capítulo precedente mostramos que el trabajo sobre el estudio de la prosa se hacía con ritmo intenso. En este dominio, los formalistas eran pioneros, si no se cuentan ciertos estudios occidentales, algunas de cuyas observaciones coinciden con las nuestras (por ejemplo V. Dibelius, *Englische Romankunst*, 1910) pero que estaban alejadas de todos nuestros problemas y principios teóricos. En nuestro trabajo sobre la prosa estábamos casi libres de tradiciones. No ocurría lo mismo con el verso. La gran cantidad de obras de teóricos occidentales y rusos, las experiencias teóricas y prácticas de los simbolistas, las discusiones acerca de las nociones de ritmo y de metro que en los años 1910 a 1917 engendraron toda una literatura especializada y finalmente la aparición de formas poéticas nuevas en los futuristas, complicaba el estudio del verso y la discusión misma de los problemas en lugar de facilitarlos. En lugar de abocarse a los problemas fundamentales, muchos investigadores se ocupaban de cuestiones concretas de métrica o trataban de clasificar las opiniones y sistemas acumulados. Sin embargo no existía una teoría del verso en el sentido amplio del término: ni el problema del ritmo poético, ni el del vínculo entre el ritmo y la sintaxis, ni el de los sonidos del verso (los formalistas sólo habían dado algunas premisas ligüísticas), ni el del léxico y la semántica poética, habían encontrado una base teórica. El problema del verso permanecía oscuro. Era necesario abandonar los problemas concretos de la métrica e inclinarnos sobre la cuestión del verso de una manera más general. Era necesario plantear el estudio del ritmo de tal manera que no se agotara con la métrica sino que integrara los aspectos más esenciales de lengua poética.

Como en el capítulo precedente, sólo me referiré al verso en la medida que su discusión ha llevado a visiones teóricas nuevas sobre el arte literario o sobre la naturaleza de la lengua poética. Los fundamentos fueron presentados por el trabajo de O. Brik, "Ritmo y Sintaxis", leído en 1920 en el curso de una reunión en la Opoiaz; este trabajo no sólo quedó sin publicar sino que tampoco parece haber sido escrito *. Este estudio demostraba que en el verso existían construcciones sintácticas estables indisolublemente ligadas al ritmo. La noción misma de ritmo perdía así su carácter abstracto y entraba en vinculación con la sustancia lingüística del verso, con la frase. La métrica retrocedía a segundo plano manteniendo un valor de convención poética mínima, de alfabeto. Este trabajo era tan importante para el estudio del verso como la vinculación entre el argumento y la construcción para el estudio de la prosa. La revelación de las figuras rítmicas y sintácticas ha cambiado definitivamente la noción de ritmo como suplemento exterior ubicado en la superficie del discurso. Comenzamos a estudiar el ritmo como fundamento constructivo del verso que determinaba todos sus elementos, acústicos y no acústicos. La perspectiva para una teoría del verso estaba ampliamente abierta, y esta teoría se situaba a un nivel mucho más elevado, mientras que la métrica debía ocupar el lugar de una propedéutica elemental. Los simbolistas y los teóricos de la escuela de A. Bieli, no llegaban a ascender hasta ese nivel a pesar de sus esfuerzos; para ellos las cuestiones de métrica seguían siendo centrales.

El trabajo de Brik señalaba la posibilidad de una nueva aproxi-

---

* Cf. págs. 107 a 114.

mación: este mismo estudio, al igual que su primer artículo ("Las repeticiones de sonidos") se limitaban a una exposición de ejemplos y a su distribución en grupos. A partir de este estudio era posible orientarse hacia los nuevos problemas, como también hacia una simple clasificación o sistematización del material que permanecería exterior al método formal. El libro de V. Yirmunski, *La composición de los poemas líricos* (Opoiaz, 1921), se relaciona con este género, de estudios. Yirmunski, que no compartía los principios teóricos de la Opoiaz, se interesó en el método formal como en uno de los temas científicos posibles, como en una manera de disponer el material en grupos y rubros. Esta concepción del método formal no puede ir más allá: apoyándose en un criterio exterior, se distribuye el material en grupos. Los trabajos teóricos de Yirmunski tienen en consecuencia carácter pedagógico, de clasificación. Los estudios de este tipo no tienen importancia fundamental en la evolución del método formal e ilustran únicamente la tendencia (históricamente inevitable) que trata de atribuir carácter académico al método formal. No es sorprendente, pues, que Yirmunski se separara enteramente de la Opoiaz y que declarara muchas veces su desacuerdo con los principios formalistas (sobre todo en el prefacio a la traducción del libro de O. Walzel, *El problema de la forma en poesía*, 1923).

Mi libro *La melodía del verso* (Opoiaz, 1922) estaba en parte vinculado al trabajo de O. Brik sobre las figuras rítmicas y sintácticas, pero igualmente concebido para el estudio del verso en su aspecto acústico y, en ese sentido, relacionado con numerosos trabajos occidentales (Sievers, Saran, etc.). Partía del hecho que los estilos se dividen habitualmente según el léxico: "Nos alejamos así del verso mismo para preocuparnos de la lengua poética en general... Era necesario encontrar algo que estuviera ligado a la frase en el verso y que, al tiempo no nos alejara del verso, algo que se situara en el límite entre la fonética y la semántica; ese algo es la sintáxis". Los fenómenos rítmicos y sintácticos no son aquí considerados en sí mismos sino en su relación con la significación constructiva de la entonación poética y discursiva. Me interesaba sobre todo definir la noción de dominante que organiza tal o cual estilo poético, considerando la noción de melodía como un sistema de entonaciones y separándolas de la noción de armonía general del verso. A partir de estas premisas propuse distinguir tres estilos fundamentales en poesía lírica: declamatorio (oratorio), melodioso y hablado. Todo el libro está dedicado a las características entonacionales del estilo melodioso y toma como ejemplo la poesía lírica de Yukovski, Tiuchev, Lermontov y Fet. Evitando esquemas preestablecidos, terminé el libro con esta afirmación: "No considero importante en el trabajo científico la fijación de esquemas sino la posibilidad de ver los hechos. Por eso tenemos necesidad de una teoría pues sólo bajo su luz los hechos se vuelven perceptibles, es decir, se vuelven verdaderos hechos. Pero las teorías mueren o cambian, mientras que los hechos descubiertos y confirmados gracias a ellas, permanecen".

La tradición de los estudios concretos sobre métrica estaba aún viva entre los teóricos ligados al simbolismo (A. Bieli, V. Briusov, S. Sobrov, Chudovski, etc.), pero al entrar paulatinamente en la vía de los cálculos estadísticos exactos, perdía su importancia; los estudios métricos de B. Tomashevski coronados por su manual, *La versificación rusa* (1924), contribuyeron grandemente en este sentido. La métrica retrocedía a segundo plano; no era más que una disciplina auxiliar que disponía de una esfera reducida de problemas. El primer plano lo ocupaba la teoría general del verso. El desarrollo precedente del método formal revelaba tendencia a ampliar y enriquecer nuestra imagen del ritmo poético ligándolo a la construcción de la lengua poética; tendencia ya evidente en el artículo de B. Tomashevski, "El pentámetro yámbico de Pushkin" (1919, publicado en la selección: *Estudios sobre la poética de Pushkin*, Berlín, 1923), donde encontramos una tentativa por pasar del dominio del verso al de la lengua. De ahí proviene la afirmación principal dirigida contra A. Bieli y su escuela: "La finalidad del ritmo no es la de observar los peones ficticios, sino de distribuir la energía expiratoria en el marco de una fuerza única, el verso". Esta tendencia está expresada con claridad decisiva en el artículo del mismo autor, " El problema del ritmo poético" (*El pensamiento literario*, fasc. 2, 1922) *.

En este artículo se supera la vieja oposición entre el metro y el ritmo, y se extiende la noción de ritmo poético a una serie de elementos ligüísticos que participan en la construcción del verso: al lado del ritmo que proviene del acento de las palabras aparecen el ritmo que proviene de la entonación proposicional y el ritmo armónico (aliteraciones, etc.). La noción de verso se transforma en la de un discurso específico, cuyos elementos contribuyen al carácter poético. Es erróneo decir que este discurso sólo se adapta a una forma métrica resistiéndosele y creando diferencias rítmicas (punto de vista defendido aún por V. Yormunski en su nuevo libro *Introducción a la métrica*, 1925). "El discurso poético es un discurso organizado en relación a su efecto fónico. Pero como el

---

* Cf. en este volumen, págs. 115 a 126.

efecto fónico es un fenómeno complejo, sólo uno de sus elementos sufre la canonización. En la métrica clásica, el elemento canonizado está representando por los acentos sometidos a una sucesión y reglados por sus leyes... Pero es suficiente que la autoridad de las formas se debilite un poco para que aparezca con insistencia este pensamiento: la esencia del verso no se agota en sus primeros rasgos, el verso vive también por los rasgos secundarios de su efecto fónico; al lado del metro existe el ritmo que es también aprehensible; se pueden escribir versos teniendo en cuenta tan sólo estos rasgos secundarios; el discurso puede ser poético sin que se mantenga el metro". Se afirma la importancia de la noción de impulso rítmico que ya figuraba en el trabajo de Brik y que caracteriza el esbozo rítmico general: "Los procedimientos rítmicos participan en grados diferentes para la creación de la impresión estética; tal o cual procedimiento puede dominar en obras diferentes, tal o cual medio puede estar encargado del papel de dominante. La orientación hacia un determinado procedimiento rítmico precisa el carácter concreto de la obra y desde ese punto de vista se pueden clasificar los versos en acentuales (por ejemplo; la descripción de la batalla en Poltava), en versos armónicos (que caracterizan los últimos años del simbolismo ruso) y en versos entonacionales y melódicos (los versos de Yukovski)". La forma poética así entendida no se opone a un fondo que le resultaría exterior y difícil de integrar, sino que es tratada como el verdadero fondo del discurso poético. Aquí, como en el caso anterior, la noción de forma recibe el nuevo sentido de integridad.

VII

El libro de R. Jakobson, *Sobre el verso checo* (*Ensayos sobre la teoría de la lengua poética*, fasc. 5, 1923) propuso nuevos problemas sobre la teoría general del ritmo y de la lengua poética. Jakobson opone la teoría de una "deformación organizada" de la lengua por la forma poética, a la teoría de la conformidad absoluta del verso al espíritu de la lengua; teoría de la forma que no resiste al material. Introduce una corrección característica a la teoría de la diferencia entre fonética de la lengua cotidiana y la de la lengua poética: la disimilación de las líquidas que, según L. Yacubinski, estaba ausente de la lengua poética y que oponía esta última a la lengua cotidiana(⁴), aparece como posible en los dos casos. En la lengua cotidiana está impuesta por las circunstancias mientras que en la lengua poética es intencional. Se trata entonces de dos fenómenos esencialmente diferentes. Al mismo tiempo se indica la <u>diferencia de principio entre la lengua poética y la lengua emocional</u> (Jakobson habla ya de ello en su primera obra, *La poesía rusa moderna*) : "La poesía puede utilizar los métodos de la lengua emocional pero siempre con las características que le son propias. Esta semejanza entre los dos sistemas lingüísticos, así como la utilización por la lengua poética de los medios propios de la lengua emocional, provoca a menudo la identificación de la lengua poética con la lengua emocional. Esta identificación es errónea porque no tiene en cuenta la diferencia funcional fundamental entre los dos sistemas lingüísticos". Respecto a esto, Jakobson rechaza las tentativas de Grammont y de otros teóricos del verso que preconizan la teoría onomatopoyética o el establecimiento de un vínculo emocional entre los sonidos y las imágenes o ideas para explicar las construcciones fónicas: "La construcción fónica no es siempre la construcción de una imagen sonora y la imagen sonora no utiliza siempre los métodos de la lengua emocional". Jakobson se aparta constantemente del marco de su tema concreto y específico (la prosodia del verso checo) y aclara los problemas teóricos de la lengua poética y del verso. Al final del libro se agrega un artículo sobre Maiakovski, que completa el estudio precedente sobre Jlebnikov.

En mi estudio sobre Ana Ajmátova (1923) traté también de reexaminar los problemas teóricos fundamentales vinculados con la teoría del verso: el problema del ritmo en relación con la sintaxis y la entonación, el de los sonidos del verso en vinculación con la articulación y finalmente el del léxico y la semántica poética. <u>Refiriéndome al libro que J. Tinianov tenía entonces en preparación, yo indicaba que, en el verso, la palabra es como un extracto del discurso ordinario: está rodeada de una atmósfera semántica nueva y es percibida no en relación con la lengua en general sino precisamente con la lengua poética</u>. Al mismo tiempo indicaba que <u>la particularidad principal de la semántica poética reside en la formación de significaciones marginales que violan las asociaciones verbales habituales</u>.

<u>En aquel momento el vínculo inicial del método formal con la lingüística se había debilitado considerablemente</u>. La diferenciación

---

4. En ese momento L. Yakubinski indicaba también el carácter demasiado sumario de la noción de "lengua cotidiana" y la necesidad de diversificarla según sus funciones (familiar, científica, oratoria, etc.). Cf. su artículo "Sobre el discurso dialógico" en el volumen antológico *La lengua rusa*, 1923.

de los problemas era tan grande que ya no teníamos necesidad de un apoyo particular por parte de la lingüística, sobre todo de la lingüística con tintes psicológicos. Por otra parte algunos trabajos de lingüistas en el dominio del estilo poético merecían objeciones de principio. El libro de J. Tinianov, *El problema de la lengua poética* (Academia, 1924)*, editado en ese momento, subrayó las divergencias que existían entre la lingüística psicológica y el estudio de la lengua poética. Con este libro se descubrió la unión íntima entre la significación de las palabras y la construcción del verso; se enriqueció así nuevamente la noción del ritmo poético y se colocó el método formal junto a los estudios de las particularidades semánticas de la lengua poética (y no solamente en lo concerniente a la acústica o a la sintaxis). Tinianov dice en su introducción: "En estos últimos tiempos el estudio del verso ha registrado grandes éxitos. Sin duda se extenderá pronto a todo un dominio; y sin embargo aún nos acordamos de sus comienzos sistemáticos. Pero el problema de la lengua y del estilo poético permanece fuera de esos estudios. Las investigaciones en ese dominio están aisladas del estudio del verso; se tiene la impresión de que la lengua y el estilo poético no están ligados al verso, que no dependen el uno del otro. La noción de lengua poética, lanzada hace poco, atraviesa ahora una crisis provocada sin duda por la extrema imprecisión de su sentido (fundado sobre la base de la lingüística psicológica) y por el empleo demasiado amplio que se hace de ella".

Entre los problemas generales de la poética que cuestiona y aclara este libro, se destaca el del "material". El uso imponía para esta noción un empleo opuesto al de "forma"; los dos conceptos perdían importancia y su oposición se transformaba en la sustitución terminológica de la anterior entre "forma-fondo". De hecho, como ya lo dije, los formalistas habían otorgado a la noción de "forma" el sentido de integridad y la habían confundido con la imagen de la obra artística en su unidad, de manera tal que ésta no admitía otra oposición que la de las formas privadas de carácter estético. Tinianov indica que el material del arte literario es heterogéneo y comporta significaciones diferentes; que "un elemento puede ser promovido a expensas de otros que son, en consecuencia, deformados e incluso degradados hasta volverse accesorios neutros". De allí la conclusión: "La noción de 'material' no desborda los límites de la forma, ya que el material es también formal; es un error confundirlo con elementos exteriores a la construcción". La noción de forma se enriquece, además, con las características del

---

* Cf. en el presente volumen págs. 85 a 88.

dinamismo: "La unidad de la obra no es una entidad simétrica y cerrada, sino una integridad dinámica que tiene su propio desarrollo; sus elementos no están vinculados por un signo de igualdad o de adición, sino por un signo dinámico de correlación y de integración. La forma de la obra literaria debe ser concebida como forma dinámica".

El ritmo está representado aquí como el factor constructivo fundamental del verso, presente en todos sus elementos. Los rasgos objetivos del ritmo poético son, según Tinianov, la unidad y la continuidad de la sucesión rítmica, en relación directa de una con otra. Se insiste, otra vez, en la diferencia fundamental entre verso y prosa: "Considerar el verso y la prosa en un mismo plano, supone que se ha proyectado la unidad y la continuidad sobre un objeto inhabitual; por eso, lejos de eclipsar la esencia del verso, este procedimiento la destaca... Cualquier elemento de la prosa, una vez introducido en la sucesión del verso, se muestra bajo una nueva luz, destacado por su función, y origina así dos fenómenos diferente la valorización de esta construcción y la deformación del objeto inhabitual". A continuación, se formula el problema semántico: "¿No existe acaso en el verso una semántica deformada que por lo tanto sólo puede estudiarse después de haberla aislado de su principio constructivo?" La segunda parte del libro responde a este interrogante demostrando que hay una vinculación constante entre los factores del ritmo y la semántica. El hecho de que las imágenes verbales estén incluidas en unidades rítmicas resulta decisivo para las primeras: "El nexo que une los constituyentes es más fuerte y estrecho que el que los vincula en el lenguaje ordinario: surge entre las palabras una relación posicional que no existe en la prosa".

De esta manera quedó fundada más nítidamente la separación entre lo tería de Potebnia y las opiniones de los formalistas y se abrieron, al mismo tiempo, nuevas perspectivas para una teoría del verso. Gracias a la obra de Tinianov, el método formal se mostró, apto para encarar nuevos problemas y evolucionar ulteriormente. Fue evidente, aun para personas extrañas a la Opoiaz, que la esencia de nuestro trabajo consistía en un estudio de las particularidades intrínsecas del arte literario, y no en la fijación de un "método formal" inmutable; todos reconocieron que se trataba del objeto de estudio y no del método. Una vez más·Tinianov formula esta idea: "El objeto de una disciplina que pretende ser un estudio del arte debe estar constituído por los rasgos característicos que distinguen el arte de los otros dominios de actividad intelectual y que sólo representan para este estudio, un material o una herramienta. Toda obra de arte representa una interacción compleja de numerosos factores; en consecuencia, la finalidad de este estudio consiste en definir el carácter específico de esta interacción".

VIII

Ya hicimos referencia al momento en que, junto a otros problemas teóricos, surgió el del movimiento y del cambio de las formas, o sea el problema de la evolución literaria. La cuestión apareció cuando se reexaminaron las opiniones de Veselovski sobre los motivos y procedimientos de los cuentos; la solución ("la nueva forma no aparece para expresar un nuevo contenido sino para remplazar la forma anterior") era una consecuencia de la nueva noción de forma. Concebida como el verdadero fondo, en constante modificación con respecto a las obras del pasado, exigía naturalmente ser abordada sin recurrir a clasificaciones abstractas establecidas definitivamente, sino tomando en cuenta su sentido concreto y su importancia histórica. Se abrió una doble perspectiva: la del estudio teórico de tal o cual problema (por ejemplo, *El desarrollo del argumento* de Shklovski, mi libro *La melodía del verso*), ilustrada por materiales muy diferentes, y la del estudio histórico de la evolución literaria como tal. Su combinación, consecuencia natural del desarrollo del método formal, nos planteó numerosos problemas nuevos y complejos que, en su mayor parte, aún no han sido resueltos ni suficientemente definidos.

El deseo inicial de los formalistas de destacar tal o cual procedimiento constructivo y establecer su unidad sobre un vasto material cedió lugar al deseo de diferenciar esta imagen general y comprender la (función) concreta del procedimiento en cada caso particular. Esta noción de significación funcional ocupó poco a poco el primer plano y desplazó la noción inicial de procedimiento. Esta diferenciación de nuestras propias nociones y principios generales caracteriza toda la evolución del método formal. No poseemos principios dogmáticos que puedan trabarnos e impedirnos el acceso a los hechos. No podemos garantizar la validez de nuestros esquemas si se pretende aplicarlos a hechos que no conocemos: los hechos pueden reclamar que los principios sean modificados, corregidos o complicados. El trabajo sobre una materia concreta nos obligó a hablar de función y, por ende, a complicar la noción de procedimiento. La teoría reclamaba el derecho a volverse historia.

En este punto tropezamos nuevamente con las tradiciones de la ciencia académica y las tendencias de la crítica. Durante nuestros años de estudio la historia académica de la literatura se limitaba preferentemente al estudio biográfico y psicológico de escritores aislados (por cierto, sólo de "los grandes"). Se habían ya desvanecido las viejas tentativas que se proponían escribir toda la historia de la literatura rusa y que evidenciaban la intención de sistematizar un vasto material histórico. Con todo, las tradiciones de estos monumentos (del género de la *Historia de la literatura rusa* de A. N. Pípin) mantenían una autoridad científica reforzada por el hecho de que la generación siguiente no se atrevía a emprender el estudio de temas tan amplios. Sin embargo, las nociones que desempeñaban el papel principal en estos monumentos eran conceptos generales e incomprensibles para todos, tales como realismo o romanticismo (y se consideraba que el realismo era superior al romanticismo); la evolución era concebida como perfeccionamiento incesante, como un progreso (del romanticismo al realismo), y se interpretaba la sucesión de los movimientos como la expresión apacible de un legado trasmitido de padres a hijos. Entretanto, la literatura como tal no existía para nada: la remplazaban materiales tomados de la historia de los movimientos sociales, de la biografía de los escritores, etc.

Este historicismo primitivo que nos alejaba de la literatura acarreó naturalmente el rechazo de todo historicismo por parte de los teóricos del simbolismo y de los críticos literarios. Se multiplicaron los estudios impresionistas y los "Retratos" y se emprendió en gran escala la modernización de los viejos escritores, transformándolos en *Compañeros eternos**. Quedaba sobreentendido (y a veces se lo proclamaba en alta voz) que la historia literaria era inútil.

Teníamos que destruir las tradiciones académicas y desembarazarnos de las tendencias de la ciencia periodística. A las primeras debíamos oponer la idea de evolución literaria y de la literatura en sí, fuera de las nociones de progreso y de sucesión natural de los movimientos literarios, o de las nociones de realismo y romanticismo, fuera de toda materia ajena a la literatura, que consideramos como una serie específica de fenómenos; a las segundas, los hechos históricos concretos, la inestabilidad y la variabilidad de la forma, la necesidad de tener en cuenta las funciones concretas de tal o cual procedimiento, es decir de tener presente la diferencia existente entre la obra literaria considerada como un hecho histórico determinado y su libre interpretación desde el punto de vista de las exigencias contemporáneas, de los gustos o intereses literarios. Así, pues, el *pathos* principal de nuestro trabajo histórico-literario debía ser el *pathos* de destrucción y negación; efectivamente, tal fue la pasión primordial que animaba nuestras manifestaciones teó-

---

* Título de una obra de crítica literaria de D. Merejkovski, poeta simbolista.

ricas, y sólo con el tiempo adquirieron el carácter sereno de estudios de problemas particulares.

Por eso nuestras primeras declaraciones en materia de historia literaria adoptaron la forma de tesis casi involuntarias, definidas a propósito de una materia concreta. Un problema particular adquiría inesperadamente las dimensiones de uno general; la teoría se unía a la historia. Los libros *Dostoievski y Gogol*, de J. Tinianov (Opoiaz, 1921) y *Rosanov* (Opoiaz, 1921) de V. Shklovski son sumamente significativos desde este punto de vista.

El objetivo de Tinianov era demostrar que *Stepançhikovo* de Dostoievski es una imitación y que tras la fachada se esconde un segundo plano que se nutre de la personalidad de Gogol y de su *Cartas sobre arte, la filosofía y la religión*. Pero Tinianov añade a este problema particular toda una teoría de la imitación como procedimiento estilístico (la estilización paródica) y como manifestación de la sustitución dialéctica que se opera entre las escuelas literarias; sustitución de gran importancia para la historia literaria. Surgen aquí interrogantes sobre la sucesión y las tradiciones y, vinculados con ellos, los problemas fundamentales de la evolución literaria: "Cuando se habla de la tradición o de la sucesión literaria, se piensa generalmente en una línea recta que une a los autores más recientes de una rama literaria con sus mayores. Las cosas, empero, son mucho más complejas. No se trata de una recta que se prolonga, sino que en cada paso asistimos a un comienzo que se organiza a partir de un punto que se refuta... La sucesión literaria es ante todo un combate: la demolición de un todo ya existente y la nueva construcción que se realiza a partir de los elementos anteriores". Se vinculó la imagen de la evolución literaria con la revelación de sus conflictos, con sus revoluciones periódicas: perdía de esta manera su viejo aspecto de apacible progresión. Contra este fondo, las relaciones literarias entre Dostoievski y Gogol revistieron la forma de un conflicto complejo.

El libro de Shklovski sobre Rosanov desarrolla, casi como una digresión del tema principal, una teoría completa de la evolución literaria y reflejaba las vivas discusiones que tenían lugar entonces en la Opoiaz. Shklovski señala que la literatura progresa como una línea entrecortada: "Cada época literaria contiene no una, sino varias escuelas literarias que coexisten en la literatura. Una de ellas predomina es canonizada; las demás sobrellevan una vida clandestina, sin consagración, como ocurrió en tiempos de Pushkin con la tradición de Deryavin en los versos de Kuhelbeker y de Griboiedov, con la tradición pura de la novela de aventuras en Bulgarin, con la del verso del vodevil ruso, y con muchas otras". Apenas consagrada la tradición de los mayores, las capas inferiores segregan formas nuevas: la nueva línea ocupa el lugar de la anterior y el autor de vodevil Belopiatkin renace en Nekrasov (según el estudio de O. Brik); el heredero directo del siglo dieciocho, Tolstoi, crea la nueva novela (B. Eichenbaum); Blok canoniza los temas y los ritmos del romance gitano y Chejov otorga al *Réveil* * carta de ciudadanía en la literatura rusa. Dostoievski consagra como norma literaria los procedimientos de la novela de aventuras. Cada nueva escuela literaria representa una revolución, un fenómeno que se asemeja a la aparición de una nueva clase social. Pero, por supuesto, esto no es más que una analogía. La línea vencida no es aniquilada, no cesa de existir; es simplemente destronada y relegada a un plano secundario, pero puede surgir nuevamente como eterna pretendiente al trono. En realidad las cosas se complican por el hecho de que la nueva hegemonía no es un mero restablecimiento de la antigua forma, sino que se enriquece con nuevas escalas y con elementos heredados de su predecesora, que —sin embargo— sólo desempeñan un papel secundario". Se destaca el carácter dinámico de los géneros para señalar en los libros de Rosanov el nacimiento de un nuevo género, de un nuevo tipo de novela, cuyas partes no estarían vinculadas por ninguna forma de motivación: "Su aspecto temático se manifiesta como la consagración de nuevos temas y su aspecto composicional aparece como el develamiento del procedimiento". Frente a esta teoría general se introduce la noción de "autocreación dialéctica de nuevas formas", que contiene en sí misma tanto una analogía con el desarrollo de las otras series culturales como la afirmación de la autonomía de la evolución literaria. La forma simplificada de esta teoría gozó de rápida difusión y adoptó, como siempre ocurre, el aspecto de un esquema simple y estático, muy cómodo para la crítica. De hecho, no se trata aquí sino de un esbozo general de la evolución, acotado por numerosas y complejas reservas. Los formalistas transformaron este bosquejo general en un estudio más sistemático de los problemas y los hechos de la historia literaria, haciendo así más concretas y complejas las premisas teóricas iniciales.

IX

Es natural que en nuestra concepción de la evolución literaria como sucesión dialéctica de formas, no hayamos tenido en cuenta esa materia que ocupaba un lugar central en los estudios tradicionales

---

* Periódico humorístico ruso de fines del siglo XIX (T. T.).

de historia literaria. Estudiamos la historia literaria en la medida que tiene un carácter específico y dentro de los límites en los cuales es autónoma y no depende directamente de otras series culturales. En otras palabras, reducimos el número de factores considerados para no perdernos en la multitud de vínculos y de vagas correspondencias incapaces de explicar la evolución literaria en sí misma. En nuestros estudios no introducimos los problemas biográficos o de psicología de la creación, postulando que los mismos, muy importantes y complejos, deben ocupar el lugar que les es debido en otras ciencias. Nos interesa encontrar en la evolución los rasgos de las leyes históricas; por eso dejamos de lado todo lo que, desde este punto de vista, se presenta como ocasional y no se refiere a la historia. Nos interesa el proceso de la evolución, la dinámica de las formas literarias, siempre que se las pueda observar en los hechos del pasado. Para nosotros, el problema central de la historia literaria es el de la evolución al margen de la personalidad; el estudio de la literatura como fenómeno social original. En este sentido, acordamos importancia extraordinaria al problema de la formación de los géneros y de su sustitución; en consecuencia, la literatura de segundo orden, la literatura de masa, adquiere también valor al participar en este proceso. Lo que importa aquí es distinguir la literatura de masa que prepara la formación de nuevos géneros, de la que aparece en el proceso de su disgregación, que representa una materia apta para el estudio de la inercia histórica.

Por otra parte, no nos interesa el pasado como tal, como hecho histórico individual; no nos ocupamos de la mera restauración de tal o cual época que puede habernos gustado por diversas razones. La historia nos ofrece lo que la actualidad no puede darnos: el material acabado. Por eso la abordamos con una cantidad de principios y problemas teóricos que nos son sugeridos en parte por los hechos de la literatura contemporánea. He aquí por qué los formalistas se caracterizan por una estrecha vinculación con la literatura contemporánea y por un acercamiento de la crítica a la ciencia (a la inversa de los simbolistas, que acercaban la ciencia a la crítica, y de los viejos historiadores de la literatura que, en su mayoría, se instalaban fuera de la actualidad). La historia literaria difiere pues de la teoría no tanto por su objeto como por su método particular de estudio literario, por el punto de vista que ella adopta. Esto explica el carácter de nuestros trabajos de historia literaria, que tienden siempre a conclusiones tanto teóricas como históricas, al planteamiento de problemas nuevos y a la revisión de los anteriores.

Entre 1922 y 1924 aparecieron numerosos trabajos de este tipo; otros muchos no fueron publicados en razón del estado actual del mercado literario, y sólo son conocidos a través de conferencias.

Citaré los principales estudios: J. Tinianov: "Las formas poéticas de Nekrasov", "Dostoievski y Gogol", "El problema de Tiuchev", "Tiuchev y Heine", "Los arcaizantes de Pushkin", "Pushkin y Tiuchev", "La oda como género declamatorio"; B. Tomashevski: "Gavriliada" (los capítulos acerca de la composición y el género), "Pushkin, lector de los poetas franceses", *Pushkin* (problemas actuales de los estudios literarios), "Pushkin y Boileau", "Pushkin y La Fontaine"; mis libros *Tolstoi joven* y *Lermontov* y los artículos "Los problemas de la poética de Pushkin", "El camino de Pushkin hacia la prosa", "Nekrasov". Cabe agregar aquí los trabajos de historia literaria que no están relacionados con la Opoiaz pero que siguen la misma línea de estudio de la evolución de la literatura como serie específica: V. Vinogradov: "Argumento y composición del relato de Gogol *La nariz*", "Argumento y arquitectónica de la novela de Dostoievski *Pobres gentes* en sus relaciones con la escuela natural", "Gogol y Jules Janin", *Gogol y la escuela natural*, *Estudios del estilo de Gogol*; V. Yirmunski: *Byron y Pushkin*; S. Balujati: *La dramaturgia de Chejov*; A. Zeitlin: "Los cuentos acerca del pobre funcionario de Dostoievski"; K. Shinkevich: "Nekrasov y Pushkin". Además, los participantes de los seminarios científicos que hemos dirigido (en la Universidad y en el Instituto de Historia del Arte) han publicado numerosos estudios en la colección *La prosa rusa* (Academia, 1926): sobre Dal, Marlinski, Senkovski, Viazemski, Weltman, Karamzin, los relatos de viajes, etc.

No es oportuno hablar aquí en detalle de estos estudios. Diré únicamente que todos ellos se ocupan de escritores de segundo orden o de epígonos, del estudio minucioso de las tradiciones, de los cambios de géneros y estilos, etc. A la luz de este enfoque reaparecen muchos nombres y hechos olvidados, se refutan las estimaciones corrientes, se modifican las imágenes tradicionales y, sobre todo, se revela paulatinamente el proceso mismo de la evolución. El estudio de esta materia está en sus comienzos y muchas nuevas tareas nos esperan: la diferenciación ulterior de las nociones de la teoría y de la historia literarias, el estudio de nuevos textos, el descubrimiento de nuevos problemas, etc.

Sólo nos resta trazar un cuadro general. La evolución del método formal que he tratado de presentar adoptó la forma de un desarrollo consecutivo de principios teóricos, sin considerar el aporte individual de cada uno de nosotros. En efecto, la Opoiaz ha realizado el modelo de trabajo colectivo. Las razones son evidentes: desde el comienzo hemos concebido nuestro trabajo como una tarea histórica y no como trabajo personal de cada uno. En esto consiste nuestro contacto esencial con la época. La ciencia evoluciona, y nosotros con ella. <u>Indicaré brevemente los momentos principales de la evolución del método formal en los diez últimos años</u>:

1. A partir de la oposición inicial y sumaria entre la lengua poética y la cotidiana, llegamos a la diferenciación de la noción de lengua cotidiana según sus diferentes funciones (L. Yakubinski) y a la delimitación de los métodos de la lengua poética y de la lengua emocional (R. Jakobson). En relación con esta evolución nos interesamos por el estudio del discurso oratorio, que nos parece el más próximo a la literatura dentro del lenguaje cotidiano, aunque tenga funciones diferentes, y comenzamos a hablar de la necesidad de una retórica que renacería junto a la poética (los artículos sobre la lengua de Lenin en *Lef*, N° 1 (V), 1924, de Shklovski, Eichenbaum, Tinianov, Yakubinski, Kazanski y Tomashevski).

2. A partir de la noción general de forma en su nueva acepción, llegamos a la noción de artificio y, por ende, a la función.

3. A partir de la oposición entre el ritmo poético y el metro y de la noción de ritmo como factor constructivo del verso en su unidad, llegamos a la concepción del verso como una forma particular del discurso que posee sus propias cualidades lingüísticas (sintácticas, léxicas y semánticas).

4. A partir de la noción de argumento como construcción, llegamos a la noción de material como motivación y a concebir el material como un elemento que participa en la construcción, dependiendo siempre de la dominante constructiva.

5. Después de haber establecido la identidad del artificio en materiales diferentes y la diferenciación del artificio según sus funciones, llegamos al problema de la evolución de las formas, es decir, a los problemas del estudio de la historia literaria.

Nos encontramos, pues, ante una serie de problemas nuevos. El último artículo de Tinianov, "El hecho literario" (*Lef*, N° 2 (IV), 1925), lo indica claramente. Se formula el problema de las relaciones entre la vida práctica y la literatura, que a menudo ha sido resuelto con la despreocupación propia del diletantismo. Se muestra con ejemplos cómo hechos pertenecientes a la vida práctica entran en la literatura y cómo, recíprocamente, la literatura puede llegar a ser un elemento de la vida práctica: "Cuando se diluye un género, deja de ser central y se vuelve periférico. Su lugar es ocupado por un nuevo fenómeno proveniente de la literatura de segundo orden o bien de la vida práctica".

No por casualidad este artículo titulado "La teoría del método formal" traza apenas un esbozo de su evolución. No disponemos de una teoría que pueda ser presentada en forma de sistema definitivo y acabado. Para nosotros, teoría e historia se confunden; esta opinión puede considerarse en su espíritu o en su letra. La historia nos ha enseñado demasiado como para creer que pueda evitarse esta unión. Cuando estemos obligados a afirmar que tenemos una teoría que lo explica todo, que soluciona y explica todos los problemas del pasado y del futuro y que, por esta razón, no necesita evolucionar ni puede hacerlo, estaremos también obligados a reconocer que el método formal ha concluido su existencia y que el espíritu de la investigación científica lo ha abandonado. Por ahora, ese momento no ha llegado.

1925

EL ARTE COMO ARTIFICIO

V. SHKLOVSKI

"El arte es el pensamiento por medio de imágenes". Esta frase, que puede ser dicha por un bachiller, representa también la opinión de un sabio filólogo que la coloca como punto inicial de toda teoría literaria. Esta idea ha penetrado en la conciencia de muchos; entre sus numerosos creadores debemos destacar el nombre de Potebnia: "No hay arte y, en particular, no hay poesía, sin imagen", dice en *Notas sobre la teoría de la literatura*. Más adelante agrega: "Al igual que la prosa, la poesía es sobre todo, y en primer lugar, una cierta manera de pensar y de conocer".

La poesía es una manera particular de pensar: un pensamiento por imágenes; de esta manera permite cierta economía de fuerzas mentales, una "sensación de ligereza relativa", y el sentimiento estético no es más que un reflejo de esta economía. El académico Ovsianiko-Kulikovski, que había leído seguramente con atención los libros de su maestro, comprendió y resumió así sus ideas, permaneciéndole indudablemente fiel. Potebnia y sus numerosos discípulos ven en la poesía una forma particular de pensamiento: el pensamiento por medio de imágenes; para ellos, las imágenes tienen la función de permitir agrupar los objetos y las acciones heterogéneas y explicar lo desconocido por lo conocido. Según las propias palabras de Potebnia: "La relación de la imagen con lo que ella explica puede ser definida de la siguiente manera: a) la imagen es un predicado constante para sujetos variables, un punto constante de referencia para percepciones cambiantes; b) la imagen es mucho más simple y mucho más clara que lo que ella explica" (pág. 314), es decir, "puesto que la imagen tiene por finalidad ayudarnos a comprender su significación y dado que sin esta cualidad no tiene sentido, debe sernos más familiar que lo que ella explica" (pág. 291).

Sería interesante aplicar esta ley a la comparación que hace Tiuchev de la aurora con demonios sordomudos, o a la que hace Gogol del cielo con las casullas de Dios.

"Sin imágenes no hay arte". "El arte es el pensamiento por imágenes". En nombre de estas definiciones se llegó a monstruosas deformaciones, se quiso comprender la música, la arquitectura, la poesía lírica como un pensamiento por imágenes. Luego de un cuarto de siglo de esfuerzos, el académico Ovsianiko-Kulikovski se ha visto finalmente obligado a aislar la poesía lírica, la arquitectura y la música, a ver en ellas formas singulares de arte, arte sin imágenes, y definirlas como artes líricas que se dirigen directamente a las emociones. Aparece así un dominio inmenso del arte que no es una manera de pensar; una de las artes que figuran en este dominio, la poesía lírica (en el sentido estricto de la palabra), presenta sin embargo una total semejanza con el arte por imágenes: maneja las palabras de la misma manera. Sin notarlo se pasa del arte por imágenes al arte desprovisto de imágenes: la percepción que tenemos de estas dos artes es la misma.

Pero la definición: "El arte es el pensamiento por imágenes", luego de notorias ecuaciones de las que omito los eslabones intermedios, produjo la siguiente: "El arte es ante todo creador de símbolos". Esta última definición ha resistido y sobrevivido al derrumbe de la teoría en la que estaba fundada; se la encuentra fundamentalmente en la corriente simbolista, sobre todo en sus teorizadores.

Mucha gente piensa todavía que el pensamiento por imágenes, "los caminos y las sombras", "los surcos y los confines", representa el rasgo principal de la poesía. Para esta gente pues, la historia del arte por imágenes consistiría en una historia del cambio de la imagen. Pero ocurre que las imágenes son casi inmóviles: de siglo en siglo, de país en país, de poeta en poeta, se transmiten sin cambiarse; las imágenes no provienen de ninguna parte, son de Dios. Cuanto más se conoce una época, más uno se persuade de que las imágenes que consideraba como la creación de tal o cual poeta fueron tomadas por él de otro poeta casi sin modificación. Todo el trabajo de las escuelas poéticas no es otra cosa que la acumulación y revelación de nuevos procedimientos para disponer y elaborar el material verbal, y consiste mucho más en la disposición de las imágenes que en su creación. Las imágenes están dadas; en poesía las imágenes son más recordadas que utilizadas para pensar.

El pensamiento por imágenes no es en todo caso el vínculo que une todas las disciplinas del arte, ni siquiera del arte literario; el cambio de imágenes no constituye la esencia del desarrollo poético. Sabemos que se reconocen a menudo como hechos poéticos, creados para los fines de la contemplación estética, expresiones que fueron forjadas sin esperar de ellas semejante percepción. Annenski, por ejemplo, atribuía a la lengua eslava un carácter particularmente poético; André Bieli admiraba en los poetas rusos del siglo XVIII el procedimiento que consiste en colocar los adjetivos después de los sustantivos. Bieli reconocía un valor artístico a este procedimiento o, más exactamente, le atribuía un carácter intencional, considerándolo como hecho artístico, cuando en realidad no se trataba sino de una particularidad general de la lengua, debida a la influencia del eslavo eclesiástico. El objeto puede ser entonces: 1º) creado como prosaico y percibido como poético; 2º) creado como poético y percibido como prosaico. Esto indica que el carácter estético de un objeto, el derecho de vincularlo a la poesía, es el resultado de nuestra manera de percibir; nosotros llamaremos objetos estéticos, en el sentido estricto de la palabra, a los objetos creados mediante procedimientos particulares, cuya finalidad es la de asegurar para estos objetos una percepción estética.

La conclusión de Potebnia, que se podría reducir a una ecuación: "poesía=imagen" ha servido de fundamento a toda la teoría que afirma que imagen=símbolo=facultad de la imagen de llegar a ser un predicado constante para sujetos diferentes. Esta conclusión sedujo a los simbolistas (André Bieli, Merejkovski con sus *Compañeros eternos*) por una afinidad con sus ideas, y se encuentra en la base de su teoría. Una de las razones que llevaron a Potebnia a esta conclusión es que él no distinguía la lengua de la poesía de la lengua de la prosa. A causa de esto no pudo percibir que existen dos tipos de imágenes: la imagen como medio práctico de pensar, como medio de agrupar los objetos, y la imagen poética, medio de refuerzo de la impresión. Me explico: voy por la calle y veo que el hombre de sombrero que camina delante mío ha dejado caer un paquete. Lo llamo: "Eh, tú, sombrero, has perdido tu paquete". Se trata de un ejemplo de imagen o tropo puramente prosaicos. Otro ejemplo. Varios soldados están en fila. El sargento de sección, viendo que uno de ellos está mal parado le dice: "Eh, estropajo * ¿no sabes tenerte en pie?" Esta imagen es un tropo poético.

En el primer caso, la palabra sombrero era una metonimia; en el segundo una metáfora. Pero no es esta distinción la que me parece importante. La imagen poética es uno de los medios de crear una impresión máxima. Como medio, y con respecto a su función, es igual a los otros procedimientos de la lengua poética, igual al paralelismo simple y negativo, igual a la comparación, a la repetición, a la simetría, a la hipérbole; igual a todo lo que se considera una figura, a todos los medios aptos para reforzar la sensación

---

* En ruso, la palabra "sombrero" (*shliapa*) puede usarse con los dos sentidos. (T. T.)

producida por un objeto (en una obra, las palabras y aún los sonidos pueden ser igualmente objetos), pero la imagen poética no presenta más que un parecido exterior con la imagen fábula, con la imagen-pensamiento, que nos ejemplifica la niñita que llama a una bola "pequeña sandía" (Ovsianiko-Kulikovski, *La lengua y el arte*). La imagen poética es uno de los medios de la lengua poética; la imagen prosaica es un medio de la abstracción. Sandía en lugar de globo, o sandía en lugar de cabeza, no es más que la abstracción de una cualidad del objeto y no hay ninguna diferencia entre: cabeza-bola y sandía-bola. Es un pensamiento, pero esta abstracción no tiene nada que ver con la poesía.

La ley de la economía de las fuerzas creadoras pertenece también al grupo de leyes admitidas universalmente. Spencer escribía: "En la base de todas las reglas que determinan la elección y el empleo de las palabras encontramos la misma exigencia primordial: la economía de la atención... Conducir el espíritu hacia la noción deseada por la vía más fácil es, a menudo, el fin único, y siempre el fin principal..." *(Filosofía del estilo).* "Si el alma poseyera fuerzas inagotables, le sería seguramente indiferente gastar mucho o poco de esta fuente; sólo tendría importancia el tiempo que se pierde. Pero como estas fuerzas son limitadas, cabe pensar que el alma trata de realizar el proceso de percepción lo más racionalmente posible, es decir, con el menor gasto de esfuerzo o, lo que es equivalente, con el máximo resultado" (R. Avenarius). Petrayitski, haciendo referencia a la ley general de la economía de las fuerzas mentales, rechaza la teoría de James sobre la base física del afecto. El principio de economía de las fuerzas creadoras, que en el examen del ritmo es particularmente cautivante, está reconocido igualmente por A. Veselovski, quien prolonga el pensamiento de Spencer: "el mérito del estilo consiste en ubicar el máximo de pensamiento en un mínimo de palabras". André Bieli, que en sus mejores páginas ha dado muchos ejemplos de ritmos complejos que podríamos llamar "en sacudidas" y que ha mostrado el carácter oscuro de los epítetos poéticos a propósito de los versos de Baratinski, considera necesario discutir la ley de la economía. Su libro representa la tentativa heroica de erigir una teoría del arte fundada en hechos no verificados tomados de libros en desuso, en un gran conocimiento de los procedimientos poéticos y en el manual de física que se usa en los liceos de Kraievich.

La idea de economía de las fuerzas como ley y finalidad de creación es tal vez verdadera en un caso particular del lenguaje, esto es, en la lengua cotidiana; esta misma idea se hizo extensiva a la lengua poética debido al desconocimiento de la diferencia que opone las leyes de la lengua cotidiana a las de la lengua poética. Una de las primeras indicaciones efectivas sobre la no coincidencia de estas dos lenguas nos la dió la comprobación de que la lengua poética japonesa posee dos sonidos que no existen en el japonés hablado. El artículo de L. P. Yakubinski acerca de la ausencia de la ley de disimilación de las líquidas en la lengua poética y de la tolerancia en la misma de una acumulación de sonidos semejantes, difíciles de pronunciar, representa uno de los primeros trabajos que soportan una crítica científica ([1]) : da cuenta de la oposición (digamos por ahora que al menos en ese caso) de las leyes de la lengua poética con las de la lengua cotidiana ([2]).

Por este motivo debemos tratar las leyes de gasto y de economía en la lengua poética dentro de su propio marco, y no por analogía con la lengua prosaica.

Si examinamos las leyes generales de la percepción, vemos que una vez que las acciones llegan a ser habituales se transforman en automáticas. De modo que todos nuestros hábitos se refugian en un medio inconsciente y automático. Quienes puedan recordar la sensación que sintieron al tomar por primera vez el lápiz con la mano o hablar por primera vez una lengua extranjera, y pueden comparar esta sensación con la que sienten al hacer la misma cosa por enésima vez, estarán de acuerdo con nosotros. Las leyes de nuestro discurso prosaico, con sus frases inacabadas y sus palabras pronunciadas a medias, se explican por el proceso de automatización. Es un proceso cuya expresión ideal es el álgebra, donde los objetos están remplazados por símbolos. En el discurso cotidiano rápido, las palabras no son pronunciadas; no son más que los primeros sonidos del nombre los que aparecen en la conciencia. Pogodin (*La lengua como creación*, p. 42) cita el ejemplo de un muchachito que pensaba la frase: "las montañas de Suiza son lindas" como una sucesión de letras: L, m, d, S, s, l.

Esta cualidad del pensamiento ha sugerido no solamente la vía del álgebra, sino también la elección de símbolos, es decir, de letras, en particular de las iniciales. En este método algebraico de pensar, los objetos son pensados en su número y volumen; no son vistos, sino reconocidos a partir de sus primeros rasgos. El objeto pasa junto a nosotros como dentro de un paquete; sabemos que él existe a través del lugar que ocupa, pero no vemos más que su superficie. Bajo la influencia de una percepción de ese tipo el objeto

---

1. *Ensayos sobre la teoría de la lengua poética*, fasc. 1, pág. 48.
2. *Ensayos sobre la teoría de la lengua poética*, fasc. 2, págs. 13-21.

se debilita, primero como percepción y luego en su reproducción. Esta percepción de la palabra prosaica explica su audición incompleta (cf. el artículo de L. P. Yakubinski) y por ende la reticencia del locutor (de donde provienen todos los lapsus). En el proceso de algebrización, de automatización del objeto, obtenemos la economía máxima de las fuerzas perceptivas: los objetos están dados por uno solo de sus rasgos, por ejemplo el número, o bien son reproducidos como siguiendo una fórmula sin que aparezca siquiera en la conciencia.

"Yo estaba limpiando la pieza, al dar la vuelta, me acerqué al diván y no podía acordarme si lo había limpiado o no. Como esos movimientos son habituales e inconscientes no podía acordarme y tenía la impresión de que ya era imposible hacerlo. Por lo tanto, si he limpiado y me he olvidado, es decir, si he actuado inconscientemente, es exactamente como si no lo hubiera hecho. Si alguien consciente me hubiera visto, se podría restituír el gesto. Pero si nadie lo ha visto o si lo ha visto inconscientemente, si toda la vida compleja de tanta gente se desarrolla inconscientemente, es como si esta vida no hubiera existido". (Nota del diario de L. Tolstoi del 28 de febrero de 1897, Nikolskoe. *Letopis*, diciembre de 1915, p. 354).

Así la vida desaparece transformándose en nada. La automatización devora los objetos, los hábitos, los muebles, la mujer y el miedo a la guerra. "Si la vida compleja de tanta gente se desenvuelve inconscientemente, es como si esa vida no hubiese existido". Para dar sensación de vida, para sentir los objetos, para percibir que la piedra es piedra, existe eso que se llama arte. La finalidad del arte es dar una sensación del objeto como visión y no como reconocimiento; los procedimientos del arte son el de la singularización de los objetos, y el que consiste en oscurecer la forma, en aumentar la dificultad y la duración de la percepción. El acto de percepción es en arte un fin en sí y debe ser prolongado. El arte es un medio de experimentar el devenir del objeto: lo que ya está "realizado" no interesa para el arte.

La vida de la obra poética (la obra de arte) se extiende de la visión al reconocimiento, de la poesía a la prosa, de lo concreto a lo abstracto, del Quijote, hidalgo pobre e ilustrado que lleva inconscientemente la humillación a la corte del duque, al Quijote de Turgueniev, imagen amplia pero vacía, de Carlomagno a la palabra *korol* *
A medida que las obras y las artes mueren, van abarcando dominios cada vez más vastos; la fábula es más simbólica que el poema,

---

* La palabra rusa *korol* (rey) viene de la palabra Carlomagno (Karolus).

el proverbio más simbólico que la fábula. Es por este motivo que la teoría de Potebnia era la menos contradictoria en el análisis de la fábula, que él había estudiado exhaustivamente; pero ella no cuadraba a las obras artísticas reales, por lo cual el libro de Potebnia no podía concluírse. Como se sabe, las *Notas sobre la teoría de la literatura* fueron editadas en 1905, trece años después de muerte del autor.

En este libro, lo único que Potebnia elaboró totalmente es la parte concerniente a la fábula (³).

Los objetos percibidos, muchas veces comienzan a serlo por un reconocimiento: el objeto se encuentra delante nuestro, nosotros lo sabemos, pero ya no lo vemos. Por este motivo no podemos decir nada de él. En arte, la liberación del objeto del automatismo perceptivo se logra por diferentes medios; en este artículo deseo indicar uno de los medios de los que se servía casi constantemente L. Tolstoi, quien, según la opinión de Mereikovski, parece presentar los objetos tal como los ve; los ve en sí mismos, sin deformarlos.

El procedimiento de singularización en Tolstoi consiste en no llamar al objeto por su nombre sino en describirlo como si lo viera por primera vez y en tratar cada acontecimiento como si ocurriera por primera vez; además, en la descripción del objeto no emplea los nombres dados generalmente a sus partes, sino otras palabras tomadas de la descripción de las partes correspondientes a otros objetos. Tomemos un ejemplo. En el artículo *"Qué vergüenza"*, L. N. Tolstoi singulariza en esta forma la noción de "látigo": "Desnudar a la gente que ha violado la ley, hacerlos caer y golpearlos con vergas en el trasero"; unas líneas después: "azotar las nalgas desnudas". Este pasaje está acompañado por una observación: "¿y por qué justamente este medio tonto y salvaje de hacer mal en lugar de otro: por ejemplo pinchar la espalda u otro lugar del cuerpo con agujas, apretar las manos o los pies con torniquetes, o algo semejante". Que se me disculpe este ejemplo algo grosero, pero es característico de los medios utilizados por Tolstoi para llegar a la conciencia. El azote habitual se singulariza tanto por su descripción como por la propuesta de cambiar su forma sin cambiar la esencia. Tolstoi utiliza constantemente el método de singularización: por ejemplo, en *Jolstomer* el relator es un caballo y los objetos son individualizados por la percepción otorgada al animal, no por la nuestra. He aquí cómo concibe el derecho de propiedad: "Comprendí muy bien lo que decían acerca de los azotes y del cristianismo. Pero quedó completamente oscura para mí, por aquel

---

3. *Curso sobre la teoría de la literatura*. Fábula, Proverbio. Refrán Jarkov, 1914.

entonces, la palabra *su*, por la que pude deducir que la gente establecía un vínculo entre el jefe de las caballerizas y yo. Entonces no pude comprender de modo alguno en qué consistía aquel vínculo. Sólo mucho después, cuando me separaron de los demás caballos, me expliqué lo que significaba aquello. En esa época, no era capaz de entender lo que significaba el que *yo* fuera propiedad de un hombre. Las palabras *mi* caballo, que se referían a mí, a un caballo vivo, me resultaban tan extrañas como las palabras: mi tierra, mi aire, mi agua.

"Sin embargo, ejercieron una enorme influencia sobre mí. Sin cesar, pensaba en ellas; y sólo después de un largo trato con los seres humanos me expliqué, por fin, la significación que les atribuyen. Quieren decir lo siguiente: los hombres no gobiernan en la vida con hechos, sino con palabras. No les preocupa tanto la posibilidad de hacer o dejar de hacer algo, como la de hablar de distintos objetos, mediante palabras convencionales. Tales palabras, que consideran muy importantes, son, sobre todo: *mío o mía; tuyo o tuya.* Las aplican a toda clase de cosas y de seres. Incluso a la tierra, a sus semejantes y a los caballos.

"Además, han convenido en que uno sólo puede decir mío a una cosa determinada. Y aquel que puede aplicar el término mío a un número mayor de cosas, según el juego convenido, se considera la persona más feliz. No sé porqué las cosas son de este modo; pero me consta que son así. Durante mucho tiempo, traté de explicarme esto, suponiendo que redundaba en algún provecho directo; pero resultó inexacto.

"Muchas personas de las que me llamaban *su* caballo ni me montaban siquiera; y, en cambio, lo hacían otros. No eran ellos los que me daban de comer, sino otros extraños. Tampoco eran ellos los que me hacían bien, sino los cocheros, los herreros y, por lo general, personas ajenas. Posteriormente, cuando hube ensanchado el círculo de mis observaciones, me convencí de que no sólo respecto de nosotros, los caballos, el concepto *mío* no tiene ningún otro fundamento que un bajo instinto animal, que los hombres llaman sentimiento o derecho de propiedad. El hombre dice: "mi casa"; pero nunca vive en ella. Tan sólo se preocupa de construirla y de mantenerla. El comerciante dice: "mi tienda", "mi pañería", por ejemplo; pero no utiliza la ropa del mejor paño que vende en ella. Hay gentes que llaman a la tierra "mi tierra", pero nunca la han visto y jamás la han recorrido. Hay hombres que llaman a algunas mujeres "mi mujer", "mi esposa" y, sin embargo, éstas viven con otros hombres. Las gentes no buscan en la vida hacer lo que ellos consideran el bien, sino la manera de poder decir *mío* del mayor número posible de cosas. Ahora estoy persuadido de que en esto estriba la diferencia esencial entre nosotros y los hombres. Por tanto, sin hablar ya de otras prerrogativas nuestras, sólo por este hecho podemos decir, con seguridad, que entre los seres vivos nos hallamos en un escalón más alto que los hombres. La actividad de los hombres, al menos de los hombres con quienes tuve trato yo, se traduce en palabras, mientras que la nuestra se manifiesta en hechos".

Al final del relato el caballo ya ha muerto, pero el modo de narración, el procedimiento, no cambia.

"El cuerpo de Serpujovskoy que había andado, comido y bebido por el mundo, muerto en vida, fue sepultado mucho después. Su piel, su carne y sus huesos no sirvieron para nada. Lo mismo que, desde hace veinte años, su cuerpo muerto en vida, había sido un grandísimo estorbo para la gente, el entierro fue una complicación más. Hacía mucho que nadie lo necesitaba; hacía mucho que constituía una carga para todos. Sin embargo, otros muertos en vida como él juzgaron conveniente, al enterrarlo, vestir su obeso cuerpo, que no tardó en descomponerse, con un buen uniforme, calzarlo con buenas botas, depositarlo en un féretro nuevo, con borlas en las cuatro esquinas. También creyeron oportuno colocar el féretro en una caja de plomo, trasladar sus restos a Moscú, donde desenterrarían otros restos humanos para dar sepultura a ese cuerpo putrefacto, cubierto de gusanos, con su uniforme nuevo y sus botas lustrosas" (⁴).

Vemos así que al final del relato el procedimiento está aplicado fuera de su motivación ocasional.

Tolstoi ha descripto todas las batallas en *Guerra y paz* mediante este procedimiento. Estas batallas son presentadas ante todo como hechos singulares. Dado que las descripciones son muy extensas no las citaré aquí; sería necesario copiar una parte considerable de esta novela en cuatro volúmenes. Los salones y el teatro eran descriptos de la misma manera:

"El centro de la escena estaba hecho de tablas uniformes; a ambos lados unos cartones pintados representaban árboles y en el fondo había un lienzo extendido. En medio de la escena se veía unas muchachas sentadas, con blusas rojas y faldas blancas. Una, muy gruesa, con traje blanco de seda, se hallaba sentada en un banco muy bajo, detrás del cual había un cartón verde pegado. Todas cantaban. Cuando acabaron aquella canción, la muchacha del vestido blanco se acercó a la concha del apuntador, y un hombre con penacho, puñal y calzones de seda que ceñían sus gruesas piernas,

---

4. Leon N. Tolstoi, *Obras*, Aguilar, Madrid, 1966, trad. Irene y Laura Andresco, T. II, págs. 1121-1122 y pág. 1134, respectivamente

fue hacia ella y comenzó a cantar haciendo gestos con las manos.

"El hombre de los calzones ceñidos cantó solo y después cantó la muchacha. Ambos callaron y se oyó la música; entonces el hombre tomó la mano de la muchacha vestida de blanco esperando el compás para empezar la parte que tenían que cantar juntos. Ambos cantaron, y los espectadores aplaudieron y lanzaron gritos; y aquel hombre y aquella mujer, que representaban a unos enamorados, sonrieron y agitaron las manos (...).

"El segundo acto representaba unos monumentos; en el lienzo había un agujero que figuraba la luna. Habían levantado las pantallas de la batería; las trompetas y los contrabajos empezaron a tocar; por la derecha y la izquierda salieron muchas personas vestidas con mantos negros que llevaban una especie de puñal. Todos empezaron a agitar los brazos; después llegaron corriendo otras personas y arrastraron a la muchacha que en el primer acto vestía de blanco y en el segundo de azul. Cantaron con ella durante largo rato; finalmente la arrastraron detrás de los bastidores, desde donde se oyeron tres golpes contra un objeto metálico. Entonces todos se arrodillaron y entonaron una oración. Varias veces todo esto fue interrumpido por los gritos entusiásticos de los espectadores".

La misma técnica para el tercer acto: "Pero, repentinamente, se desencadenó una tempestad, y la orquesta ejecutó escalas cromáticas y acordes de séptima disminuida; todos corrieron arrastrando detrás de los bastidores a una de las personas presentes, y bajó el telón".

En el cuarto acto, "un diablo cantó en escena agitando una mano hasta que se separaron las tablas que pisaba y se dejó caer allí" ([5]).

Tolstoi describe de la misma manera la ciudad y el tribunal en *Resurrección*. En *La sonata a Kreutzer* describe así el casamiento: "¿Por qué la gente debe acostarse junta si sus almas son afines?". Pero no sólo aplica el procedimiento de singularización para dar la visión de un objeto que quiere presentar negativamente: "Pierre se levantó y, pasando ante las hogueras, se dirigió al otro lado de la carretera, donde, según le habían dicho, estaban los soldados prisioneros. Tenía deseos de charlar con ellos. En la carretera, un centinela francés lo detuvo y lo mandó volver a su sitio. Pierre obedeció, pero no fue hacia las hogueras a reunirse con sus compañeros, sino hacia un coche desenganchado, donde no había nadie. Se sentó en la hierba fría, junto a una de las ruedas del vehículo, con las piernas recogidas y la cabeza inclinada, y permaneció largo rato meditando inmóvil. Transcurrió más de una hora. Nadie le

---

5. Leon N. Tolstoi, *Obras cit.*, T. I, págs. 953-958.

molestó. Súbitamente se echó a reir con su risa grave y bondadosa. Los soldados se volvieron desde todas partes sorprendidos por aquella risa extraña y solitaria.

—¡Ja, ja, ja! —reía Pierre.

Y pronunció en alta voz hablando consigo mismo:

—El centinela no me ha dejado pasar. Me han encerrado, me han hecho prisionero. ¿A quién? ¿A mí? ¡A mí... con mi alma inmortal! ¡Ja, ja, ja... ja, ja, ja!

Volvió a echarse a reir con los ojos llenos de lágrimas (...).

Pierre miró el cielo y las lejanas estrellas brillantes. 'Todo eso es mío, todo eso está en mí y todo eso soy yo —pensó—. Eso es lo que han capturado y encerrado en una barraca rodeada de una valla de madera'. Sonrió y fue a acostarse junto a sus compañeros". (*Guerra y paz*, págs. 1324-1325).

Todos los que conocen bien a Tolstoi pueden encontrar en él centenares de ejemplos semejantes. Esta manera de ver los objetos fuera de su contexto condujo a Tolstoi a aplicar el método de singularización en sus últimas obras a la descripción de dogmas y de ritos, método a partir del cual sustituía las palabras habituales del uso religioso por palabras del lenguaje corriente. El resultado es algo extraño, monstruoso, considerado por mucha gente como una blasfemia que les ha herido dolorosamente. Sin embargo, se trataba siempre del mismo procedimiento con cuya ayuda Tolstoi percibía y relataba lo que lo rodeaba. Las percepciones de Tolstoi sacudieron su fe al rozar objetos que durante largo tiempo no había querido tratar.

Este procedimiento de singularización no pertenece exclusivamente a Tolstoi. Si me apoyo en un material tomado de este escritor, es por una consideración puramente práctica, ya que estos textos son conocidos por todos.

Luego de haber aclarado el carácter de este procedimiento, tratemos de determinar aproximadamente los límites de su aplicación. Casi siempre, donde hay imagen hay singularización. En otros términos, la diferencia entre nuestro punto de vista y el de Potebnia se puede formular de la siguiente manera: la imagen no es un predicado constante para sujetos variables. Su finalidad no es la de acercar a nuestra comprensión la significación que ella contiene, sino la de crear una percepción particular del objeto, crear su visión y no su reconocimiento.

El arte erótico nos permite la mejor observación de las funciones de la imagen. El objeto erótico se presenta frecuentemente como una cosa jamás vista. Por ejemplo en *La Nochebuena* de Gogol:

"Diciendo esto, se acercó a ella, tosió y, rozando con los dedos la regordeta mano, dijo con un acento en el que apuntaba la astucia y la vanidad:

—¿Qué es esto, magnífica Soloja? —al decirlo, dio un salto hacia atrás.

—¡Cómo! ¿Qué tengo aquí?... La mano, Osip Nikiforovich —contestó Soloja.

—¡Hum!..., la mano... Je, je, je... —dijo él con el corazón contento por aquel comienzo y paseando por la habitación.

—¿Y esto qué es, queridísima Soloja? —siguió con el mismo tono acercándose a ella, cogiéndole ligeramente por el cuello y dando, como antes, un salto hacia atrás.

—¡Como si no lo viera usted, Osip Nikiforovich! —contestó Soloja—. El cuello, y sobre el cuello un collar.

—Hum..., sobre el cuello un collar... Je, je, je —y el sacristán se paseó de nuevo por la habitación frotándose las manos.

—¿Y esto qué es, incomparable Soloja? —no se sabe qué habían señalado los largos dedos del sacristán..." (⁶).

O bien Hamsum, èn *Hambre*:

"Dos milagros blancos salían de su camisa".

A veces, la representación de los objetos eróticos se hace de una manera indirecta, cuya finalidad no es, evidentemente, aproximarlos a la comprensión. Este tipo de representación se refiere a los órganos sexuales como un candado y una llave en las *Adivinanzas del pueblo ruso* (D. Savodnikov, Nros. 102-107), como útiles de tejido (*ibid.*, 588-591), como arcos y flechas o como un anillo y un clavo, por ejemplo, en la bilina sobre Staver (Ribnikov, Nº 30). El marido no reconoce a su mujer vestida de guerrero. Ella le propone una adivinanza:

"¿Te acuerdas, Staver, te acuerdas
Como cuando niños íbamos por la calle
Y jugábamos al juego del clavo? *
Tú tenías un clavo de plata
Y yo una sortija dorada.
Yo lo lograba a veces,
Pero tú triunfabas siempre.

Staver, hijo de Godina, dice:

Sin embargo, yo no he jugado contigo al juego del clavo.

Entonces Vasilisa Mikulichna dice:

---

6. Nikolai V. Gogol, *Obras completas*, Aguilar, Madrid, 1951, trad. Irene Tchernowa, pág. 172.

* *Juego del clavo*: juego popular ruso que consiste en apuntar con un clavo el centro de una argolla dorada clavada en la tierra. (T. T.).

"¿Te acuerdas, Staver, te acuerdas
Que contigo yo aprendí a escribir?
Yo tenía un tintero de plata
Y tú una pluma dorada;
Yo mojaba la pluma a veces
Pero tú la mojabas siempre."

En otra variante de la bilina se nos da la solución:

"Entonces el terrible enviado Vasiliuchka
Levantó sus vestimentas hasta el ombligo mismo
Y he allí que el joven Staver, hijo de Godina,
Reconoció la sortija dorada..."

(Ribnikov, 171)

Pero la singularización no es únicamente un procedimiento de adivinanzas eróticas o de eufemismo; es la base y el único sentido de todas las adivinanzas. Cada adivinanza es tanto una descripción, una definición del objeto por medio de palabras que no le son habitualmente aplicadas (ejemplo: "Dos extremidades, dos anillos y, en el medio, un clavo"), como una singularización fónica obtenida con la ayuda de una repetición deformante: *Ton da tonok? - Pol da potolok** (D. Savodnikov, N° 51) o bien *Slon da kondrik? - Zaslon i konnik*** (ibid., 177).

Hay imágenes eróticas que utilizan la singularización sin ser adivinanza; por ejemplo, todos los "mazos de croquet", "los aviones", "las muñecas", "los amiguitos", etc., que escuchamos en boca de los cantores. Estas imágenes del cancionero tienen todas un punto en común con la imagen popular que presenta los mismos actos como el hecho de "pisar la hierba" y de "romper la albura".

El procedimiento de singularización es completamente evidente en la imagen popular de la prosa erótica, donde el oso y otros animales (o bien el diablo, otra motivación de falta de reconocimiento) no reconocen al hombre (*El maestro valiente*, en *Cuentos de la Gran Rusia*, notas de la sociedad imperial geográfica rusa, vol. 42, N° 52; *El soldado justo* en *Colección de la Rusia blanca de Romanov*, N° 84, pág. 344).

La falta de reconocimiento en cuento N° 70 de la selección de D. Zelenin, *Cuentos gran-rusos de la gobernación de Perm*, es un caso muy característico.

"Un mujik trabaja su campo con una yegua manchada. Un oso se aproxima a él y le pregunta: "Eh, amigo, ¿quién ha dado a tu

---

* *Pol da potolok(r)*: piso y techo.
** *Zaslon i konnik(r)*: abrigo y caballero.

yegua ese color? —Se lo he dado yo mismo. —Pero, ¿cómo? —Ven que te lo daré a ti también". El oso consiente. El mujik le ata las patas, toma la reja del arado, la hace calentar al fuego y comienza a aplicarla sobre los flancos del oso. Con la reja al rojo vivo le chamusca el pelo hasta la carne y le da así el color deseado. Luego lo desata. El oso parte, se aleja un poco, se acuesta bajo un árbol y se queda quieto. Una urraca llega adonde está el mujik para picotear un poco de grano. El mujik la atrapa y le rompe una pata. La urraca se vuela y se detiene en el árbol junto al cual se ha acostado el oso. Luego de la urraca, una gran mosca negra se posa sobre la yegua y comienza a picarla. El mujik la caza, le mete una astilla en el trasero y la deja partir. La mosca vuela y se posa en el mismo árbol donde estaban ya la urraca y el oso. Los tres están allí. Pero he aquí que llega al campo la mujer del mujik, trayéndole la comida. El mujik come al aire libre con su mujer y luego se le echa encima. Viendo esto el oso les dice a la urraca y a la mosca: "Mi Dios, el mujik quiere dar otra vez el color overo a alguien". La urraca le responde: "No, quiere romperle las piernas". Y a su vez la mosca: "No, quiere hundirle una astilla en el trasero". La identidad del procedimiento de este trozo con el procedimiento de *Jolstomer* creo que es evidente en ambos casos.

La singularización del acto es muy frecuente en literatura; por ejemplo, en el *Decamerón*: "el raspado del barril", "la caza del ruiseñor", "el alegre trabajo del cardador"; esta última imagen no había sido desarrollada como argumento. La singularización es también utilizada muy a menudo en la representación de los órganos sexuales.

Una serie de temas está construida en base a la falta de reconocimiento. En los *Cuentos íntimos* de Afanasiev, por ejemplo, recuérdese "La dama tímida". Todo el cuento está basado en el hecho de no llamar al objeto por su nombre propio, en un juego de equívocos. Lo mismo ocurre en Onchukov (*La mancha femenina*, cuento Nº 525) y en otros *Cuentos íntimos*: en *El oso y el conejo*, ambos animales curan la "llaga". Las construcciones del tipo "pilón y mortero", o bien "diablo e infierno" (*Decamerón*) pertenecen al mismo proceso de singularización.

En mi artículo sobre la construcción del argumento trato la singularización en el paralelismo psicológico.

Al examinar la lengua poética, tanto en sus constituyentes fonéticos y lexicales como en la disposición de las palabras y de las construcciones semánticas constituidas por ellas, percibimos que el carácter estético se revela siempre por los mismos signos. Está creado conscientemente para liberar la percepción, del automatismo. Su visión representa la finalidad del creador y está construída de manera artificial para que la percepción se detenga en ella y llegue al máximo de su fuerza y duración. El objeto no es percibido como una parte del espacio, sino, por así decirlo, en su continuidad. La lengua poética satisface estas condiciones. Según Aristóteles, la lengua poética debe tener un carácter extraño, sorprendente. De hecho, suele ser una lengua extranjera: el sumerio para los asirios, el latín en Europa medieval, los arabismos en los persas, el viejo búlgaro como base del ruso literario; o una lengua desarrollada al lado de la lengua literaria, como en el caso de la lengua de las canciones populares. Así también se explican la existencia de los arcaísmos tan ampliamente difundidos en la lengua poética, las dificultades de la lengua del *"dolce stil nuovo"* (siglo XII), la lengua de Arnaud Daniel con un esfuerzo en la pronunciación (Diez, *Leben und Werk der Troubadoure*, pág. 213). L. Yakubinski ha demostrado en su artículo la ley del oscurecimiento en la fonética de la lengua poética en el caso particular de una repetición de sonidos idénticos. La lengua de la poesía es así una lengua difícil, oscura, llena de obstáculos. En algunos casos, la lengua de la poesía se aproxima a la lengua de la prosa, pero sin contradecir la ley de dificultades.

> "Su hermana se llamaba Tatiana,
> He aquí que por primera vez
> Vengo a santificar con su nombre
> Las páginas de esta tierna novela".

escribía Pushkin. Para los contemporáneos de Pushkin, la lengua poética era el estilo cuidado de Deryavin, mientras que el estilo de Pushkin con su carácter trivial (para esa época) era difícil y sorprendente. Recordemos el terror de sus contemporáneos frente a las expresiones groseras que él emplea. Pushkin utilizaba el lenguaje popular como un procedimiento destinado a retener la atención, de la misma manera que sus contemporáneos, en los discursos que solían pronunciar en francés, utilizaban palabras rusas (Cf. los ejemplos en Tolstoi, *Guerra y paz*).

Actualmente tiene lugar un fenómeno aún más característico. La lengua literaria rusa, que es de origen extranjero, ha penetrado de tal modo en el pueblo, que ha elevado a su nivel muchos elementos de los dialectos; por el contrario, la literatura comienza a manifestar preferencia por los dialectos (Remizov, Kliuev, Esenin, tan desiguales en su talento y tan próximos en su lengua voluntariamente provinciana) y por los barbarismos (lo que ha posibilitado la aparición de la escuela de Severianin). Máximo Gorki pasa actualmente de la lengua literaria al dialecto literario a lo Leskov. El lenguaje popular y la lengua literaria han intercambiado sus papeles (V.

Ivanov y muchos otros). Finalmente somos testigos de la aparición de una fuerte tendencia que trata de crear una lengua específicamente poética; a la cabeza de esta escuela se ha colocado, como se sabe, Velemir Jlebnikov. De este modo llegamos a definir la poesía como un discurso *difícil, tortuoso*. El discurso poético es un *discurso elaborado*. La prosa permanece como un discurso ordinario, económico, fácil, correcto (*Dea prosae* es la diosa del parto fácil, correcto, de la buena posición del niño). En mi artículo sobre la construcción del argumento profundizaré el fenómeno de oscurecimiento, de lentitud temporal, como *ley* general del arte.

Quienes pretenden que la noción de economía de las fuerzas es una constante de la lengua poética y que, más aún, es su determinante, tienen una posición justificada especialmente en lo que concierne al ritmo. La interpretación del papel del ritmo dada por Spencer parece ser indictible: "Los golpes que nos dan irregularmente obligan a nuestros músculos a mantener una tensión inútil, a veces perjudicial, porque no prevemos la repetición del golpe; cuando los golpes son regulares, economizamos las fuerzas". Esta indicación, a primera vista convincente, peca del vicio habitual de confundir las leyes de la lengua poética con las de la lengua prosaica. Spencer no ve ninguna diferencia entre ellas en su *Filosofía del estilo*; sin embargo es posible que existan dos tipos de ritmo. El ritmo prosaico, el ritmo de una canción que acompaña el trabajo, de la *dubinushka* *, remplaza por un lado una orden: "¡Vamos!"; por otra parte, facilita el trabajo volviéndolo automático. En efecto, es más fácil marchar al ritmo de una conversación animada cuando la acción escapa a nuestra conciencia. <u>El ritmo prosaico es importante como factor *automatizante*</u>. Pero no ocurre lo mismo con el ritmo poético. En arte hay un "orden"; sin embargo, no hay una sola columna de un templo griego que lo siga exactamente; <u>el ritmo estético consiste en un ritmo prosaico trasgredido</u>. Ya se ha intentado sistematizar estas violaciones y es la tarea actual de la teoría del ritmo. Es de pensar que esta sistematización no tendrá éxito: no se trata, en efecto, de un ritmo complejo sino de una violación del ritmo, y de una violación tal, que no se la puede prever. Si esta violación llega a ser un canon, perderá la fuerza que tenía como artificio-obstáculo. Pero en relación a los problemas del ritmo, aquí no entraré en detalles. Les será consagrado otro libro.

1917

---

* Canción cantada durante la ejecución de un trabajo físico difícil. (T. T.).

SOBRE EL REALISMO ARTISTICO

R. JAKOBSON

Hasta no hace mucho tiempo, la historia del arte, y en particular la historia de la literatura, era una *causerie** y seguía todas las leyes de ésta. Se pasaba alegremente de un tema a otro; el flujo lírico de palabras sobre la elegancia de la forma dejaba su lugar a las anécdotas tomadas de la vida del artista; los truismos psicológicos alternaban con problemas relativos al fondo filosófico de la obra y a los del medio social en cuestión. ¡Es un trabajo tan fácil y remunerativo hablar de la vida, de la época a partir de las obras literarias! Es más fácil y remunerativo copiar un yeso que dibujar el cuerpo. La *causerie* no conoce terminología precisa. Por el contrario: la variedad de términos, los vocablos equívocos que sirven de pretexto para el juego de palabras, son las cualidades que dan encanto a la conversación. Es así como la historia del arte no conocía la terminología científica y utilizaba las palabras del lenguaje corriente, sin pasarlas por el matiz de la crítica, sin limitarlas con precisión, sin tener en cuenta su polisemia. Por ejemplo, los historiadores de la literatura confundían impúdicamente el idealismo como designación de una concepción filosófica del mundo, con el idealismo tomado en el sentido de desinterés o no sumisión a motivos puramente materiales. La confusión concerniente al término "forma" que ha sido revelada brillantemente en las obras de gramática general de Anton Marty, es aún más desesperante. Pero el término "realismo" fue el que tuvo especial mala suerte. El empleo desordenado de esta palabra de contenido extremadamente vago ha acarreado consecuencias fatales.

¿Qué es realismo para el teórico del arte? Es una corriente artística que se ha propuesto como finalidad reproducir la realidad lo más fielmente posible y que aspira al máximo de verosimilitud. Decla-

---
* En francés en el original. (T. T.). "Charla" (N. del T.).

ramos realistas las obras que nos parecen verosímiles, fieles a la realidad. Desde ya, la ambigüedad es evidente:

1. Se trata de una aspiración, de una tendencia, es decir que se llama realista la obra propuesta como verosímil por el autor. (Significación A).

2. Se llama realista la obra que es percibida como verosímil por quien la juzga. (Significación B).

En el primer caso, estamos obligados a juzgar en forma inmanente; en el segundo *mi* impresión es el criterio decisivo. La historia del arte confunde en forma desesperante estas dos significaciones del término "realismo". Se atribuye al punto de vista individual un valor objetivo y absolutamente auténtico. Se reduce subrepticiamente el problema de mi relación con ella. Se sustituye imperceptiblemente la significación A por la significación B.

Los clásicos, los sentimentalistas, en parte los románticos, aún los realistas del siglo XIX, en gran medida los decadentes, y finalmente los futuristas, los expresionistas, etc., afirmaron con insistencia que la fidelidad a la realidad, el máximo de verosimilitud, en una palabra: el realismo, era el principio fundamental de su programa estético. En el siglo XIX, esta afirmación dio su nombre una corriente artística. Los epígonos de esta corriente son los que han creado esencialmente la historia actual del arte y sobre todo de la literatura. Por este motivo se presenta un caso particular, una determinada corriente artística, como la realización perfecta de la tendencia en cuestión; para estimar el grado de realismo de las escuelas anteriores y posteriores se las compara con el realismo del siglo XIX. De esta manera se logra subrepticiamente una nueva identificación: se introduce una tercera significación de la palabra "realismo" (significación C) que consiste en la suma de los rasgos característicos de una escuela artística del siglo XIX. En otras palabras, el historiador de la literatura considera que las obras más verosímiles son las obras realistas del siglo pasado.

Analicemos la noción de verosimilitud artística. Si en la pintura, en arte figurativo, se puede llegar a tener la ilusión de una fidelidad objetiva y absoluta a la realidad, la cuestión de la verosimilitud "natural" (siguiendo la terminología de Platón) de una expresión verbal, de una descripción literaria, está evidentemente desprovista de sentido. ¿Acaso podemos preguntarnos sobre el grado de verosimilitud de tal o cual tropo poético? ¿Se puede decir que tal metáfora o metonimia es objetivamente más realista que otra? Aún en pintura el realismo es convencional, o sea figurativo. Los métodos de proyección del espacio de tres dimensiones sobre la superficie. el color, la abstracción, la simplificación del objeto reproducido, la elección de los rasgos representados, todo eso es convencional. Es necesario aprender el lenguaje pictórico convencional para ver el cuadro, de la misma manera que no pueden comprenderse las palabras sin conocer la lengua. El carácter convencional, tradicional de la presentación pictórica determina en gran medida el acto mismo de la percepción visual. A medida que se acumulan las tradiciones, la imagen pictórica se convierte en un ideograma, en una fórmula que vinculamos inmediatamente al objeto siguiendo una asociación por contigüidad. El reconocimiento se produce instantáneamente. El ideograma debe ser deformado. El pintor innovador debe ver en el objeto aquello que ayer no se veía, debe imponer a la percepción una nueva forma. Se presenta al objeto con un sesgo inhabitual. Así es como Kramskoi, uno de los fundadores de la escuela llamada realista en la pintura rusa, cuenta en sus memorias cómo trató de deformar al máximo la composición académica, y este "desorden" está motivado por un acercamiento a la realidad. Es una motivación característica del *Sturm und Drang* de las nuevas escuelas artísticas, es decir, una motivación para la deformación de los ideogramas.

La lengua cotidiana conoce gran número de eufemismos, de fórmulas de cortesía, de palabras encubiertas, de alusiones, de giros convencionales. Cuando queremos que un discurso sea franco, natural, expresivo, rechazamos los accesorios de salón, llamamos a los objetos por su propio nombre y estas formas tienen una resonancia nueva; en ese caso decimos: *c'est le mot* *. Desde el momento en que hacemos un uso habitual de ese nombre para designar el objeto, estamos obligados, por el contrario, a recurrir a la metáfora, a la alusión, a la alegoría, si deseamos obtener una forma expresiva. Los tropos vuelven el objeto más sensible y nos ayudan a verlo. En otras palabras, cuando buscamos la palabra justa que nos permite ver el objeto, elegimos una palabra que no es habitual, por lo menos en ese contexto, una palabra violada. Esta palabra inesperada puede ser tanto la denominación figurada como la denominación propia: es necesrio saber cuál de las dos se usa. Existen mil ejemplos, sobre todo en la historia del vocabulario obsceno. Llamar el hecho por su nombre es mordaz, pero en un medio habituado a las palabras groseras, el tropo, el eufemismo, actuarán de una manera más fuerte y más convincente. Este es el caso de la palabra de los húsares rusos: "utilizar" (*utilizirovat'*). Por eso los términos extranjeros son más insultantes y se los utiliza voluntariamente para esos fines. Por eso un epíteto inverosímil, *holandés* o *morsa*, relacionado por un hablan-

---

* En francés en el original. (T. T.). "Es la palabra" (N. del T.).

te ruso de lenguaje vulgar con el nombre de un objeto que no tiene ninguna vinculación ni con las morsas, ni con Holanda, redobla la fuerza del término. Por eso el mujik, en vez de mencionar el acoplamiento con la madre (en las famosas fórmulas groseras) prefiere la imagen fantástica del acoplamiento con el alma, reforzándola además por un paralelismo negativo (*tvoyu dushu ne mat'*).

Así ocurre también con el realismo revolucionario en literatura. Las palabras que ayer empleábamos en un relato hoy ya no nos dicen nada. Se caracteriza entonces al objeto por los rasgos que ayer considerábamos como los menos característicos, los menos dignos de figurar en literatura; por los rasgos que no se tenían en cuenta. "Le gusta detenerse en lo inesencial": es el juicio clásico de la crítica conservadora de todos los tiempos ante el innovador contemporáneo. Quienquiera puede elegir por sí mismo las citas convenientes en los críticos contemporáneos de Pushkin, Gogol, Tolstoi, A. Bieli, etc. Los adeptos de la nueva escuela consideran los rasgos inesenciales como una característica más realista que la que utilizaba una tradición estereotipada. Otros, los más conservadores, siguen modelando siempre su percepción según los viejos cánones; sienten la deformación realizada por la nueva escuela como un rechazo de la verosimilitud, como una desviación del realismo. Continúan cuidando los viejos cánones como si fueran los únicos realistas.

La definición A del término realismo, o sea la tendencia a la verosimiltud artística de la cual hemos hablado más arriba, da lugar a una ambigüedad:

A_1: la tendencia a deformar los cánones artísticos vigentes, interpretada como un acercamiento a la realidad.

A_2: la tendencia conservadora limitada al interior de una tradición artística e interpretada como fidelidad a la realidad.

La significación B presupone *mi* estimación objetiva del fenómeno artístico en cuestión como fiel a la realidad. Sustituyendo los resultados obtenidos, encontramos:

Significación B_1, es decir: Yo soy revolucionario en relación con las hábitos artísticos vigentes y percibo su deformación como un acercamiento a la realidad.

Significación B_2, es decir: Yo soy conservador y percibo la deformación de los hábitos artísticos vigentes como una alteración de la realidad.

En este último caso, se puede llamar realistas únicamente los hechos artísticos que, *para mí*, no contradicen los hábitos vigentes; teniendo en cuenta que desde mi punto de vista mis propios hábitos son los más realistas (la tradición a la que pertenezco), y puesto que estos últimos sólo se realizan parcialmente en el marco de otras tradiciones, aunque no los contradigan, veré en éstas solamente un realismo limitado, embrionario, no desarrollado o decadente y declararé como único realismo auténtico a aquél en cuyo espíritu me he formado. Por el contrario el caso B_1 se podría formular así: mi actitud es la misma tanto frente a las fórmulas que contradicen los hábitos artísticos vigentes, como frente a aquellos que, en el caso de B_2, no contradicen dichos hábitos. En ese caso puedo atribuir fácilmente una tendencia realista (en el sentido A_1 de la palabra) a las formas que no son proyectadas en modo alguno como tales. Es así como se interpreta a menudo a los primitivos desde el punto de vista B_1; se ha observado sólo su oposición a los cánones sin tener en cuenta su tradicionalismo y fidelidad a su propio canon (se interpreta A_2 como A_1). De la misma manera se percibían e interpretaban como poéticos algunos escritos que no estaban destinados a serlo. Prueba de esto es el juicio de Gogol que atribuía cualidades poéticas al inventario de los objetos preciosos que habían pertenecido a los príncipes de Moscú, la nota de Novalis sobre el carácter poético del alfabeto, la declaración del futurista Kruchenyj sobre la impresión poética producida por una cuenta de lavandería, o la del poeta Jlebnikov que ve a menudo un sentido artístico en la alteración de una palabra por un error tipográfico.

El contenido de A_1, A_2, B_1 y B_2 es totalmente negativo. El experto contemporáneo descubrirá realismo en Delacroix y no en Delaroche, en el Greco y Andrés Roublev y no en Guido Reni, en la imagen de la mujer escita y no en la del Leocoonte. Un discípulo del academismo del siglo pasado hubiera juzgado exactamente de manera contraria. El que percibe verosimilitud en Racine no la encuentra en Shakespeare, y viceversa.

Segunda mitad del siglo XIX. En Rusia, un grupo de pintores lucha por el realismo (primera fase del C., un caso particular de A_2). Uno de ellos, Repin, pinta un cuadro: *Ivan el Terrible matando a su hijo*. Los compañeros de lucha de Repin aprueban la tela considerándola realista (C, caso particular de B_1). Por el contrario, el maestro de Repin en la Academia se indigna contra el irrealismo del cuadro; describe en detalle todas las deformaciones de la verosimilitud, confrontándolas con el canon académico que para él es el único válido (o sea desde el punto de vista B_2). Pero una vez que la tradición académica muere, el canon "realista" de los Ambulantes * se impone y llega a ser un hecho social. Nuevas tendencias surgen en pintura y un nuevo *Sturm und Drang* se desencadena; para decirlo con el lenguaje de los manifiestos: se busca una nueva

---

* "Los Ambulantes" fue el nombre de una sociedad de pintores existente en Rusia en los siglos XIX y XX (T. T.).

verdad. En consecuencia, es natural que para el pintor contemporáneo el cuadro de Repin sea antinatural, inverosímil (desde el punto de vista de B_1) y que sólo el conservador que honra los "preceptos realistas" se esfuerce en mirar con los ojos de Repin (segunda fase de C, un caso particular de B_2). Por su parte, Repin ve en las obras de Degas y Cézanne nada más que gesticulaciones y falta de naturalidad (desde el punto de vista B_2). Estos ejemplos ponen en evidencia toda la relatividad de la noción de "realismo"; sin embargo, los historiadores del aire, quienes, como ya se dijo, pertenecen en la mayoría de los casos a los epígonos del "realismo" (a la segunda fase de C), tratan arbitrariamente de la misma manera C y B_2, aunque en realidad C no es más que un caso particular de B. Como ya sabemos, se sustituye imperceptiblemente la significación B por la significación A y no se percibe la diferencia entre A_1 y A_2; se toma conciencia de la destrucción de ideogramas sólo como medio para crear otros nuevos. Como es natural el conservador no percibe el valor estético autónomo de la deformación. Así bajo la apariencia de A (más precisamente de A_2) los historiadores del arte se refieren en realidad a C. Por este motivo, cuando el historiador de la literatura declara por ejemplo que "el realismo es propio de la literatura rusa" ese juicio equivale al aforismo: "la edad de veinte años es propio del hombre". Como existe una tradición que dice que el realismo es C, los nuevos artistas realistas (en el sentido A_1 del término) están obligados a declararse neo-realistas, realistas en el sentido superior de esa palabra, naturalistas, a establecer una distinción entre el realismo aproximativo, ilusorio (C) y aquél que según ellos es auténtico (o sea el de ellos). "Yo soy realista, pero en el sentido superior de esa palabra", declaraba ya Dostoievski. A su vez, los simbolistas, los futuristas italianos, los expresionistas alemanes, etc., han repetido casi la misma frase. Los neo-realistas identifican a veces su plataforma estética con el realismo general; por esto se ven obligados a excluir del realismo a los representantes de C. Con este criterio la crítica reciente nos ha hecho dudar del realismo de Gogol, Dostoievski, Tolstoi, Turgueniev, Ostrovski.

Además, los historiadores del arte (en particular de la literatura) caracterizan C de una manera vaga y aproximada: no hay que olvidarse que ellos son epígonos. Un análisis más atento sustituirá sin duda C por una serie de valores de contenido más preciso, descubriría que una serie de procedimientos que relacionamos gratuitamente con C están lejos de caracterizar a todos los representantes de la escuela llamada realista y que, por el contrario, se pueden igualmente descubrir estos procedimientos fuera de ella.

Hemos ya indicado que la caracterización que se opera según

rasgos inesenciales es propia del realismo progresivo. Hay un procedimiento de caracterización que muchos representantes de la escuela C (en Rusia, la llamada escuela de Gogol) han cultivado y que por esta razón se identifica incorrectamente con C en general; se trata de la condensación del relato con la ayuda de imágenes elegidas sobre un eje de contigüidad, es decir, siguiendo el límite entre el término propio y la metonimia o la sinécdoque. Esta "condensación" se realiza fuera de la intriga o bien eliminándola. Tomemos el simple ejemplo de dos suicidios descriptos en la literatura: el de la pobre Liza y el de Ana Karenina. Tolstoi, describiendo el suicidio de Ana, se detiene más particularmente sobre su cartera. Ese rasgo inesencial no tendría ningún sentido en Karamzin, aunque su relato se apoya sobre una serie de rasgos inesenciales si se lo compara con la novela de aventuras del siglo XVIII. En esta novela, si el héroe tiene un encuentro es siempre con la persona necesaria, o por lo menos con aquél que la intriga exige, mientras que en Gogol, en Dostoievski, en Tolstoi, el héroe encontrará primero alguien completamente inútil para la trama, y su conversación no aportará nada a esta última. Puesto que se declara a menudo que este procedimiento es propio del realismo, vamos a designarlo D, repitiendo que encontramos con frecuencia D en C.

Se le presenta un problema a un niño: "El pájaro se ha volado de la jaula. Dada la distancia entre la jaula y el bosque, ¿cuánto tiempo ha empleado para llegar al bosque si recorre tantos metros por minuto?". El niño pregunta: "¿De qué color era la jaula". Ese niño es un realista en el sentido D de la palabra.

Veamos una anécdota del tipo "adivinanza armenia": "¿Qué es eso verde colgado en la sala? —Bueno, es un arenque —¿Por qué en la sala? —Porque no había lugar en la cocina. —¿Por qué verde? —Lo han pintado. —Pero, ¿por qué? —Para que sea más difícil adivinar". Este deseo de hacer más difícil la adivinanza, de demorar el reconocimiento, tiene por consecuencia acentuar el nuevo rasgo, el epíteto original. Dostoievski escribía que en arte, para mostrar el objeto es necesario proceder por exageración, deformar su apariencia precedente, colorearlo como se colorean las preparaciones para observarla en el microscopio. Usted colorea el objeto en forma diferente y piensa: se ha vuelto más sensible, más visible, más real (A_1). El cubista ha multiplicado el objeto sobre el cuadro, lo ha mostrado desde muchos puntos de vista, lo ha vuelto más palpable. Se trata de un procedimiento pictórico. Pero existe también la posibilidad de motivar, de justificar este procedimiento en el mismo cuadro: por ejemplo, el objeto está repetido porque se refleja en un espejo. Exactamente lo mismo ocurre en literatura. El arenque es verde porque lo han pintado: el epíteto sorprendente está vinculado a la realidad, el tropo llega a ser motivo épico. El autor encontrará siempre una respuesta a la pregunta: "¿Por qué lo han pintado?". Pero no hay más que una respuesta justa: "Para que sea más difícil adivinar". Así, se puede injertar un término extraño sobre el objeto, o bien se lo puede presentar como un aspecto particular de ese objeto. En nombre del término propio, el paralelismo negativo rechaza la metáfora. "No soy un árbol, soy una mujer" dice la muchacha en un poema del poeta checo Sramek. Se puede justificar esta construcción literaria, se puede transformar este rasgo del relato directo en detalle del sujeto. "Algunos decían: éstas son pisadas de armiño; otros objetaban: no, no son pisadas de armiño, es Churila Plenkovich que ha pasado por aquí". El paralelismo negativo inverso rechaza el término propio para afirmar la metáfora. (En el poema citado de Sramek, la muchacha dice: "No soy una mujer, soy un árbol". En la pieza de otro checo, Capek, leemos: "¿Qué es? —Un pañuelo. Eso no es un pañuelo, es una hermosa mujer apoyada en la ventana. Lleva un vestido blanco y sueña con el amor...").

En los cuentos eróticos rusos, suele presentarse la imagen del acoplamiento en términos de paralelismo inverso. Lo mismo ocurre en las canciones de bodas, con la diferencia de que en este caso la construcción metafórica no está casi justificada, mientras que en los cuentos, estas metáforas son motivadas: es un recurso empleado por el héroe astuto para seducir a la muchacha. También se explican las metáforas referidas al acoplamiento, como interpretación dada por animales a un acto humano que les es incomprensible. A veces se llama realismo a la motivación consecuente, a la justificación de las construcciones poéticas. Por este motivo el novelista checo Capek-Hod, con un dejo de malicia, llama "capítulo realista" al primer apartado de su libro *El esclavo más occidental* donde motiva una fantasía "romántica" por medio del delirio provocado por el tifus.

Llamamos E a este realismo, es decir, a la exigencia de una motivación consecuente, a la justificación de los procedimientos poéticos. Se confunde a menudo este E con C, B, etc. En la medida en que los teóricos del arte (y sobre todo de la literatura) no distinguen las diferentes nociones disimuladas en el término "realismo", lo tratan como una palabra comodín sin limitar su extensión: pueden servirse de él en cualquier parte.

Se nos puede replicar que no en cualquier parte porque nadie calificará de "realistas" los cuentos fantásticos de Hoffmann. La palabra realismo tiene pues una cierta significación; puede encontrarse un factor común.

Yo respondo: nadie designará una ventana mediante la palabra *puerta*, pero eso no significa que la palabra *puerta* tenga un solo sentido. No se pueden identificar impunemente las diferentes significaciones de la palabra "realismo" del mismo modo no es posible confundir la acción de *porter* con la *porte* * de la casa, sin pasar por un insensato. La primera confusión es en verdad más fácil puesto que, por ejemplo, las diferentes nociones que encontramos detrás de la palabra "punto" están netamente delimitadas, mientras que se pueden imaginar los hechos de los que se dirá simultáneamente que son "realistas" en el sentido C, B, A_1, de la palabra. Sin embargo no se puede pensar en confundir C con A o con B_1. Sin duda habrá hombres pacíficos, cuyo nombre sea Pacífico. Eso no nos permite calificar a cada Pacífico de pacífico. Esta regla fundamental es evidente aun para los niños; sin embargo quienes se refieren al realismo en el arte contravienen constantemente este principio.

1921

---

* Juego de palabras en francés. *Porter* (llevar); *porte* (puerta).

SOBRE LA TAREA DE LA ESTILISTICA

V. V. VINOGRADOV

En los capítulos anteriores * hemos presentado un intento de análisis estilístico sobre un texto literario antiguo. Ahora es necesario considerar la incidencia de ese trabajo sobre el método estilístico. La conclusión general se impone por sí misma. La tarea de conocer el estilo individual del escritor —independientemente de toda tradición, de toda otra obra contemporánea y en su totalidad como sistema lingüístico— y su organización estética, debe preceder a toda investigación histórica. No se puede dar indicaciones precisas sobre el lazo que une al artista con las tradiciones literarias del pasado, sin hacerlas preceder de una descripción exhaustiva de las formas estilísticas y de sus funciones, sin una clasificación de los elementos del estilo. La descripción y la clasificación son por supuesto *estáticas* ([1]). Pero deben ser abordadas siguiendo un orden cronológico. Desde el punto de vista estilístico, cada obra de un poeta debe presentarse como un "organismo expresivo del sentido final" (B. Croce), como un sistema individual y único de correlaciones estilísticas. Sin embargo, aunque sólo se tengan en cuenta estos objetivos del análisis estilístico no se puede admitir el aislamiento total de una de las obras literarias de un artista de las otras obras del mismo. Todas las obras del poeta, a pesar de la unidad interna de la composición y por lo tanto de su autonomía relativa, son manifestaciones de una misma conciencia creadora en el curso de un desarrollo orgánico. Por eso, cuando el crítico considera las otras obras de ese artista, encuentra el contenido potencial que los elementos particulares de un texto (por ejemplo los símbolos)

---

* Se refiere a su libro *Sobre la tarea de la estilística*, 1923.

1. Cf. en el artículo de Serge Karvtsevski "Estudios sobre el sistema verbal del ruso contemporáneo", *Slavia*, 1922, págs. 2 y 3, la exposición de las ideas de Saussure sobre la necesidad de una clasificación "sincrónica" y de una sistematización del material lingüístico.

esconden en la conciencia lingüística; y en consecuencia aclara mejor su sentido.

Si uno se apoya en un análisis detallado de los "objetos estéticos" particulares creados por el escritor, luego se los puede agrupar, naturalmente, por ciclos. El estilo de un ciclo formado por obras heterogéneas de un escritor, se presenta nuevamente como un sistema de procedimientos estilísticos común a todas sus obras. El método de descripción inmanente, por lo tanto, no descuida el dinamismo de un estilo individual. Pero este dinamismo debe ser presentado como remplazo de un sistema por otro, o como transformación parcial dentro de un sistema único cuyas funciones centrales permanecen relativamente estables. Llamaré a este método de estudios estilísticos, funcional e inmanente. El mismo método es conocido en lingüística Baudoin de Courtenay, Shcherba, Saussure, Sechehaye, recientemente Meillet, etc., han elaborado e impuesto procedimientos semejantes para estudios dialectológicos. Era necesario aplicarlos a la estilística porque la mayoría de los ensayos rusos sobre este tema (en particular los trabajos recientes de B. M. Eijembaum, V. M. Yirmunski) son insatisfactorios en cuanto a la metodología, debido a la confusión de dos puntos de vista: el del estudio funcional e inmanente y el del estudio histórico (que llamaré retrospectivo y proyectivo).

La aplicación más completa y profunda de este método estilístico puede realizarse probablemente estudiando la obra de un poeta contemporáneo. Las consideraciones que nos llevan a esta afirmación son semejantes a las de la dialectología contemporánea. Al poseer de manera inmediata las normas generales del uso y de la combinación de palabras en el caso de un dialecto contemporáneo, disponemos de una escala para apreciar la originalidad lingüística de un poeta individual. Estas ventajas del estudio en vivo llegan a ser particularmente sensibles cuando examinamos la palabra "poético" y las vías de su transformación. En la lengua poética surgen los matices periféricos de la significación y del timbre emocional, disimulando el núcleo semántico de la palabra; tales matices no constituyen un dato habitual de la lengua cotidiana y por eso mismo no son sentidos como atributos necesarios de tal o cual signo. De esta manera, para comprobar el aporte original del poeta en una lengua, es necesario que el crítico y el autor utilicen de la misma manera los lexemas propios de la lengua literaria. El lexema (por analogía con el fonema y el morfema) es la unidad semántica del habla ligada a una cierta señal (palabra), entendiendo por habla el conjunto de las significaciones y sus matices, de los cuales poseemos una conciencia al menos virtual. Potebnia no tenía razón cuando afirmaba que todo empleo de una palabra equivalía a la creación de una palabra nueva. La palabra es un modo del lexema, así como el sonido es un modo del fonema. La palabra es un aspecto del lexema, realizada en un situación y frase dadas. Las significaciones del lexema que constituyen su característica semántica en un habla dada y que pueden ser sentidas por los locutores, se organizan en un conjunto potencial bastante limitado. Lo mismo ocurre con respecto al tono emocional del lexema: cada lexema es un sincretismo de valores emocionales contradictorios en estado latente; pero el habla cotidiana transforma en dominantes emocionales ciertos matices del tono. Estos matices son los que se desprenden de la palabra en las combinaciones más habituales, más automáticas, o los que reflejan los lazos asociativos más frecuentes según el eje de contigüidad. De esta manera se crea la ilusión de que un tinte emocional único y homogéneo recubre el signo dado.

El uso poético transforma el lexema acentuando matices de significación, diferentes de los matices dados como característicos por la lengua cotidiana.

No cabe duda de que es más fácil realizar un estudio de la "simbólica" en el estilo de los artistas contemporáneos; para restablecer las relaciones que existen tanto entre los elementos lingüísticos como entre sus funciones en el estilo de un escritor de otra época, tenemos que conocer las normas generales de empleo de tal o cual palabra en la época correspondiente y también la frecuencia de empleo de los diferentes esquemas sintácticos. Se llega a este resultado por medio de un conocimiento profundo de los textos del período en cuestión o por largas investigaciones filológicas. En dicho caso aparece inevitablemente una esquematización, una nivelación de los matices más finos dentro del sentido de los símbolos, que adquieren entonces un contorno más grosero y tajante.

El estudio funcional e inmanente de los estilos individuales, aunque muy importante para resolver los problemas relativos a la lingüística general, no es el único objetivo de la estilística. Para ella, la creación lingüística del escritor no es solamente importante como un microcosmos, con su sistema de relaciones entre los elementos lingüísticos y con las leyes de su combinación, sino también como uno de los eslabones en la cadena general de los estilos artísticos sucesivos. Este enfoque aparta las obras del poeta de la conciencia individual y las determina en un nivel general. Una confrontación estilística con obras anteriores de otros artistas, del mismo género o de género diferente, establece el lugar de una obra particular en las líneas complejas de las tradiciones; se determina también su acción sobre el uso lingüístico de los medios intelectuales de esta época. Dichas obras se presentan como monumentos estereotipados creados por una conciencia lingüística ya terminada.

El historiador de los estilos poéticos establece las relaciones de estas obras con los estilos de la época contemporánea y del pasado, y observa las sombras cambiantes que ellas proyectan sobre los períodos siguientes, provocando así la creación de nuevas formas lingüísticas. Lo que aquí interesa es mostrar el proceso de segmentación de estos organismos enteros ("el cambio de un millón en monedas de diez kopecs", según las palabras de Goncharov) y describir cómo sus partes reciben tanto una aplicación en las obras de arte como una utilización en la vida cotidiana. Con la ayuda de estas investigaciones, el historiador del estilo comprende cómo los "objetos estéticos" constituyen agrupaciones estilísticas en las diferentes escuelas.

A este método de la estilística lo llamo retrospectivo y proyectivo. Su problema fundamental es la confrontación de los fenómenos estilísticos proyectados hacia el exterior y considerados, en cuanto a su semejanza, en una sucesión cronológica, con la finalidad de establecer fórmulas que expresen un orden de alternancia y sustitución.

Para poder confrontar los hechos, será necesario introducir algunos principios morfológicos, ya que los procedimientos estilísticos pierden la singular justificación funcional que tenían en la conciencia de tal o cual artista. La confrontación de fenómenos homogéneos, pero diferentes en la medida que las conciencias que los han engendrado eran diferentes, supone un proceso de abstracción de algunos rasgos más generales. Sin embargo, este principio de esquematización morfológica que se encuentra en la base del método retrospectivo y proyectivo de la estilística histórica, debe ser corregido: por una parte, es necesario comprender claramente la perspectiva histórica y, por otra, estudiar ante todo la actividad lingüística de los escritores en cuestión de una manera funcional e inmanente. Este estudio configura sus obras como un sistema integral de procedimientos estilísticos, con la representación de un campo de significación para cada uno de los elementos y con una indicación precisa sobre su papel en cuanto a su participación en el todo. Desaparece así el peligro de no reparar en las semejanzas principales, cuando estamos demasiado ocupados en la comparación de las semejanzas secundarias y en identificar, siguiendo una similitud externa, fenómenos cuyo contenido funcional es enteramente diferente.

1922

LA NOCION DE CONSTRUCCION

J. TINIANOV

El estudio del arte literario está vinculado a dos tipos de dificultades. En primer lugar las que se relacionan con su material, designado corrientemente con el nombre de: habla, palabra. En segundo lugar las que se refieren al principio de construcción en ese arte.

En el primer caso, el objeto de nuestro estudio se encuentra estrechamente ligado a nuestra conciencia práctica y sólo adquiere sentido en razón de este vínculo. Solemos descuidar la existencia de dicha conexión que posee rasgos particulares, y proseguimos el estudio literario apoyándonos en otras relaciones que tomamos de la vida práctica y cuya introducción es en ese caso completamente arbitraria (¹). De esta manera no se tiene en cuenta el carácter heterogéneo, *polisémico*, del material; ese carácter depende del papel y

1. Cuando digo esto no objeto naturalmente "el nexo entre la literatura y la vida". Temo simplemente que la cuestión no haya sido bien planteada. ¿Se puede hablar del "arte y la vida" cuando el arte es también la "vida"? ¿Es posible exigir del arte un carácter utilitario si no exigimos lo mismo de la "vida"? Muy distinto es hablar de la originalidad del arte, de su conformidad a leyes internas comparándolo con la vida práctica, con la ciencia, etc. ¡Cuántos malentendidos, nacidos de la confusión entre un "hecho de arte" y un "hecho de vida", han extraviado a los historiadores de la cultura! ¡Cuántos "hechos" fueron establecidos como históricos cuando no eran más que hechos *literarios* tradicionales a los que la leyenda había impuesto nombres históricos! Es el momento en que la vida entra en la literatura, se vuelve literatura y debe ser apreciada como tal. Es interesante detenerse en la importancia del hecho artístico en un período de revolución literaria cuando comienzan a franquearse los límites de la literatura admitidos por todos, cuando el fermento literario se agota y la nueva dirección no ha sido aún encontrada. En estos períodos, la vida artística deviene provisoriamente literatura y ocupa el lugar de ésta. En tiempos de Lomonosov, la literatura se limitaba a los géneros elevados; en la época de Karamzin se degrada. Las menudencias características de un uso literario práctico, la correspondencia amistosa, la humorada efímera se erigieron en hechos literarios. Pero la esencia del fenómeno reside en que un hecho de la vida práctica se erigió en nivel de hecho literario, mientras que en épocas de supremacía de los grandes géneros, la misma correspondencia íntima no era más que un arte de la vida práctica sin relación directa con la literatura.

de la finalidad de este último. Tampoco se tiene en cuenta que en la palabra hay elementos no equivalentes que dependen de su función concreta. Un elemento puede ser destacado a expensas de los otros, que en consecuencia son deformados e incluso degradados hasta convertirse en accesorios neutros. La tentativa grandiosa de Potebnia, que pretendió construir una teoría de la literatura que partiese de la palabra en tanto que ἕν, hasta llegar a la obra literaria compleja en tanto que πᾶν, estaba de antemano condenada al fracaso porque la esencia de la relación entre ἕν y πᾶν se encuentra en la heterogeneidad y significación variable de ese ἕν. La noción de "material" no sobrepasa los límites de la forma, pertenece a lo formal; es un error confundirlo con elementos exteriores a la construcción.

La segunda dificultad proviene de tratar habitualmente el principio *estático*. Tomemos un ejemplo. No hace mucho que abandonamos esa crítica que consistía en considerar los personajes como seres vivos. Nadie puede asegurar que las biografías de los personajes y las tentativas de restablecer la realidad histórica a través de estas biografías haya desaparecido completamente. Y todo está basado en el postulado del *héroe estático*. Conviene recordar aquí las palabras de Goethe sobre la ficción artística, los paisajes en claroscuro de Rubens y la dualidad del hecho en Shakespeare: "Pero en los dominios superiores del arte donde el cuadro llega a ser realmente un cuadro, el artista tiene más libertad y hasta puede recurrir a la ficción... El artista quiere hablar al mundo por medio de un todo... Si esto va contra la naturaleza puede decir al mismo tiempo que es más elevado que la naturaleza" (²).

Lady Macbeth dice: "He amamantado a mis hijos", y más tarde se nos dice que ella no tiene hijos; el personaje se justifica porque para Shakespeare "lo que importa es la fuerza de cada uno de sus apóstrofes. Hay que cuidarse de analizar la pincelada del pintor o la palabra del poeta con tanta minucia y exactitud... El poeta hace decir a sus personajes en cada ocasión y en el momento preciso lo que es conveniente, sin preocuparse porque esas palabras puedan aparecer en contradicción con otras". Y Goethe explica esto partiendo del principio constructivo del drama shakesperiano: "Por otra parte, Shakespeare no pensó que un día se leerían sus dramas impresos, que se contarían las letras, se las confrontaría y se levantaría un inventario. Cuando escribía, era la escena lo que tenía ante sus ojos; veía en sus dramas algo móvil y viviente que, desde la escena, debía pasar rápidamente fren-

---

2. Eckermann, *Conversaciones con Goethe*, Editorial Iberia, Barcelona, 1956, 2 t.

te a los ojos y por los oídos algo que no se podía pensar en captar o criticar en detalle, puesto que sólo se trataba de acentuar y de producir una impresión".

Vemos entonces que la unidad estática del personaje (como toda unidad estática en la obra literaria) es extremadamente inestable; depende enteramente del principio de construcción y puede oscilar en el curso de la obra de acuerdo con la manera que le es prescripta por cada caso particular. Es suficiente que exista un signo que designe la unidad: su categoría legitima los casos más notorios de violación efectiva y nos obliga a considerarlos como *equivalencias de esta unidad*.

Pero ella no es evidentemente la unidad estática del héroe, tal como se lo puede imaginar ingenuamente; el signo de entidad estática es remplazado por el de integración dinámica, de integridad. No existen los héroes estáticos, sólo hay héroes dinámicos. Y el signo del héroe, su nombre, es suficiente para que no sea necesario detallarlo en cada situación dada.

La estabilidad y solidez de los hábitos estáticos de la conciencia aparecen en el caso del personaje. Nos enfrentamos con una situación similar en el problema de la "forma" de la obra literaria. Acabamos de abandonar la famosa analogía de forma:contenido=vaso:vino. Pero todas las analogías especiales que se aplican a la noción de forma son importantes sólo en la medida en que son verdaderas. En efecto, la característica estética ligada estrechamente a la noción de espacio, se confunde permanentemente en la noción de forma (en tanto que se debería tomar conciencia de las formas espaciales como formas dinámicas *sui generis*). Lo mismo ocurre con la terminología. Me atrevo a afirmar que la palabra "composición", en nueve casos sobre diez, esconde en el investigador una idea que él aplicaría a una forma estática. La noción de "verso" o de "estrofa" se desplaza imperceptiblemente fuera de la serie dinámica; la repetición no se percibe ya como un hecho de intensidad distinta según las frecuencias y cantidades diferentes. Se crea la peligrosa noción de "simetría de los hechos composicionales"; peligrosa, pues no puede haber problema de simetría cuando se trata de un refuerzo.

La unidad de la obra no es una entidad simétrica y cerrada sino una integridad dinámica que tiene su propio desarrollo; sus elementos no están ligados por un signo de igualdad y adición sino por un signo dinámico de correlación e integración.

La forma de la obra literaria debe ser sentida como forma dinámica.

Ese dinamismo se manifiesta en la noción del principio de construcción. No hay equivalencia entre los diferentes componentes de la palabra; la forma dinámica no se manifiesta ni por su reunión ni por su fusión (Cf. la noción corriente de "correspondencia"), sino por su interacción y, en consecuencia, por la promoción de un grupo de factores a expensas de otro. El factor promovido deforma a los que se le subordinan. Se puede decir entonces que siempre se percibe la forma en el curso de la evolución de la relación entre el factor subordinante y constructivo y los factores subordinados. No estamos obligados a introducir la dimensión *temporal* en el concepto de evolución. La evolución, la dinámica, pueden considerarlas en sí mismas como un movimiento puro, fuera del tiempo. El arte vive de esta interacción, de este conflicto. El hecho artístico no existe fuera de la sensación de sumisión, de deformación de todos los factores por el factor constructivo (*la coordinación* de los factores es una característica negativa del principio de construcción - V. Shklovski). Pues si la sensación de *interacción* de los factores desaparece (y ésta presupone la presencia necesaria de dos elementos; el subordinante y el subordinado), el hecho artístico desaparece; el arte se vuelve automatismo.

Se introduce así una dimensión histórica en la noción de "principio de construcción" y de "material", mientras que la historia literaria nos prueba la estabilidad de esos *principios fundamentales y del material*. El sistema métrico y tónico del verso de Lomonosov fue un factor constructivo; más tarde, en la época de Kostrov, se asocia a un cierto sistema de sintaxis y de léxico. Su papel subordinante, deformante, se debilita, el verso se vuelve automático y sólo la revolución de Deryavin romperá esta asociación y la transformará de nuevo en interacción y no de la simple introducción de un factor cualquiera. El metro, por ejemplo, puede desaparecer cuando se fusiona en forma completa y natural con el sistema acentual de la frase y con ciertos elementos lexicales. Si ponemos ese metro en contacto con nuevos factores y lo renovamos, despertamos en él nuevas posibilidades constructivas (éste es el papel histórico de la imitación poética). La introducción de esquemas métricos *nuevos*, contribuye también al restablecimiento del principio constructivo en el metro.

Las categorías fundamentales de la forma poética permanecen inmutables: el desenvolvimiento histórico no mezcla las cartas, no destruye la divergencia entre el principio constructivo y el material, sino que, por el contrario, lo subraya. Evidentemente, esto no excluye los problemas inherentes a cada caso particular como la relación individual entre el principio constructivo y el material, el problema de su forma dinámica individual.

1923

SOBRE LA EVOLUCION LITERARIA

J. TINIANOV

A BORIS EICHENBAUM

1. Entre todas las disciplinas culturales, la historia literaria conserva el *estatuto* de un territorio colonial. Está dominada en gran medida (sobre todo en Occidente) por un psicologismo individualista que sustituyó los problemas literarios propiamente dichos por problemas relativos a la psicología del autor: dicho psicologismo remplaza el problema de la evolución literaria por el de la génesis de los fenómenos literarios. Además, el enfoque causalista esquematizado aisla la serie literaria del punto donde se coloca el observador; ese punto puede residir tanto en las series sociales principales como en las series secundarias. Si estudiamos la evolución limitándonos a la serie literaria previamente aislada, tropezamos en cada momento con las series vecinas, culturales, sociales, existenciales en el vasto sentido del término, y en consecuencia nos condenamos a ser parciales. La teoría de los valores en las ciencias literarias nos conduce al estudio riesgoso de fenómenos principales pero aislados y reduce la historia literaria a una "historia de generales". La reacción ciega a la "historia de generales" ha engendrado interés por el estudio de la "literatura de masas" pero este estudio no ha logrado una conciencia teórica clara de sus métodos ni de su significación.

Finalmente, el vínculo de la historia literaria con la literatura contemporánea viva, vínculo provechoso y necesario para la ciencia, no se presenta siempre como provechoso y necesario a la literatura existente. Sus representantes ven en la historia literaria, el establecimiento de tales o cuales leyes y normas tradicionales y confunden la "historicidad" del fenómeno literario con el "historicismo" inherente a su estudio. La tendencia a estudiar los objetos particulares y las leyes de su construcción sin tomar en cuenta el aspecto histórico (abolición de la historia literaria) es una secuela del conflicto precedente.

2. La historia literaria debe responder a las exigencias de la autenticidad si desea transformarse en una ciencia. Todos sus términos,

y ante todo el término "historia literaria", deben ser examinados nuevamente. Este último se presenta como extremadamente vago, cubre tanto la historia de los hechos propiamente literarios como la historia de toda actividad lingüística; es además pretencioso porque presenta a la "historia literaria" como una disciplina preparada para entrar en la "historia cultural" en su calidad de serie científicamente inventariada. Sin embargo, hasta ahora no tiene ese derecho. El punto de vista que se adopta, determina el estudio histórico. Se distinguen dos tipos principales: el estudio de la génesis de los fenómenos literarios y el estudio de la variabilidad literaria, o sea la evolución de la serie.

El punto de vista adoptado para estudiar un fenómeno determina no sólo su significación, sino también su carácter: en el estudio de la evolución literaria, la génesis adquiere una significación y un carácter que seguramente no son los mismos que aparecen en el estudio de la génesis misma.

El estudio de la evolución o de la variabilidad literaria debe romper con los criterios ingenuos de estimación resultantes de la confusión de puntos de vista; se toman los criterios propios de un sistema (admitiendo que cada época constituye un sistema particular) para juzgar los fenómenos correspondientes a otro sistema. Se debe evitar en la estimación todo matiz subjetivo; "el valor" de tal o cual fenómeno literario debe ser considerado como "significación y cualidad evolutiva". Debemos realizar la misma operación con todos los términos que, por el momento, suponen un juicio de valor, tales como "epígono", "diletantismo" o "literatura de masas" (¹).

La "tradición", noción fundamental de la vieja historia literaria, es apenas la abstracción ilegítima de uno o varios elementos literarios de un sistema en el que se emplean y donde desempeñan determinado papel. Se le otorga valor idéntico a elementos de otro

---

1. Es suficiente analizar la "literatura de masa" de los años veinte y treinta del siglo XIX para darse cuenta de la enorme diferencia evolutiva que los separa. Alrededor del treinta, cuando se automatizaban las tradiciones precedentes y se trabajaba sobre la materia literaria acumulada, el diletantismo adquiere una gran importancia evolutiva. Al diletantismo, a esa atmósfera de "verso en las márgenes de un libro", debemos la aparición de un nuevo fenómeno, el de Tiuchev, que transforma la lengua y los géneros poéticos con sus tonalidades íntimas. La actitud "íntima" hacia la literatura que parece corromper el sistema literario desde el punto de vista de la teoría de los valores, de hecho lo transforma. Se ha bautizado con el nombre de "grafomanía" al "diletantismo" y a la "literatura de masa" de la década del veinte, años de los "maestros", que asistieron a la creación de géneros poéticos nuevos. Los poetas de primera línea de alrededor del año treinta (desde el punto de vista de su importancia en la evolución) lucharon contra las normas preestablecidas con espíritu "diletante" (Tiuchev, Poletaev) o de epígono (Ler-

sistema donde su empleo es diferente. El resultado es una serie unida sólo ficticiamente, que tiene la apariencia de *entidad*.

La noción fundamental de evolución literaria, la de sustitución de sistemas y el problema de las tradiciones, deben ser reconsideradas deste otra perspectiva.

3. Para analizar este problema fundamental, es necesario convenir previamente en que la obra literaria constituye un sistema y que otro tanto ocurre con la literatura. Unicamente sobre la base de esta convención se puede construir una ciencia literaria que se proponga estudiar lo que hasta ahora aparece como imagen caótica de los fenómenos y de las series heterogéneas. Por este camino, no se deja de lado el problema del papel de las series vecinas en la evolución literaria; por el contrario, se lo plantea en forma verdadera.

El trabajo analítico ya realizado sobre los elementos particulares de la obra, sobre el tema y el estilo, el ritmo y la sintaxis en prosa, el ritmo y la semántica en poesía, es provechoso. Nos dimos cuenta que podíamos, hasta cierto punto y como *hipótesis de trabajo*, aislar todos esos elementos en lo abstracto, pero que ellos se encuentran en *correlación mutua* y en interacción. El estudio del ritmo en verso y del ritmo en prosa revelaron que un mismo elemento desempeña papeles distintos en sistemas diferentes.

Llamo *función* constructiva de un elemento de la obra literaria (en tanto que sistema) a su posibilidad de entrar en correlación con los otros elementos del mismo sistema y, en consecuencia, con el sistema entero.

Un examen atento permite observar que esta función es una noción compleja. El elemento entra simultáneamente en relación con la serie de elementos semejantes que pertenecen a otras obras-sistemas, incluso con otras series y, además, con los otros elementos del mismo sistema (función autónoma y función sinónima).

De este modo el léxico de una obra entra simultáneamente en correlación por un lado con el léxico literario y el léxico general y por otro con los demás elementos de esas obras. Esos dos componentes, o más bien esas dos funciones resultantes, no son equivalentes.

---

montov) cuando aún los poetas de segundo orden de alrededor del veinte llevan la impronta de los maestros de la época. Cf. la "universalidad" y la "grandeza" que surgen aún en los poetas de masa como Olin. Se ve claramente que la significación evolutiva de fenómenos como el "diletantismo", la "influencia", etc., cambia de una época a otra y la apreciación de esos fenómenos es una herencia de la antigua historia literaria.

La función de los arcaísmos, por ejemplo, depende enteramente del sistema en que están empleados. En el sistema de Lomonosov introducen el estilo culto, porque allí el matiz lexical desempeña un papel dominante (se emplean arcaísmos por asociación lexical con la lengua eclesiástica). En el sistema de Tiuchev, los arcaísmos tienen otra función y designan a menudo nociones abstractas: *fontan-vodomjot* *. Es interesante notar también el empleo de arcaísmos en función irónica: *Pushek yrom i musikija* ** en un poeta que emplea palabras como *musikiskij* con otra función completamente distinta. La función autónoma no es decisiva: ofrece solamente una posibilidad, es una condición de la función sinónima. Así, durante los siglos XVIII y XIX, hasta la época de Tiuchev, se desarrolló una vasta literatura paródica en la que los arcaísmos sostienen la función paródica. Pero naturalmente, en todos estos ejemplos la decisión pertenece al sistema semántico y estilístico de la obra que permite colocar esta forma lingüística en correlación con el uso "irónico" y no con el estilo "elevado" y definir así su función.

Es incorrecto extraer del sistema elementos particulares y relacionarlos directamente con series similares pertenecientes a otros sistemas sin tener en cuenta su función constructiva.

4. ¿Es posible el estudio llamado "inmanente" de la obra concebida como sistema y que ignora sus correlaciones con el sistema literario? Aislado de la obra este estudio se basa en una abstracción semejante a la que funda el estudio de los elementos particulares de la obra. La crítica literaria lo utiliza frecuentemente y con éxito para las obras contemporáneas, porque las correlaciones de una obra contemporánea constituye un hecho previamente establecido a modo de presupuesto. (En este caso se considera la correlación de la obra con otras obras del autor, su correlación con el género, etc.) Pero en realidad, ni aún la literatura contemporánea puede ya ser estudiada aisladamente.

La existencia de un hecho como *hecho literario* depende de su cualidad diferencial (es decir de su correlación, sea con la serie literaria, sea con una serie extraliteraria); en otros términos, depende de su función. Lo que es "hecho literario" para una época, será un fenómeno lingüístico dependiente de la vida social para otra y viceversa, según el sistema literario con referencia al cual se sitúa este hecho.

Una carta de Deryavin a un amigo, por ejemplo, es un hecho de la vida social; en la época de Karamzin y de Pushkin la misma

---

* En ruso: fuente; la segunda forma es un arcaísmo.
** En ruso: el trueno y la música de los cañones: la forma *musikija* es arcaica.

carta amistosa fue un hecho literario. Lo testimonia el carácter literario de memorias y de diarios en un sistema literario y de su carácter extraliterario en otro.

El estudio aislado de una obra no nos da la certeza de hablar correctamente de su construcción; ni inclusive la certeza de hablar tan siquiera de la construcción de la obra. Aquí interviene otra circunstancia. La función autónoma, o sea la correlación de un elemento con una serie de elementos semejantes que pertenecen a otras series, es la condición necesaria para la función sínoma, para la función constructiva de este elemento.

Por tal motivo no es indiferente que un sistema sea "trillado", "gastado" o que no lo sea. ¿En qué consiste el carácter "trillado", "gastado", de un verso, un metro, un tema, etc.? En otras palabras, ¿en qué consiste "la automatización" de tal o cual elemento?

Tomo un ejemplo de la lingüística: cuando la imagen significativa se gasta, la palabra que manifiesta la imagen se transforma en expresión de la relación, se vuelve una palabra herramienta, auxiliar. Lo mismo ocurre con la automatización, con el "desgaste" de un elemento literario cualquiera: no desaparece pero su función cambia, se vuelve auxiliar. Si el metro de un poema está desgastado por el uso, cede su papel a otros rasgos del verso presente en esa obra y pasa a cumplir otras funciones.

El folletín en verso del diario, por ejemplo, está construido sobre un metro envejecido, banal, abandonado desde hace largo tiempo por la poesía. Nadie lo lee como un "poema" ni lo relaciona con la "poesía". El metro "desgastado" sirve aquí de medio para *relacionar* el material social de la actualidad periodística con la serie literaria. Su función es totalmente diferente a la que tiene en una obra poética; es meramente auxiliar. La imitación en el folletín en verso se relaciona con la misma serie de hechos. La imitación tiene vida literaria en la medida en que la obra imitada la tiene. ¿Qué significación literaria puede tener el milésimo plagio de *Cuando los campos amarillentos ondulen* de Lermontov o de *El Profeta* de Pushkin? Sin embargo, el folletín en verso lo utiliza frecuentemente. Aquí se trata de un mismo fenómeno: la función del plagio se ha vuelto auxiliar, sirve para relacionar los hechos extraliterarios con la serie literaria.

Si los procedimientos de la novela de aventuras están "gastados", la trama adquiere en la obra funciones diferentes de las que hubiera tenido si estos procedimientos no estuvieran envejecidos dentro del sistema literario. La trama puede ser sólo una motivación del estilo o un procedimiento para exponer determinado material.

Las descripciones de la naturaleza en las novelas antiguas, que desde la perspectiva de un sistema literario estaríamos tentados de reducir a un papel auxiliar de soldadura o retardo de la acción (y por lo tanto casi a rechazarlas), pueden ser consideradas como un elemento principal y dominante desde la perspectiva de otro sistema literario. Puede ocurrir que la trama no sea más que una motivación, un pretexto para acumular "descripciones estáticas".

5. El problema más difícil y menos estudiado, el de los géneros literarios, se resuelve de la misma manera. La novela parece un género homogéneo que se desenvuelve de manera exclusivamente autónoma durante siglos. En realidad, no es un género constante sino variable y su material lingüístico, extra-literario, así como la manera de introducir ese material en literatura, cambian de un sistema literario a otro. Los rasgos del género evolucionan. En el sistema de los años veinte al cuarenta los géneros del "relato", de la "novela corta", se definían por rasgos diferentes de los nuestros, como surge con evidencia de sus denominaciones (²). Tendemos a denominar los géneros según *rasgos secundarios*; a grandes líneas, según las dimensiones. Las denominaciones tales como relato, novela

---

2. Cf. el uso de la palabra "relato" en el *Moskovskii Telegraf*, en un artículo sobre Eugenio Oneguin: "¿Existe un poeta o aún un prosista que conciba como finalidad de una gran obra el relato, o sea la *interpretación del poema?* En *Tristam Shandy*, donde evidentemente todo está incluído en el relato, éste no constituye de ningún modo una finalidad en sí" (*Mosk. Tel.*, 1825, Nº 15, supl. esp., pág. 5). Aquí la palabra "relato" se aproxima sensiblemente a nuestro término "relato directo". Esta terminología no es ocasional y ha subsistido largo tiempo. Cf. la definición de los géneros en Druyinin, en 1849: "El mismo autor [Zagoskin] ha llamado 'relato' a esta obra [*Los rusos a principios del siglo XVIII*]; en el índice, designa a su obra como 'novela'; por el momento es difícil definirla con más precisión pues la obra no está todavía concluída... A mi juicio no es ni un relato ni una novela. No es un relato porque *la exposición no viene del autor ni de otro personaje*, por el contrario, ella está 'dramatizada' (o más bien 'dialoguizada') de modo tal que las escenas y las conversaciones se remplazan sin cesar entre sí. Finalmente, la narración ocupa la menor parte. No es una 'novela' porque dicha palabra implica una creación poética, *una representación artística de los caracteres y de las situaciones...* Yo la llamaría novela porque presenta todas sus pretensiones" (Druyinin, t. 6, pág. 41, "Cartas de un abonado de otra ciudad"). Y aquí se plantea otro problema interesante.

En distintas épocas, se observa en las literaturas nacionales un tipo de "relato" cuyas primeras líneas introducen un narrador. Luego, ese narrador no desempeña papel alguno en el tema, pero la narración es desarrollada en su nombre (Maupassant, Turgueniev). Es difícil explicar la función de este narrador en el argumeneo. Si se eliminan las primeras líneas que lo presentan, el argumento no cambiaría. (El "comienzo-clisé" habitual en estos relatos es: "N. N. encendió su cigarrillo y comenzó el relato"). Pienso que aquí se trata de un fenómeno relativo al género y no al argumento. La presencia del narrador es una etiqueta destinada a señalar el género "relato" en un cierto sistema literario.

Esta señalización indica la estabilidad del género con el que el autor correlaciona su obra. Por este motivo el "narrador" no es aquí sino un rudimento del

corta, novela, corresponden para nosotros a cierto número de hojas de imprenta. Esto no prueba el carácter "automatizado" de los géneros en nuestro sistema literario; definimos los géneros a través de otros rasgos, específicos para nuestro sistema. Las dimensiones del objeto, la superficie escrita, no son indiferentes puesto que no estamos en condiciones de definir el género de una obra aislada del sistema: lo que se denomina "oda", por ejemplo, en la década del veinte del siglo pasado o aún en tiempos de Fet, también se llamaba "oda" en la época de Lomonosov, pero por otros rasgos.

Concluyamos entonces: el estudio de los géneros es imposible fuera del sistema en el cual y con el cual están en correlación. La novela histórica de Tolstoi entra en correlación, no con la novela histórica de Zagoskin, sino con la prosa que le es contemporánea.

6. En rigor, no se consideran jamás los fenómenos literarios fuera de sus correlaciones. Tomemos el ejemplo de la prosa y la poesía. Partimos del criterio de que la prosa métrica permanece en el dominio de la prosa y que el verso libre privado de metro sigue siendo poesía, sin darnos cuenta que para ciertos sistemas literarios encontraremos dificultades considerables. La prosa y la poesía están en correlación y existe una función común de la prosa y de los versos (cf. la relación entre el desenvolvimiento de la prosa y del verso, según la correlación establecida por Eichenbaum). En determinado sistema literario, el elemento formal del metro es el que sostiene la función del verso.

Pero la prosa sufre modificaciones, evoluciona al mismo tiempo que el verso. Las modificaciones de un tipo, puesto en correlación con otro, entrañan o más bien están ligadas a las modificaciones de este otro tipo; aparece una prosa métrica (la de André Bieli). Al mismo tiempo la función del verso se transfiere a otros rasgos del verso, en su mayor parte secundarios, derivados, tales como el ritmo que delimita las unidades a una sintaxis particular, a un léxico particular. La función de la prosa en relación al verso subsiste, pero cambian los elementos formales que la designan.

La evolución posterior de las formas puede aplicar la función de los versos a la prosa durante siglos y transferirle un cierto número de otros rasgos, o bien no respetarla, disminuir su importancia. De la misma manera que la literatura contemporánea no otorga ninguna importancia a la correlación de los géneros (según

---

antiguo género. Sólo en este momento el "relato directo" pudo aparecer con Leskov. Condicionado al principio por la "orientación" hacia un género antiguo, se lo utiliza como medio de "resurrección", de renovación del antiguo género. Este problema requiere naturalmente un estudio especial.

los rasgos secundarios), puede llegar una época en la que será indiferente que la obra esté escrita en prosa o en verso.

7. La relación evolutiva entre la función y el elemento formal es un problema completamente inexplorado. He dado un ejemplo en el que <u>la evolución de las formas entraña la evolución de la función</u>. Se pueden encontrar numerosos ejemplos en los que una forma que tiene una función indeterminada se apodera de otra función y la determina. Hay también ejemplos de otro tipo: <u>la función busca su forma</u>. Doy uno en el que los dos casos se combinan. Alrededor del año veinte, la corriente literaria de los arcaizantes vuelve a poner de moda una poesía épica cuya función es a la vez elevada y popular. *La correlación de la literatura con la serie social implica una ampliación de la obra.* Pero los elementos formales no están allí, la "demanda" de la serie social no equivale a la "demanda" literaria y ésta queda sin respuesta. Comienza la búsqueda de los elementos formales. En 1824 Katenin propone la *octava* como elemento formal de la epopeya poética. El ardor de las discusiones, aparentemente inocentes, sobre el tema de la octava, corresponde al trágico desamparo de una función sin forma. La poesía épica de los arcaizantes no tuvo ninguna suerte. Seis años más tarde la misma forma es utilizada por Shevirev y Pushkin con otra función: transformar toda la poesía épica utilizando el yambo tetrapódico y crear una nueva poesía épica "vulgar" y no culta, prosaica (*La casita de Kolomna*).

<u>El vínculo entre la función y la forma no es arbitrario</u>. No es un azar que el léxico de un cierto tipo se combine primero en Katenin con cierto metro y veinte años más tarde con el mismo metro en Nekrasov que, probablemente, no ha tomado ninguna idea de Katenin.

La variabilidad de la función de tal o cual elemento formal, la aparición de tal o cual función de un elemento formal, su asociación con una función, son problemas que por el momento no se intenta resolver ni estudiar.

Diré solamente que todo el problema de la literatura como serie o sistema, depende de los estudios futuros sobre ese tema.

8. No tenemos una imagen totalmente correcta de la forma en que los fenómenos literarios entran en correlación: se cree que la obra se introduce en un sistema literario sincrónico y que allí obtiene una función. La noción de un sistema sincrónico en constante evolución es también contradictoria. <u>El sistema de la serie literaria es ante todo un sistema de las funciones de la serie literaria, que a su vez, está en constante correlación con los otras series.</u> La serie cambia de componentes, pero la diferenciación de las acti-

vidades humanas permanece. La evolución literaria, como la de otras series culturales, no coincide ni en su ritmo ni en su carácter con las series que le son correlativas, debido a la naturaleza específica del material que maneja. La evolución de la función constructiva se produce rápidamente; la de la función literaria se realiza de una época a otra; la de las funciones de toda la serie literaria, reclama siglos.

9. Dado que el sistema no es una cooperación fundada sobre la igualdad de todos los elementos, sino que supone la prioridad de un grupo de elementos ("dominante") y la deformación de otros, la obra entra en la literatura y adquiere su función literaria gracias a esta dominante. En consecuencia, el verso se debe vincular, según algunas de sus particularidades, con la serie poética y no con la prosaica. Lo mismo ocurre con la correlación de los géneros. Actualmente, los factores que relacionan una obra con el género novelístico son la dimensión, la exposición de un argumento; en otra época, lo que decidía era la presencia de una intriga amorosa en la obra.

Aquí tropezamos con otro hecho interesante desde el punto de vista de la evolución. Se coloca una obra en correlación con una serie literaria determinada para medir la diferencia que existe entre ella y la serie literaria a la que pertenece. Determinar el género de los poemas de Pushkin, por ejemplo, era un problema extremadamente agudo para los críticos de alrededor del año veinte; el género de Pushkin era una combinación mixta y nueva para la que no se disponía una "denominación" establecida. Cuanto más neta es la diferencia con una serie literaria, el sistema que se separa se pone más en evidencia. Así, el verso libre ha destacado el carácter poético de los rasgos *extra-métricos* y la novela de Sterne acentúa el carácter novelístico de los rasgos que *no conciernen* a la trama (Shklovski). Analogía lingüística: "Puesto que la base sufre variaciones, debemos acordarle el máximo de expresividad y extraerla del conjunto de prefijos que son invariables" (Vendryes).

10. ¿En qué consiste la correlación de la literatura con las series vecinas? ¿Cuáles son esas series vecinas? Siempre una respuesta: la vida social.

Pero para resolver la cuestión de la correlación de las series literarias con la vida social, debemos hacer otra pregunta: ¿*cómo y en qué* la vida social entra en correlación con la literatura? La vida social tiene muchos componentes de diversos aspectos y solamente la función de esos aspectos le es específica. *La vida social entra en correlación con la literatura ante todo por su aspecto verbal.* Lo mismo ocurre con las series literarias puestas en correlación con la vida social. Esta correlación entre la serie literaria y la serie social se establece a través de la actividad *lingüística*; la literatura tiene una función verbal en relación con la vida social.

Disponemos de la palabra "orientación" que significa más o menos: "intención creadora del autor". Sucede a veces, sin embargo, que "las intenciones son buenas pero las realizaciones resultan malas". Agreguemos que la intención del autor puede ser sólo un fermento. Cuando maneja un material específicamente literario el autor se somete a él y se aleja de su intención. *La desgracia de tener demasiado ingenio* (Griboiedov) debía ser "elevada", "grande" (según la terminología del propio autor que no se asemeja a la nuestra), pero resultó una comedia-panfleto político en estilo "arcaizante"; *Eugenio Onéguin* debía ser, en su origen, un "poema satírico" en el que el autor "descargaría su bilis". Pero cuando Pushkin trabajaba en el cuarto capítulo ya escribe: "¿dónde fue a parar mi sátira? No se ve ese matiz en *Eugenio Onéguin*".

La función constructiva, la correlación de los elementos en el interior de la obra, reducen "la intención del autor" a nada más que un fermento. La "libertad de creación" se presenta como una consigna optimista, pero que no corresponde a la realidad y cede su lugar a la "necesidad de creación". La función literaria, la correlación de la obra con las series literarias perfecciona el proceso de sumisión.

Si borramos de la palabra "orientación" todo matiz teleológico, toda idea de destino e "intención", ¿qué se obtiene? La orientación de la obra (y de la serie) literaria será su función *verbal*, su correlación con la vida social.

La oda de Lomonosov tiene una orientación (función verbal) *oratoria*. La palabra está elegida para ser *pronunciada*. Las asociaciones sociales más elementales nos sugieren que estas palabras *debieron ser pronunciadas en una gran sala, en un palacio*. En la época de Karamzin, la oda era un género literario "gastado". La orientación, cuya significación ha disminuido, desaparece; es útilizada por otras formas que corresponden a la vida social. Las odas de alabanzas y de cualquier otro tipo se transforman en versos enfáticos que pertenecen sólo a la vida social. No existe ningún género literario constituído que pueda remplazarlas. Entonces los *fenómenos lingüísticos de la vida social* se encargan de esta función. La función, la orientación verbal, buscan una forma y la encuentran en la romanza, la chanza, el pie forzado, la charada, etc. Aquí, en el momento de *la génesis, la presencia de tal o cual forma lingüística* que antes correspondían sólo a la vida social, adquiere su significación evolutiva. En la época de Karamzin, el sabor mundano desempeña el papel de serie social, el salón se transforma entonces en un hecho literario. Se le atribuyen así formas sociales a la función literaria.

De la misma manera existe una semántica familiar, íntima, pero sólo tiene función literaria en el curso de ciertos períodos. Lo mismo se produce cuando se legitiman algunos *resultados que surgen casualmente* en literatura: los esbozos de versos de Pushkin y los borradores de sus planes, proporcionan la versión definitiva *de su prosa*. Ese fenómeno es sólo posible si la serie entera evoluciona y por lo tanto *su orientación*.

La literatura contemporánea nos ofrece también un ejemplo de conflicto de dos orientaciones: la poesía de mitines, representada por los versos de Maiakovski (oda), se opone a la poesía "de cámara", representada por los romances de Esenin (elegía).

11. *La expansión inversa de la literatura en la vida social* nos obliga también a considerar la función verbal. La personalidad literaria, y el personaje de una obra, representan, en ciertas épocas, la orientación verbal de la literatura y, a partir de allí, penetran en la vida social. La personalidad literaria de Byron, la que el lector deduce de sus versos, estaba asociada a la de sus héroes líricos y penetra así en la vida social. La personalidad de Heine está bastante alejada del verdadero Heine. En ciertas épocas, la biografía se convierte en una literatura oral apócrifa. Se trata de un fenómeno legítimo condicionado por el papel de un sistema literario en la vida social (orientación verbal); recuérdese el mito creado alrededor de escritores como Pushkin, Tolstoi, Blok, Maiakovski, Esenin, que puede oponerse a la ausencia de personalidad mística en Leskov, Turgueniev, Maikov, Fet, Gumilev, etc. Esta ausencia se relaciona con la falta de orientación verbal del sistema literario de los últimos. La expansión de la literatura en la vida social reclama, naturalmente, condiciones sociales particulares.

12. Esta es *la primera función social de la literatura*. Se la puede determinar y estudiar únicamente a partir del estudio de las series vecinas, del examen de las condiciones inmediatas, y no a partir de series causales alejadas aunque importantes.

Cabe observar que el concepto de "orientación" de la función verbal está referida a la serie literaria o al sistema literario y no a la obra particular. Es necesario colocar dicha obra en correlación con la serie literaria antes de hablar de su orientación. La ley de los grandes números no se aplica a los pequeños números. Si establecemos las series causales vecinas de cada obra y cada autor particular, no estudiamos la evolución del sistema literario sino su modificación: tampoco estudiamos los cambios literarios en correlación con los de otras series, sino la deformación producida en literatura por las series vecinas. Este problema también puede estudiarse, pero desde otro punto de vista.

El estudio directo de la psicología del autor y el establecimiento de una relación de causalidad entre los medios, su vida, su clase social y sus obras, es un trabajo particularmente incierto. La poesía erótica de Batiushkov es el fruto de su trabajo sobre la lengua poética (cf. su discurso "Acerca de la influencia de la poesía ligera sobre la lengua") y Viazemski rehusó con razón buscar la génesis de esta poesía en la psicología del autor. El poeta Polonski, que nunca fue un teórico, pero que como poeta conocía bien su oficio, escribe sobre Benediktov: "Es muy probable que la naturaleza austera, los bosques, los pastizales... hayan influido en el alma sensible de niño del futuro poeta. Pero ¿cómo? Es una cuestión difícil que nadie sabrá resolverla en forma satisfactoria. La naturaleza, que es la misma para todos, no desempeña aquí un papel principal". Se observan en un artista giros que no pueden explicarse por los rasgos de su personalidad: por ejemplo en Deryavin, en Nekrasov.

Durante su juventud escriben una poesía "vulgar" y satírica paralela a la poesía "elevada", pero en condiciones particulares los dos tipos de poesía van a confundirse para dar nacimiento a fenómenos nuevos. Queda claro que se trata de condiciones objetivas y no individuales y psicológicas. Las funciones de la serie literaria evolucionaron en relación con las series sociales vecinas.

13. Por este motivo es necesario reconsiderar uno de los problemas más complejos de la evolución literaria: el de la "influencia". Existen profundas influencias personales, psicológicas o sociales que no dejan ninguna huella en el plano literario (Chadaev y Pushkin). Existen influencias que modifican las obras literarias sin tener significación evolutiva (Maiakovski y Gleb Uspenski). Pero el caso más impresionante es aquél en que los índices exteriores parecen testimoniar una influencia que jamás tuvo lugar. Ya di el ejemplo da Katenin y de Nekrasov. Esos ejemplos pueden multiplicarse: las tribus sudamericanas crearon el mito de Prometeo sin estar influidas por la antigüedad. Estos son hechos de *convergencia*, de coincidencia. Tienen una importancia tal que desbordan la explicación psicológica de la influencia. La cuestión cronológica acerca de quién lo dijo primero no es esencial. El momento y la dirección de la "influencia" depende por completo de la existencia de ciertas condiciones literarias. En el caso de coincidencias funcionales el artista influído puede encontrar en la obra "imitada" elementos formales que le sirven para desarrollar y estabilizar la función. Si esta "influencia" no existe, una función análoga puede conducirnos a elementos formales análogos sin aquella ayuda.

14. Veamos ahora el problema del principal término del que se sirve la historia literaria: el de "tradición". Si admitimos que la evolución es un cambio de la relación entre los términos del sistema, o sea un cambio de funciones y de elementos formales, ella se presenta como una "sustitución" de sistemas. Estas sustituciones observan según las épocas un ritmo lento o brusco y no suponen una renovación y un remplazo repentino y total de los elementos formales, sino la creación de una *nueva función de dichos elementos* Por este motivo, la confrontación de un fenómeno literario con cualquier otro debe hacerse no sólo a partir de las formas, sino también considerando las funciones. Fenómenos que parecen totalmente diferentes, y que pertenecen a distintos sistemas funcionales, pueden ser análogos en su función y viceversa. El problema se complica porque cada corriente literaria busca durante algún tiempo puntos de apoyo en los sistemas precedentes: es lo que podríamos llamar "tradicionalismo". Así, en Pushkin las funciones de su prosa están más cercanas de las de la prosa de Tolstoi, que las funciones de sus versos de las de sus epígonos de la década del treinta y de Maikov.

15. Resumiendo, el estudio de la evolución literaria sólo es posible si la consideramos como una serie, como un sistema puesto en correlación con otras series o sistemas y condicionado por ellos. El examen debe ir de la función constructiva a la función literaria, y de ésta a la función verbal. Debe aclarar la interacción evolutiva de las funciones y de las formas. El estudio evolutivo debe ir de la serie literaria a las series correlativas vecinas y no a otras más alejadas, aunque éstas sean importantes. El estudio de la *evolución* literaria no excluye la significación dominante de los principales factores sociales. Por el contrario, sólo en ese marco la significación puede ser aclarada en su totalidad. El establecimiento directo de una influencia de los principales factores sociales sustituye el estudio de la *evolución* literaria por el de la *modificación* y deformación de las obras literarias.

1927

PROBLEMAS DE LOS ESTUDIOS
LITERARIOS Y LINGÜISTICOS

J. TINIANOV - R. JAKOBSON

1. Los problemas inmediatos de la ciencia literaria y lingüística en Rusia reclaman que se los formule sobre una base teórica estable; exigen que se abandone definitivamente esos montajes mecánicos, cada vez más frecuentes, que reúnen los procedimientos de la nueva metodología y los viejos métodos estériles y que introducen hipócritamente el psicologismo ingenuo y otros anacronismos bajo la apariencia de una nueva terminología.

Es necesario apartarse del eclecticismo académico, del "formalismo" escolástico que remplaza el análisis por la enumeración de la terminología y que no hace otra cosa que elaborar un catálogo de fenómenos; dejar de transformar los estudios literarios y lingüísticos, que constituyen una ciencia sistemática, en géneros episódicos y anecdóticos.

2. La historia de la literatura (o el arte) está íntimamente ligada a otras series históricas; cada serie involucra un manojo complejo de leyes estructurales que les son específicas. Es imposible establecer una correlación rigurosa entre la serie literaria y las otras series sin haber estudiado previamente esas leyes.

3. No se puede comprender la evolución literaria si está enmascarada por problemas que intervienen episódicamente y desde fuera del sistema; problemas que se vinculan a la génesis literaria (las llamadas influencias) o extraliteraria. En el campo de la investigación científica se puede introducir el material utilizado en literatura, ya sea literario o extraliterario, sólo a condición de considerarlo desde un punto de vista funcional.

4. Tanto para la lingüística como para la historia literaria, la oposición neta entre el aspecto sincrónico (estático) y el diacrónico,

fue una hipótesis de trabajo fecunda puesto que mostraba al carácter sistemático de la lengua (o de la literatura) en cada período particular de la vida. Las adquisiciones de la concepción sincrónica nos obligan a reexaminar hoy los principios de la diacronía. A su vez, la ciencia sincrónica ha reelaborado la noción de aglomeración mecánica de los fenómenos que la ciencia sincrónica remplazó por la noción de sistema, de estructura. La historia del sistema es a su vez un sistema. El sincronismo puro se presenta ahora como una ilusión: cada sistema sincrónico contiene su pasado y su porvenir como elementos estructurales inseparables del sistema (Por un lado, el arcaísmo como hecho de estilo: el conjunto lingüístico y literario se siente como una lengua muerta, pasada de moda. Por otro, las nuevas tendencias en la lengua y en la literatura, que aparecen como innovaciones del sistema).

La oposición de sincronía y diacronía había contrapuesto la noción sistema a la de evolución. Esta oposición pierde su importancia de base puesto que ahora reconocemos que cada sistema se nos presenta necesariamente como una evolución y que, por otra parte, la evolución tiene inevitablemente carácter sistemático.

5 La noción de sistema literario sincrónico no coincide con la noción ingenua de época literaria, puesto que el sistema está constituído no sólo por obras de arte próximas en el tiempo, sino también por obras incluídas en el sistema y que provienen de literaturas extranjeras o de épocas anteriores. No es suficiente catalogar los fenómenos coexistentes y otorgarles iguales derechos; lo que interesa es su significación jerárquica para una época determinada.

6 El establecimiento de dos nociones diferentes —habla y lengua— y el análisis de su relación efectuado por la escuela de Ginebra, fueron extremadamente fecundos para la lingüística. La aplicación de estas dos categorías (la norma existente y los enunciados individuales) a la literatura y el estudio de su relación, es un problema que se debe examinar a fondo. Aquí tampoco se puede considerar el enunciado individual sin relacionarlo al complejo de normas existentes. El investigador que aísla estas dos nociones deforma inevitablemente el sistema de valores estéticos y pierde la posibilidad de establecer sus leyes inmanentes.

7. El análisis de las leyes estructurales de la lengua y de la literatura nos lleva indefectiblemente a establecer un número limitado de tipos de estructuras que existen realmente (o, en el caso de la diacronía, tipos de evolución de las estructuras).

8. La revelación de leyes inmanentes a la historia de la literatura (o de la lengua) nos permite caracterizar cada sustitución efectiva de sistemas literarios (o lingüísticos) pero no nos permite explicar el ritmo de la evolución ni la dirección que sigue cuando está en presencia de varias vías evolutivas teóricamente posibles. Las leyes inmanentes a la evolución literaria (o lingüística) ofrecen sólo una ecuación indeterminada que admite varias soluciones, en número limitado sin duda, pero que no llevan obligatoriamente a una única solución. El problema concreto de la elección de una dirección, o al menos de una dominante, no puede resolverse sin analizar la correlación de la serie literaria con las otras series sociales. Esta correlación (el sistema de los sistemas) tiene sus leyes estructurales específicas que deben ser estudiadas. Considerar la correlación de los sistemas sin tener en cuenta las leyes inmanentes a cada sistema, es un camino funesto desde el punto de vista metodológico.

1928

RITMO Y SINTAXIS

O. BRIK

SOBRE EL RITMO

Se emplea tan a menudo la palabra "ritmo" en sentido metafórico figurado, que para poder utilizarla como término científico es preciso despojarla de las significaciones artísticas que se le han superpuesto.

Por lo general se llama ritmo a toda alternancia regular, independientemente de la naturaleza de lo que alterna. El ritmo musical es la alternancia de los sonidos en el tiempo. El ritmo poético, la alternancia de las sílabas en el tiempo; el ritmo coreográfico, la alternancia de los movimientos en el tiempo. Existe también una apropiación de los dominios vecinos: se habla de la alternancia rítmica del día y de la noche, del invierno y del verano. En síntesis, se habla del ritmo siempre que se pueda encontrar una repetición periódica de los elementos en el tiempo o en el espacio.

Este empleo figurado, artístico, no sería peligroso si se redujera al dominio del arte; pero muy a menudo se intenta construir sobre esta imagen poética la teoría científica del ritmo. Se intenta, por ejemplo, probar que el ritmo de las obras artísticas (verso, música, danza) no es más que una consecuencia del ritmo natural: el ritmo de las palpitaciones del corazón, el ritmo del movimiento de las piernas durante la marcha. Se trata de la transferencia evidente de una metáfora a la terminología científica.

El ritmo como término científico significa una presentación particular de los procesos motores. Es una presentación convencional que no tiene nada que ver con la alternancia natural en los movimientos astronómicos, biológicos, mecánicos, etc. El ritmo es un movimiento mostrado de una manera particular.

Es necesario distinguir rigurosamente el movimiento y el resultado del movimiento. Si una persona salta en un terreno pantanoso y deja sus huellas, aunque esa sucesión de huellas sea regular, no es un ritmo. Los saltos tienen lugar siguiendo un ritmo, pero las huellas que dejan en el suelo no son más que datos que sirven para juzgarlas. Hablando científicamente, no se puede decir que la disposición de las huellas constituye un ritmo. De igual manera, el poema impreso en un libro no ofrece más que las huellas del movimiento. Sólo puede ser presentado como ritmo el discurso poético y no su resultado gráfico.

Esta diferenciación de la noción tiene importancia no sólo académica sino también, y por sobre todo, práctica. Hasta hoy, todas las tentativas por encontrar las leyes del ritmo analizaban las combinaciones de las huellas dejadas por ese movimiento y no el movimiento presentado bajo una forma rítmica.

Los especialistas del ritmo poético naufragaban en los versos, los dividían en sílabas, en medidas y trataban de encontrar las leyes del ritmo en este análisis. Existen de hecho todas esas medidas y sílabas, pero no por sí mismas sino como resultado de un cierto movimiento rítmico; ellas ofrecen sólo algunas indicaciones del movimiento rítmico del cual resultan.

El movimiento rítmico es anterior al verso. No se puede comprender el ritmo a partir de la línea de los versos; por el contrario, se comprenderá el verso a partir del movimiento rítmico. El verso de Pushkin, *Liogkim zefirom lietit* (vuela como un céfiro ligero), puede leerse de dos maneras diferentes: *Liógkim zéfirom lietit*, o bien *Liógkim zefirom lietit*. Podemos combinar y analizar al infinito sus sílabas, sus medidas, sus sonidos y no sabremos cómo es necesario leerlo. Pero si leímos todos los versos precedentes, cuando llegamos a él, leeremos *Liogkim zéfirom letit* porque el impulso de este poema es trocaico y no dactílico.

Leemos el verso correctamente porque conocíamos el impulso rítmico del cual resulta. Si hubiera estado incluído en un contexto dactílico hubiera exigido la lectura: *Liogkim zefirom letit*. Antes de haberlo leído no había acento ni sobre *e* ni sobre *i*. Después de su lectura el acento se encuentra sobre *e*, pero hubiera podido ser sobre *i*.

Por esto, en general sería más correcto hablar de sílabas acentuadas e inacentuadas, que de sílabas fuertes o débiles. Teóricamente toda sílaba puede ser acentuada o inacentuada; depende del impulso rítmico. Es empresa estéril tratar de distinguir las fuertes, semifuertes, ligeramentes fuertes, débiles, etc., para penetrar así la diversidad del movimiento rítmico. Todo se deriva del ritmo del discurso poético; la distribución en líneas y sílabas es su consecuencia.

Los eruditos tratan de fijar la intensidad de cada sílaba y deben admitir que distintas pronunciaciones del verso llevan a resultados diferentes. Este permanente malentendido es producto de la confusión del impulso rítmico con el verso ya realizado. Si aceptamos la primacia del movimiento rítmico, el hecho de que se obtengan resultados diferentes en el curso de distintas lecturas, no tendrá nada de sorprendente; no nos admirará obtener, en diversas lecturas de un mismo poema, una alternancia distinta de las unidades rítmicas.

La coreografía aclara correctamente esta relación del impulso rítmico con su resultado concreto, aunque también en ese caso se trata inutilmente de explicar el ritmo por la alternancia y la combinación de ciertos movimientos. Es evidente que en la danza todo reposa sobre un impulso inicial que se realiza en movimientos cinéticos variados. Nadie dirá que un hombre que baila un vals combina ciertas figuras en repeticiones periódicas. Es evidente que en ese caso se realiza una fórmula que existe con anterioridad a cada una de sus encarnaciones. Por eso el vals no tiene fin, se lo puede detener en cualquier momento, no apunta a un número definido de elementos coreográficos. La suma de estos elementos es desconocida al comienzo de la danza y por lo tanto no se puede hablar de su distribución regular en el espacio y en el tiempo.

La danza presentada en la escena trata de remplazar el impulso rítmico por una combinación de movimientos coreográficos. La diferencia entre las danzas llamadas populares que encontramos en la vida cotidiana y sus representaciones en escena se reduce al hecho de que las primeras se bailan, siguiendo un impulso rítmico puro, mientras que las segundas están construídas en base a la combinación de movimientos coreográficos. Las primeras tienen un comienzo pero no un fin preestablecido. Las segundas están fijadas desde el comienzo hasta el final.

LA SEMANTICA RITMICA

Algunos suponen que la lectura correcta de los versos consiste en leerlos como la prosa, utilizando las entonaciones habituales del lenguaje familiar. Estas personas piensan que el sistema rítmico sobre el que reposa el verso es un elemento de segundo orden que sólo sirve para elevar el tono emocional de la lengua poética, mientras que el sistema de curvas de intensidad de la lengua cotidiana es fundamental en la estructura del verso.

Una actitud parecida ante la poesía surge cuando se asigna importancia primordial a las exigencias rítmicas; entonces se corre el riesgo de que el verso se transforme en un discurso transracional. Esta actitud que aísla la serie rítmica de la serie semántica, provoca luego como reacción el refuerzo de las entonaciones de la lengua hablada. De allí que todas las épocas conozcan dos actitudes posibles frente a la poesía: se acentúa el aspecto rítmico, o se privilegia el aspecto semántico. Este conflicto se hace particularmente agudo cuando la cultura poética sufre transformaciones. En cada época prevalece uno de los dos elementos. La evolución del verso sigue la línea de oposición al tipo dominante.

La escuela de Pushkin sostenía el principio semántico contra la tendencia del sin-sentido rítmico representada por Derjavin. El verso de Nekrasov, a su vez, entra en conflicto con los últimos versos de Pushkin en que el sentido está subordinado al ritmo. El verso de los simbolistas es una reacción contra el verso "social", recargado de semántica, peculiar de los epígonos de Nekrasov.

El verso de los futuristas afirmaba la razón de ser de la poesía transracional con Jlebnikov y Krushenyk y al mismo tiempo, otorgaba toda su importancia a la semántica de los versos de Maiakovski.

Habitualmente se da supremacía a la semántica cuando en la vida social aparece una nueva temática y cuando las antiguas formas del verso no alcanzan a asumir esos nuevos temas. En un comienzo es mejor que el estudio de las relaciones entre las series rítmicas y semántica se aplique a las épocas en que este aislamiento no es aún percibido y la cultura poética satisface las exigencias de la llamada unidad de la forma y del fondo. En este sentido, la época de Pushkin y sobre todo su propia poesía, representan la época clásica por excelencia del verso ruso.

Es curioso que Pushkin, en el comienzo de su actividad literaria, fuera considerado como un transgresor de las tradiciones estéticas, como un poeta que degradaba el estilo elevado de la lengua poética proponiendo una materia semántica vulgar, mientras que al final de su vida aparecía como el representante de la estética pura, de la que había desaparecido toda semántica.

Sólo al alcanzar el pleno florecimiento de su carrera, se lo estimó como a un maestro capaz de conjugar en sus versos las exigencias de la estilística poética con las de la construcción semántica.

Este período de florecimiento literario es el más útil para el análisis de la semántica rítmica en el verso ruso. De allí la simpatía involuntaria que sienten por Pushkin todos los investigadores que emprenden el estudio del verso ruso. Lo que se llama generalmente la armonía clásica de Pushkin, es el lazo indisoluble del ritmo y la semántica.

EL VERSO COMO UNIDAD RITMICA Y SEMANTICA

La sintaxis es el sistema de combinación de palabras en el discurso ordinario. En la medida en que la lengua poética cumple las leyes principales de la sintaxis prosaica, las leyes de combinación de palabras son también las leyes del ritmo. Estas leyes rítmicas complican la naturaleza sintáctica del verso.

Estructuras sintácticas similares en apariencia pueden ser enteramente diferentes desde el punto de vista semántico según que se encuentren en un discurso poético o prosaico. El verso *Ty xochesh znat' chto delal ja na vole* (quieres saber lo que yo hacía cuando estaba en libertad) será leído en forma diferente en la lengua prosaica y en la lengua poética. En el discurso prosaico toda la fuerza de la ascención entonacional reposa sobre la palabra *na vole* (en libertad); en el discurso poético esa fuerza se distribuye por igual entre las palabras *znat'* (saber), *delal ja* (yo hacía) y *na vole* (en libertad).

En el ejemplo citado, el orden de las palabras en la lengua prosaica reclama una entonación que, precisamente, no admite la estructura de la lengua poética. En consecuencia, una lectura "prosaica" de los versos destruiría su estructura rítmica. Cuando se leen versos, se perciben las formas habituales de la sintaxis prosaica y, sin tener en cuenta su naturaleza rítmica, se trata de pronunciarlos como prosa; la lectura resultante toma un sentido prosaico y pierde su sentido poético. El verso no obedece solamente a las leyes de la sintaxis, sino también a las de la sintaxis rítmica, es decir a la sintaxis que enriquece sus leyes con exigencias rítmicas.

En poesía, el grupo primordial de palabras, es el verso. En el verso, a su vez, las palabras se combinan según las leyes de la sintaxis prosaica. Este hecho de coexistencia de dos leyes que actúan sobre las mismas palabras es la particularidad distintiva de la lengua poética. El verso nos presenta los resultados de una combinación de palabras, rítmica y sintáctica al mismo tiempo. Una combinación de palabras rítmica y sintáctica se distingue de una meramente sintáctica en que las palabras están incluídas en una determinada unidad rítmica (el verso); se distingue, por otra parte, de la combinación puramente rítmica, en que las palabras se combinan según cualidades tanto semánticas como fónicas.

Puesto que el verso es la unidad rítmica y sintáctica primordial, por él debe comenzar el estudio de la configuración rítmica y semántica.

EL CLISE RITMICO Y SINTACTICO

Una imaginería elemental presenta la creación poética de esta manera: el poeta escribe primero su pensamiento en prosa y a continuación cambia las palabras para obtener un metro. Si algunas palabras no obedecen a las exigencias del metro, las desplaza hasta que respondan a lo que espera de ellas, o bien las remplaza por otras que convengan mejor. Por eso, la conciencia ingenua percibe cada palabra o giro inesperado como una libertad poética, como un alejamiento en nombre del verso de las reglas de la lengua hablada. Algunos aficionados del verso perdonan esta libertad al poeta, considerando que tiene derecho a ella. Otros juzgan severamente esta alternación y ponen en duda el derecho del poeta a desollar la lengua en nombre de un impulso poético. Los críticos gustan decir que la perfección en el arte poético consiste en acomodar las palabras en el metro sin alterar la estructura habitual de la lengua.

Ciertas personas que se fundan en los resultados y las observaciones modernas prestan una atención mayor a la creación poética y elaboran una imagen inversa de ella. En el poeta aparece primero la imagen indefinida de un complejo lírico dotado de estructura fónica y rítmica y sólo a posteriori esta estructura trans-racional se articula en palabras significantes. André Biéli, Blok, los futuristas, hablaron y escribieron sobre ese tema. Según ellos, se obtiene finalmente una significación, pero ésta no coincide obligatoriamente con la significación habitual de la lengua hablada. No se trata del derecho del poeta a alterar la lengua, sino de que el poeta desciende a dar a los lectores un simulacro de significación; aunque podría prescindir de ello completamente, accede a las exigencias semánticas del lector y recubre sus inspiraciones rítmicas con palabras que las vuelven accesible a todos.

La conciencia ingenua otorga el primer lugar a la estructura de la lengua hablada y considera el metro poético como un apéndice decorativo de la estructura habitual del discurso. Bielinski escribía que para saber si los versos son buenos o malos es suficiente dar una versión en prosa y su valor aparece inmediatamente. Para él la forma poética no es más que una envoltura exterior del complejo lingüístico habitual y es natural que se interesara ante todo por la significación del complejo y no por su envoltura.

Los poetas y los investigadores modernos parten de la imagen inversa. Para ellos, el fondo de la lengua poética es lo que los ingenuos consideran como apéndice exterior. A su vez el valor semántico del complejo rítmico es, si no un apéndice exterior, al menos una concesión inevitable a la mentalidad no poética. Si todo el mundo hubiera aprendido a pensar con ayuda de imágenes trans-racionales, la lengua poética no tendría necesidad de ningún tratamiento semántico.

La primera imagen quita todo sentido a la lengua poética y transforma la creación en un ejercicio inútil, en giros de destreza lingüística. Para Tolstoi los poetas son personas que saben encontrar una rima para cada palabra y combinar las palabras de diferentes maneras. Y Saltikov-Scedrin dice: "No comprendo por qué es necesario caminar sobre un hilo y, además, agacharse cada tres pasos". Tal actitud ante la poesía conduce naturalmente a rechazar esas habilidades decorativas y a escribir únicamente según la lengua hablada ordinaria.

Los campeones de la lengua poética trans-racional separan esta última de la lengua hablada y la transportan al dominio de sonidos convencionales y de imágenes rítmicas. Si la estructura semántica del verso no tiene importancia, si la significación de las palabras no desempeña ningún papel, no es necesario manejar palabras: los simples sonidos bastan. Si se va más lejos, no se sentirá ni siquiera la necesidad de sonidos y bastará cualquier signo que evoque imágenes rítmicas correspondientes. El poeta Chicherin ha llegado al límite: declaró recientemente que el mayor mal que sufre la poesía es la palabra y que el poeta debería escribir no con palabras sino con la ayuda de ciertos signos poéticos convencionales.

La primera y segunda imagen pecan del mismo vicio: las dos consideran el complejo rítmico y sintáctico como compuesto de dos elementos, uno de los cuales está sometido al otro. Sin embargo, estos dos elementos no existen en forma separada sino que aparecen simultáneamente, creando una estructura rítmica y semántica, diferente tanto de la lengua hablada como de la sucesión trans-racional de sonidos.

El verso es sólo el resultado del conflicto entre el sin-sentido y la semántica cotidiana, es una semántica particular que existe en forma independiente y que se desarrolla según sus propias leyes. Podemos transformar cada verso en un verso trans-racional si sustituímos las palabras significantes por sonidos que expresen la estructura rítmica y fónicas de esas plabras. Pero, una vez privado el verso de su semántica, salimos del marco de la lengua poética y las variaciones posteriores de ese verso no estarán determinadas por sus constituyentes lingüísticos sino por la naturaleza musical de los sonidos que forman la sonoridad del verso. En particular el sistema de los acentos y de las entonaciones serán independientes de los acentos y entonaciones de la lengua hablada, imitarán acentos y entonaciones de la frase musical.

En otras palabras, si privamos al verso de su valor semántico, lo aislamos del elemento lingüístico y lo transferimos al elemento musical; en consecuencia, el verso deja de ser un hecho lingüístico. Si, por el contrario, transponemos las palabras, podemos privar al verso de sus rasgos poéticos y hacer de él una frase de la lengua hablada. Para esto es suficiente remplazar ciertas palabras por sinónimos, introducir entonaciones características de la lengua hablada y normalizar la estructura sintáctica. Después de una operación de ese tipo el verso deja de ser una estructura lingüística, fundada sobre ciertos rasgos de la palabra que están en segundo plano en el lenguaje ordinario.

Estos rasgos secundarios (el sonido y el ritmo) tienen una significación diferente en la lengua hablada y en la poética y al introducir entonaciones habladas en la lengua poética, remitimos el verso al dominio de la lengua hablada; se destruye el complejo lingüístico construido según una cierta ley y su material vuelve a la reserva común.

Si los epígonos de la lengua transracional separan el verso de la lengua, los del "verso decorativo" no la aíslan de la base verbal común. La actitud correcta es concebir el verso como un complejo necesariamente lingüístico pero que reposa sobre leyes particulares que no coinciden con las de la lengua hablada. Abordar el verso a partir de la imagen general del ritmo sin comprender que no se trata de un material indiferente sino de elementos del habla humana, es un camino tan falso como creer que se trata de la lengua hablada ataviada con una decoración exterior.

Es necesario comprender la lengua poética en lo que la une a la lengua hablada y en lo que la distingue; comprender su naturaleza propiamente lingüística.

1920-1927

SOBRE EL VERSO *

B. TOMASHEVSKI

I

La poética plantea la cuestión de la materia de dos formas distintas. Por una parte se la puede abordar a partir de la consideración del volumen de la materia que se propone estudiar, o sea el de la elección de las obras artísticas en las que se basa el estudio. Este aspecto no nos interesa en este momento.

El otro aspecto de la cuestión consiste en precisar los límites de los fenómenos que se propone estudiar. Si se designa con la palabra "ritmo" todo sistema fónico organizado con finalidades poéticas (sistema accesible a la percepción del auditorio), resulta claro que toda producción de la palabra humana será un objeto de la rítmica en la medida en que participe en un efecto estético y se organice de una manera particular en verso. Para apreciar mejor estos rasgos, examinaremos dos nociones: "verso" y "metro". Estas nociones están ligadas estrechamente en la historia de la literatura. El metro representa, en el marco de una escuela poética, la norma a la que obedece la lengua poética. El metro es el rasgo distintivo de los versos con respecto a la prosa.

Pero las normas métricas son inestables. De Meleti Smotritski a Trediakovski, de Lomonosov a André Bieli, de Blok a Maiacovski encontramos en todo momento deformaciones de las normas métricas. Se abandonan ciertos esquemas métricos y se canonizan otros. Sin embargo, la poesía es tradicional y las tradiciones literarias reúnen los diferentes fenómenos verbables en una sola imagen: la de la poesía. Los versos de los malayos y de los antiguos griegos, o de los japoneses y de los pueblos romanos reposan sobre principios métricos diferentes. Sin embargo, la imagen del verso los une y los traductores de poesía, remplazando la norma métrica propia de la

---

* Los extractos reunidos bajo este título pertenecen originalmente a distintos artículos.

lengua oriental por la de la lengua de traducción, buscan reproducir el verso mediante otro verso. Existe en consecuencia un problema general de la forma poética además del problema literario del verso propio de una lengua y de una época.

La práctica europea contemporánea tiene el hábito de imprimir los versos en líneas arbitrariamente iguales, y aún de realzarlos por medio de mayúsculas; la prosa, por el contrario, se publica en líneas ininterrumpidas. A pesar del aislamiento que hay entre la grafía y la palabra viva, este hecho es significativo porque ciertas asociaciones en el habla están ligadas a la escritura. Esta división de la lengua poética en versos, en períodos de fuerza fónica comparable y hasta igual, es evidentemente el rasgo específico de la lengua poética. Esos versos o, para introducir un nuevo término, esos períodos discursivos equipotenciales, nos impresionan, por su sucesión, como una repetición organizada en su sonoridad, como un carácter "rítmico" o "poético" del discurso. Percibimos series aislables (versos) y al compararlas tomamos conciencia de la esencia del fenómeno rítmico. El papel de las normas métricas es facilitar la comparación, revelar los rasgos con cuyo examen podemos estimar el carácter equipotencial de los períodos del discurso; la finalidad de estas normas es extraer la organización convencional que rige el sistema de los hechos fónicos. Este sistema es indispensable para el vínculo entre los poetas y su auditorio, ayuda a comprender la intención rítmica puesta por el autor en su poema.

Esta norma métrica puede poseer una nitidez más o menos grande, o sea servir de signo más o menos explícito del fenómeno "verso". Además puede corresponder a las posibilidades naturales de la lengua, paralizar o favorecer en mayor o menor medida su expresividad. Las leyes del equilibrio estético, la fuerza de la tradición y la educación poética del auditorio literario determinan el predominio de tal o cual sistema métrico en un momento dado. Los factores indicados en parte se sostienen uno al otro, en parte se contradicen: el desarrollo del sistema métrico es su resultante.

El sistema métrico concreto que domina la composición del verso clásico ruso se reduce a la contabilización de los acentos canonizados (métricos) calculados. Como todo método de contabilidad, éste no aparece netamente en una lectura normal de los versos, en la declamación, sino en el curso de una lectura particular que destaca la ley de distribución de los acentos, o sea en el curso de la escansión. El metro, sistema canonizado que nos ayuda a tener en cuenta la capacidad fónica propia de las unidades del verso, nos obliga por sus funciones a destacar el sistema métrico, a escandir. Esta lectura artificial no es sin embargo un hecho arbitrario puesto que revela la ley de construcción utilizada en esos versos. La escansión es obligatoria. Sólo el primer escalón de la percepción poética reclama esta lectura en voz alta. Para el lector que goza de un oído poético desarrollado, esta lectura se vuelve un acto automático, subconsciente e involuntario, como es la práctica de una escritura para el letrado. Esta escansión silenciosa se vuelve imperceptible gracias a su carácter habitual y sin embargo acompaña inevitablemente nuestra percepción de los versos —sólo ella nos permite reconocerlos— y vivifica la percepción de la lengua poética. También nos obliga a pronunciar los diferentes versos de una cierta manera que llamamos declamación y que se opone a la pronunciación de la prosa.

El metro acompaña siempre la lectura y percepción de los versos, sea como escansión silenciosa, sea como representaciones motrices. La pronunciación del metro exige que escandemos en voz alta y reclama un isocronismo forzado en la pronunciación de las sílabas, una distribución periódica de los acentos en el interior de los límites de la unidad métrica (verso). Exige una división profunda del discurso pronunciado en unidades elementales, en períodos fónicos equipotenciales.

El dominio del ritmo no es el de la contabilización; no está ligado a la escansión artificial sino a la pronunciación real. No se puede destacar el ritmo porque, a diferencia del metro, no es activo sino pasivo, no engendra el verso sino que es engendrado por él. Se puede imaginar un metro abstracto puesto que está enteramente presente en nuestra conciencia y extrae de esta presencia el carácter obligatorio de sus normas convencionales con cuya ayuda vincula al poeta a la percepción del oyente o del lector. Pero el ritmo es siempre concreto, está fundado únicamente en los elementos de la pronunciación que podemos oír o tomar en consideración; estos elementos se encuentran tanto en un discurso rítmico como en un discursos no rítmico. Un metro puede sólo reconocerse o reproducirse, en tanto que el oyente puede escuchar el ritmo aun cuando ignore las normas subyacentes del verso y no perciba su metro. Por este motivo se encuentran a menudo personas sensibles al ritmo y a la "música" del verso, pero completamente perdidas en el dominio del metro; personas que no distinguen el yambo del troqueo y que en su lectura deforman desesperadamente la naturaleza métrica del verso.

Pero resulta evidente que si el ritmo está compuesto de elementos realmente oídos, la clasificación de los fenómenos rítmicos debe fundarse sobre el análisis fonético del discurso. La única condición obligatoria es que la forma poética organice sus elementos en series regulares que repitan en una forma cualquiera el movimiento del discurso dividido en versos, o que nos dejen la impresión de esta división.

II

En la segunda mitad del siglo XVIII, bajo la influencia del estudio de los poetas latinos, se comenzó a considerar la cualidad de los sonidos en el verso como materia de un nuevo problema. Los versos de numerosos poetas dan testimonio de esta preocupación, que condujo a algunos de ellos a creaciones aberrantes tales como el verso lipogramático. Este problema se agudizó particularmente en nuestra época: todo estudio de un poeta propone una estimación a menudo incoherente de su "instrumentación", su "armonía", su "inercia fónica", etc. El examen simplista de este problema puede pecar por una exageración de su importancia. Si la sociedad de los poetas contemporáneos dedica una atención permanente a este problema, es porque existe realmente en la conciencia poética.

Pero hasta ahora no poseemos ninguna clasificación integral de los hechos eufónicos en la lengua poética; la atención de los investigadores se dirige sobre todo a la cualidad de los sonidos que crean el hecho eufónico y no a su función en el verso.

En consecuencia, se distingue en mayor o menos medida la imagen del vocalismo eufónico de la del consonantismo eufónico. Además, aunque con menos nitidez, se diferencia la noción que da finalidades expresivas a la eufonía. Toda la atención se concentra sobre los fenómenos de la analogía fónica —repetición de grupos de sonidos semejantes— y se plantea el problema de si esta repetición es debida a la onomatopeya o a otras relaciones fónicas asociativas ([1]).

Preferentemente se presta atención al análisis de la naturaleza acústica de los sonidos, lo que conduce a una interpretación demasiado literal de la palabra eufonía. Si se me permite presentar una hipótesis sobre este punto, diría que todos los sonidos del habla humana poseen cualidades musicales en un mismo grado. Juzgamos ciertas sonoridades armoniosas o inarmónicas, a partir de las cualidades articulatorias de la pronunciación y no a partir de las cualidades acústicas. La percepción se acompaña de un discurso interior y las imágenes evocadas en nuestra conciencia obedecen a las realizaciones articulatorias. El discurso eufónico es fácil de pronunciar pero no de escuchar. El discurso inarmónico es el que nos evocará la posición incómoda, inhabitual de los órganos del habla. Desde este punto de vista no existe eufonía internacional porque la articulación presenta problemas diferentes a la sistematización de los

---

1. Se puede decir que el estudio contemporáneo de la eufonía es "amorfo" en la medida en que se tiene en cuenta sólo su cualidad, sin considerar la posición del sonido en el verso.

fenómenos articulatorios propios de la pronunciación. Que la articulación se vuelva más difícil o más fácil, que se mantenga la articulación en el marco de las mismas posiciones (la eufonía monótona), que se alternen diferentes articulaciones o que se agrupen las articulaciones en series similares que obedecen a la misma repartición interior: en todos los casos la construcción es de carácter articulatorio y no acústico. Las regularidades acústicas son una consecuencia involuntaria de las regularidades articulatorias en la medida en que el pasaje de los sonidos abiertos a los sonidos cerrados, de las articulaciones de atrás a las articulaciones delanteras se acompaña de un cambio regular del resonador, de una alternancia más o menos regular de los armónicos que matizan la fonía del habla. Lo que nos interesa aquí no es el tipo de sistema constituído por sonidos cualitativamente semejantes, sino las funciones de la eufonía en el verso.

La rima es la forma canonizada, métrica, de la eufonía. En la actualidad parece admitirse generalmente que la rima no es un ornamento sonoro del verso sino un factor organizador del metro. No sirve sólo para crear la impresión de analogía entre los sonidos que la constituyen sino también para dividir el discurso en versos y determinar su fin. En la medida en que la rima, independientemente de las condiciones de su realización, es un factor del metro y que gracias a las asociaciones fónicas ayuda al oído a percibir la descomposición métrica de la lengua poética, los hechos eufónicos pertenecen totalmente al verso, es decir, al ritmo; ellos confirman la impresión de descomposición del verso y de correspondencia entre sus partes. Grammont ha desarrollado una teoría sobre la función rítmica bajo el nombre de "armonía del verso". Se debería conservar este término porque une la noción de regularidad eufónica (cualitativa) con la de correspondencia rítmica. Sin embargo, no excluye el peligro de ambigüedad debido a analogías inoportunas con los fenómenos designados en música con dicho nombre y al inevitable empleo metafórico de este término, así como al hecho de que se lo aplica esporádicamente a muchos otros fenómenos, (así se opone a menudo la armonía a la instrumentación, la primera designa el vocalismo, la segunda el consonantismo). En Rusia, el estudio de Brik aborda el problema de la armonía ("Las repeticiones de los sonidos").

La armonía persigue dos finalidades: en primer lugar divide el discurso en períodos rítmicos (disimilación); en segundo lugar crea la impresión de analogía entre los miembros así esbozados (asimilación). Debe apoyarse, por lo tanto, en un sistema cerrado de repeticiones sonoras sucesivas.

Nos enfrentamos aquí a dos situaciones diferentes. O bien los sonidos alternan en el marco de cada división rítmica siguiendo el orden de la división inicial, y en este caso disponemos de una alternancia de sonidos en el interior de la división, siendo idénticas las diferentes divisiones tomadas en su entidad (eufonía cíclica); o bien cada división respeta una monotonía que le es peculiar (monotonía contraste). Citaré algunos ejemplos destinados a concretar estos procedimientos aunque, como son utilizados sólo a título de ilustración, pueden parecer artificiales.

Tomemos la romanza de Pushkin sobre el caballero escrita en versos trocaicos de cuatro pies. Podemos decir *a priori* que estos versos tienen tendencia a dividirse en dos partes que no llamaré hemistiquios pues el término presupone una cesura constante. Esto se debe a la estabilidad de los acentos del segundo y cuarto pie opuesta a la inestabilidad de los acentos del primer y tercer pie. Tenemos la impresión de que el pie fuerte sucede regularmente al débil, es decir, que la fórmula descriptiva "dos tercios de peón" da una imagen aproximada del dibujo rítmico (*Molchalívyj i prostój*). Puede esperarse que la eufonía adopte también la división del verso en dos partes. Aquí encontramos ejemplos de vocalismos construídos según los principios de eufonía cíclica *.

Zhil na svéte rycar' bédnyj
y — e   y — e
On imél odnó vidénje
o — e   o — e
I do gróba ni s odnóju
i — o   i — o
Po ravnínam Palestíny
9 — i   9 - i

Una construcción sintáctica semejante:

Lumen coelum, sancta rosa
Vsjo vljubljónnyj, vsjo pechál' nyj

Es evidente que el ritmo eufónico coincide tanto con la sucesión de acentos lexicales como con la descomposición entonacional.

Evidentemente estos fenómenos no están canonizados, es decir, no son los mismos en los diferentes versos y tampoco están siempre

---

* Tomachevski cita aquí la primera redacción de la romanza (N. del T.).

presentes. Son sólo potenciales; buscan realizarse y se realizan en ciertas ocasiones, sosteniendo la inercia general del ritmo.

Tomemos en cambio los versos de Blok:

> To byl osypan zvézdnym cvétom...
> Kogdá obmánet svét vechérnij...

El mismo efecto de descomposición del verso en dos partes se obtiene aquí con la ayuda de una monotonía contraste:

Resulta claro que estos dos tipos no agotan todos los procedimientos de la armonía. Pueden diferenciarse vinculados a las analogías estróficas; la rítmica descriptiva deberá clasificar todos los procedimientos de la armonía. Citaré aquí nada más que un ejemplo donde se obtiene el efecto por una analogía de las vocales acentuadas que figuran en los pies pares de los versos impares y rimados de las estrofas:

```
            No bredjót za dál'nim póljusom         o ——— o
            Sólnce sérdca mojegó
            L'dínym skóvannoe pójasom              o ——— o
            Beznachálja mojegó,
            Tak vzojdí-zh v moróznom ínee          i ——— i
            Nepomérnyj svét-zarjá!
            Podnimí nad dálju sínej                i ——— i
            Zhézl pomérkshego carjá.
```

En este caso, la composición por estrofa está reforzada por la monotonía contraste de las vocales.

No multiplicaré los ejemplos ya que éstos me parecen suficientemente ilustrativos de mi pensamiento. Una vez presentada así la cuestión, el problema de la "armonía" del verso se integra enteramente en la teoría del ritmo.

1922

III

Para formular el problema de la versificación debemos preguntarnos primeramente cómo se organiza en general la frase, o sea cómo se crea el segmento entonacional, el patrón que servirá para dividir el discurso en versos. El primer deber del investigador es observar la entonación del verso.

Ya que es necesaria una metodología para conducir esta investigación, la dificultad del problema crece considerablemente. Sin embargo, sólo la pronunciación real, la entonación real del verso se presta a una comprobación objetiva; dicho de otra manera, sólo la declamación nos permite un análisis experimental. Pero se puede recitar el mismo poema de muchas maneras sin violar su integridad estética. El fenómeno lo explicamos en parte por el hecho de que la realización de las entonaciones gozan de una libertad más grande que la de los acentos lexicales. La frase puede dar un mismo efecto utilizando medios diferentes: la entonación melódica está compensada por una entonación dinámica o rítmica. Obtenemos los efectos de pausa por una cadencia enérgica; existen "sustituciones" de las variantes entonacionales. Además, todos los elementos lingüísticos no son de igual importancia para el proceso de creación artística. En consecuencia, la obra literaria no contiene siempre indicaciones exhaustivas sobre su realización vocal, y muchos de sus rasgos permiten una interpretación libre.

El declamador se ve obligado a resolver arbitrariamente muchas cuestiones sobre las que la obra no da indicaciones suficientes. De tal manera, se debe "desnudar" la declamación real para obtener los datos necesarios sobre la entonación estética, o sea sobre la entonación accesible a la percepción estética. El análisis sintáctico nos ofrece un camino inverso para reconstruir la entonación de la obra, pero las dificultades con las que tropezamos son iguales o mayores que las del método experimental. Sin embargo se puede reconstruir la entonación estética del verso aunque más no sea porque la lengua poética reposa sobre ella y por lo tanto existe realmente. Aquí debemos apoyarnos no sólo en la observación directa del ritmo entonacional, sino también en el estudio de las formas métricas consideradas desde el punto de vista de la construcción sintáctica.

¿Qué es el metro? Si la lengua poética es una lengua dividida en segmentos entonacionales equivalentes, debemos disponer de una medida clara y manifiesta de esta equivalencia. El metro nos ofrece esta medida objetiva. Por lo tanto, no hay valor autónomo sino valor auxiliar cuya función es facilitar el reconocimiento de la medida (o de la amplitud).

El metro es la medida puesto que da indicaciones sobre la igualdad de los segmentos entonacionales (los versos), sobre su co-presencia (²). El metro es el criterio según el cual se califica el grupo de palabras como admisibles o inadmisibles dentro de la forma poética elegida.

Es necesario observar que si no se tiene en cuenta el análisis proposicional de los versos, muchos fenómenos de la estructura métrica nos resultan incomprensibles. La constante acentuada al final de la unidad rítmica tiene así un valor para la frase y no para la sílaba, puesto que las sílabas acentuadas o inacentuadas son equivalentes en el interior del verso. El número diferente de sílabas en el interior del verso o al final observadas en los versos franceses o italianos, sólo se explica si se tiene en cuenta la cadencia proposicional final en el verso, cadencia que deforma la prescripción de la sílaba. El fenómeno de sonoridad final en el sentido amplio de estas palabras, se explica en general únicamente por la organización del verso en unidades entonacionales, es decir, en frases.

Consideremos fenómenos propios del yambo ruso. Como se sabe, los acentos no métricos son posibles sobre todo al comienzo del verso

Dúx otricánja, dúx somménja...

2. El principio de la co-presencia que he introducido en la definición del metro en *La versificación rusa*, ha provocado muchos malentendidos que debemos aclarar. La esencia del principio propuesto es la siguiente: hay que llamar, por ejemplo, "tetrámetro yámbico" a todo grupo de palabras que consideradas como verso de un poema homogéneo en su metro, podemos combinar con otros grupos que satisfagan la misma exigencia. Sería tal vez más preciso hablar de sustitución, o sea llamar "tetrámetro yámbico" a toda combinación que pueda remplazar en un poema a cualquier yambo de cuatro pies. Dicho de otro modo: si llamamos a un verso de *Eugenio Oneguin* "tetrámetro yámbico" por convención, todo grupo de palabras que podamos sustituir en este verso, sin violar el principio de construcción de la obra, será también un tetrámetro yámbico. Es evidente que tal sustitución equivale a la combinación de este verso con otros, o sea con el contexto de yambos de cuatro pies; lo que nos indica la posibilidad de co-presencia de los versos escritos en ese metro. Esto no excluye la posibilidad de componer versos que tengan metros diferentes dentro de una misma estrofa; por ejemplo en Brusov el trímetro amfíbraco es el metro de los versos impares, el dímetro yámbico el de los versos pares ("*O kogda by nazval svojeju Hoten'tvoju*"). Quizás se deberían estudiar estos versos heteromorfos fuera del cuadro de los metros normales que poseen un número igual de sílabas, es decir como versos que no siguen la estructura establecida por Lomonosov y Pushkin.

El número de rasgos métricos no es el mismo siguiendo las diferentes formas: se puede incluir en *Mtsyri* todo tetrámetro yámbico de rima masculina, y en *Boris Gudunov* únicamente pentámetros yámbicos y con cesura, pero independientemente de la rima. En las fábulas se admite todo tipo de yambos independientemente del número de pies. Dicho de otro modo, cada poema puede tener su característica y su composición métricas.

Sin embargo, estos fenómenos son igualmente posibles después de una pausa sintáctica:

> *Drugój? Nét, nikomú na svéte...*
> *Kák, Grandisón? A, Grandisón...*
> *U névskoj prístani. Dní léta...*

Evidentemente los acentos no métricos son en general posibles en la entonación inicial, al comienzo de la preposición. Si aparecen más frecuentemente al comienzo del verso o del hemistiquio, es porque en general el comienzo de los versos coincide con el comienzo de la frase, y se trata de ligar la aparición de los acentos no métricos con las condiciones sintácticas. Estudios posteriores aclararán el mecanismo de este vínculo, pero desde ya podemos comprobar la existencia de tal relación.

IV

Los fenómenos que se producen en el interior del verso hay que considerarlos desde tres puntos de vista: a) como construcción individual de un verso particular (lo que André Biely llama "ritmo"); b) como la realización de una ley métrica tradicional dentro de ese hecho individual, ley indiscutible en el marco de la forma elegida; c) como impulso rítmico concreto que rige la elección tipológica de las formas particulares en las obras de un poeta o de un estilo poético. El impulso rítmico es diferente del metro. En primer lugar porque aquél es mucho menos rígido que éste: no define la elección absoluta de las formas particulares ("yambo" - "no yambo": el "no yambo" está estrictamente prohibido en la serie de los "yambos"), sino la preferencia de ciertas formas frente a otras. Además, el impulso rítmico no rige solamente los fenómenos situados en un campo iluminado de la conciencia y así objetivados en la métrica tradicional, sino también todo el complejo de fenómenos que aunque sentidos confusamente, tienen un valor estético potencial. Por último, al obedecer al impulso rítmico, lo que hace un poeta es no tanto respetar las reglas tradicionales, sino más bien organizar el discurso siguiendo las leyes del ritmo del habla, leyes que son mucho más interesantes para el observador que el análisis de normas métricas definitivamente establecidas y fijadas.

El estudio del impulso rítmico se reduce a la observación de las variantes características de un verso en los límites de las obras unidas por la identidad de la forma rítmica (por ejemplo "el troqueo de Pushkin en sus *Cuentos* de la década del treinta"); al establecimiento de su grado de frecuencia; a la observación de las desviaciones del tipo; a la observación del sistema según el cual se organizan los diferentes aspectos fónicos del fenómeno estudiado (los llamados rasgos secundarios del verso); a la definición de las funciones constructivas de estas desviaciones ("las figuras rítmicas") y a la interpretación de las observaciones.

Esta interpretación es tanto más fecunda cuando el impulso rítmico actúa de manera más autónoma y más clara, o sea cuando la influencia del metro es más débil, ya que éste, precisamente, limita las formas libres del verso. En consecuencia, para la teoría del verso es importante no sólo observar los versos métricos regulares sino también y sobre todo, estudiar los metros llamados libres.

Por su característica negativa, el término "verso libre" unifica numerosas y diversas formas particulares. Los versos libres de Blok están más alejados de los versos libres de Maiakovski que de los versos regulares de Fet. El término "libre" es útil sólo por su característica negativa: indica la ausencia de una tradición métrica rígida y no limita entonces de manera precisa el número de variaciones posibles. En nuestro caso, sin embargo, ésta es una libertad relativa. Los exámetros dáctilo-trocaicos rusos, por ejemplo, que se relacionan con el verso libre, están rigurosamente limitados por la tradición métrica. Los versos de Maiakovski están solamente limitados por el impulso rítmico y admiten, aunque raramente, desviaciones sensibles con respecto al tipo medio sin dar límites precisos a esas desviaciones.

Por otra parte, según el carácter del impulso rítmico que rige los versos libres se puede bosquejar una serie de dominios autónomos del verso libre que no se confunden entre sí. Así el impulso rítmico del verso libre puede ser una forma regular donde las sílabas se encuentran en número definido. Se puede escribir versos libres que concuerden con el tono del amfíbraco, del yambo, del troqueo y se escuchará claramente esta dominante métrica. Por este motivo, en estudios anteriores he relacionado los versos de Tiuchev: *"O kak na sklone nashix let"* (O, como en la declinación de nuestra vida) con el tetrámetro yámbico, como así también "Las canciones de los eslavos occidentales" con el pentámetro trocaico, y la mayor parte de los versos llamados "dolnik" * con nuestros metros ternarios (sobre todo amíbracos).

En consecuencia, existen tipos particulares de versos libres dotados de una dominante métrica. Al lado de ellos conocemos una com-

---

* *Dolnik* (R.): verso tónico.

posición "en mosaicos" (sobre todo en Jlebnikov y N. Tijonov) donde se admiten libremente versos que satisfacen normas métricas diferentes, pero compuestos de tal manera que sentimos la norma métrica en cada verso. La redacción original de *Silentium* de Tiuchev contiene yambos y amfíbracos en número igual de sílabas. Existe finalmente una gran clase de versos libres que no admiten ningún lazo en los ritmos habituales de los versos regulares y que dan cuenta de un principio autónomo de construcción.

Desgraciadamente no poseemos clasificación científica del verso libre. Es evidente que una tal clasificación debe fundarse sobre la cantidad máxima de rasgos rítmicos de un verso y no sobre la cantidad mínima. Sin embargo, la tradición de los viejos manuales de métrica conducía a los investigadores hacia una fórmula a la que obedecían todas las variaciones del verso libre. Es natural que tal fórmula sea demasiado amplia (y en consecuencia neutra, impersonal, amorfa) como para que se puedan ubicar allí no solamente todos los casos posibles de verso libre sino también todos los versos regulares, de los yambos a los anapestos y a veces, inclusive, la prosa. Esta fórmula no era buena porque no daba indicación alguna sobre el ritmo concreto del verso estudiado. Su universalidad era ficticia en la medida que establecía las leyes generales del verso ignorando el ritmo poético. En la mayor parte de los casos estas fórmulas eran completamente estériles a causa de su carácter simbólico cuya grafía nos ocultaba el contenido fónico del verso.

El análisis del verso libre no debe tratar de establecer una fórmula general sino de encontrar formas particulares. Además, como el verso libre reposa sobre la violación de la tradición, es inútil buscar una ley rígica que no admita excepción. Es suficiente buscar la norma media y estudiar la amplitud del alejamiento que sitúa cada forma en relación a esta medida. No insistiremos nuevamente sobre el error de un "objetivismo" ilusorio en el estudio de los versos y sobre la necesidad de estudiarlos en su dicción y no en los textos. Ningún estudio visual, ni aun fotográfico podrá aclararnos un dominio constituído por actos puramente psíquicos de percepción rítmica.

1927

LA CONSTRUCCION DE LA "NOUVELLE" *
Y DE LA NOVELA

V. SHKLOVSKI

I

Al comenzar este capítulo debo decir, ante todo, que aún no he encontrado una definición de *nouvelle*, o sea no puedo aún señalar qué cualidad debe caracterizar el motivo, ni cómo los motivos deben combinarse para obtener una trama. No es suficiente una simple imagen o un paralelo, ni tampoco la mera descripción de un suceso para que tengamos la impresión de encontrarnos frente a una *nouvelle*.

En un artículo precedente traté de mostrar el vínculo que existe entre los procedimientos de composición y los procedimientos estilísticos generales. He esbozado en particular el tipo de construcción en que los motivos se acumulan en estratos sucesivos. Este tipo de acumulación es efectivamente interminable, como lo son las novelas de aventuras que lo utilizan, y esto nos explica los innumerables volúmenes de *Rocambole* o los de *Veinte años después* y del *Vizconde de Bragelonne* de Alejandro Dumas. Explica también que este tipo de novela necesite de un epílogo: no se puede concluir sin acelerar el desarrollo del relato, sin cambiar la escala del tiempo.

La totalidad de la serie de *nouvelles* se encuentra habitualmente encerrada en una *nouvelle-cuadro*. En la novela de aventuras, el rapto, el reconocimiento y también la boda realizada a pesar de los obstáculos, suelen servir de armazón a la *nouvelle* principal. Es por ello que al final de *Las aventuras de Tom Sawyer*, Mark Twain declara que no sabe cómo terminar su historia, pues el relato de la vida de un muchachito no puede concluir en la boda con que termina generalmente una novela de personas mayores. Por eso, Mark Twain señala que terminará su libro cuando se presente la ocasión.

---

* Mantenemos la forma francesa *nouvelle* (novela corta) puesto que no existe traducción literal en español y su permanente aclaración hubiera entorpecido la lectura. En muchos casos podría haber sido traducido correctamente por "cuento". (N. del T.).

Como sabemos, la historia de Tom Sawyer se prolonga en la historia de Huck Finn (un personaje secundario se transforma en personaje principal), luego en otra novela que utiliza los procedimientos de la novela policial, y finalmente en una tercera que emplea los procedimientos de *Cinco semanas en globo* de Julio Verne.

Pero, ¿qué es necesario para que percibamos una *nouvelle* como terminada?

Al realizar el análisis es fácil verificar que la construcción en estratos está acompañada de una construcción circular, en anillo. La descripción de un amor compartido y feliz no puede dar nacimiento a una *nouvelle*; si esto ocurre será en oposición a las *nouvelles* tradicionales que describen un amor impedido por obstáculos. Por ejemplo, A ama a B, B no ama a A; cuando B comienza a amar a A, A no ama más a B. Las relaciones de Eugenio Oneguin y de Tatiana están construidas según este esquema; una motivación psicológica compleja explica por qué los protagonistas no se atraen uno al otro en el mismo momento. Boyardo motiva el mismo procedimiento por sortilegios. En su *Orlando amoroso*, Orlando ama a Angélica pero bebe por azar el agua de una fuente encantada y olvida súbitamente su amor. Entretanto Angélica, que ha bebido de otra fuente dotada de cualidades contrarias, siente un amor ardiente por Orlando en lugar de su antiguo odio. Se presenta el siguiente cuadro, Orlando huye de Angélica que lo persigue de país en país. Después de haber recorrido así el mundo entero, Orlando y Angélica se encuentran en el mismo bosque de fuentes encantadas, beben otra vez el agua y cambian entonces sus papeles: Angélica comienza a odiar a Orlando mientras que éste comienza a amarla. En este caso la motivación está casi puesta al desnudo. De tal manera, la *nouvelle* reclama no solamente la acción sino también la reacción: exige una falta de coincidencia. Esto aproxima el motivo al tropo y al retruécano. Como ya hice notar en el artículo sobre la singularización erótica, los argumentos de los cuentos eróticos suelen ser desarrollos de metáforas; por ejemplo, Bocaccio compara los órganos sexuales del hombre y de la mujer con un pilón y un mortero. Esta comparación está motivada por una historia entera y así obtenemos un motivo. Se observa el mismo fenómeno en la *nouvelle* sobre el Diablo y el Infierno, pero en este caso el proceso de desarrollo es aún más evidente, porque el final nos indica de manera directa que existe una expresión popular que la motiva. La *nouvelle* es, evidentemente, sólo el desarrollo de esta expresión.

Existen numerosas *nouvelles* que no son sino un desarrollo de retruécanos. Los relatos sobre el origen de los nombres, por ejemplo, pertenecen a este tipo de obra. He oído afirmar a un viejo habitante de los alrededores de Ohta que el nombre de esta localidad es debido a la exclamación de Pedro el Grande: "¡Oh! ¡ta! *. Cuando el nombre no se presta a una explicación por un retruécano se lo divide en nombres propios inexistentes. Por ejemplo Moscú (*Moskva*) derivarí de los nombres Mos y Kva, Iausa derivaría de Ia y de Usa (en el relato sobre la fundación de Moscú).

El motivo está lejos de ser siempre el desarrollo de una fórmula lingüística. Lo contradictorio de las costumbres puede también servir de motivo. Veamos un ejemplo del folklore militar (aquí se mezcla igualmente la influencia de los elementos lingüísticos): el anillo de la bayoneta se llama virola; se cuenta que los soldados se lamentaban: "He perdido mi virola". La aparición de la luz que no da humo (la electricidad) engendró un motivo semejante que encontramos en otro relato militar: los soldados, sorprendidos fumando en el cuartel, persuaden a su sargento de que el humo proviene de las bujías.

El motivo de la falsa imposibilidad se funda también en una contracción. En una predicción, por ejemplo, esta contracción se establece entre las intenciones de los personajes que tratan de ignorarla y el hecho de que ésta se realice (el tema de Edipo). En el motivo de falsa imposibilidad la predicción se realiza aún cuando esto nos hubiera parecido imposible; pero logra realizarse gracias a un juego de palabras. He aquí un ejemplo, las brujas prometen a Macbeth que no será derrotado hasta que el bosque no se ponga en marcha hacia él y que no recibirá la muerte de nadie que sea "nacido de una mujer". Cuando los soldados atacan el castillo de Macbeth, avanzan detrás de ramas que sostienen en la mano; el que mata a Macbeth no es "nacido" sino arrancado del seno de la madre. Lo mismo en la novela sobre Alejandro se le predijo que morirá sobre una tierra de hierro y bajo un cielo de huesos. Muere sobre un escudo, bajo un techo de marfil. Así ocurre también en Shakespeare: se predice que el rey morirá en Jerusalén y muere en una pieza del monasterio del mismo nombre.

Se pueden encontrar otros motivos derivados del contraste: "el combate del padre y del hijo", "el hermano, esposo de su misma hermana" (Pushkin vuelve más complejo este motivo en su variante de la canción popular), "el marido de la boda de su mujer". El motivo del asesino inapresable que Heródoto incluyó en su *Historia*, se apoya en el mismo procedimiento: se nos presenta primero una situación sin salida y luego una solución ingeniosa. En el mismo caso se encuentran los cuentos donde se plantea y descifra un enigma

---

* $Ta(r)$: aquella.

y aquellos en que se resuelven problemas y se realizan hazañas. Posteriormente la literatura se inclina de manera particular hacia el motivo del falso criminal, del criminal inocente. Este género de motivos implica la sucesión siguiente: el inocente es susceptible de ser acusado, se lo acusa y finalmente se lo absuelve. A esta absolución se llega a veces gracias a la confrontación de falsos testimonios (como en el caso de Susana o en los cuentos de Camoens, de Minaev); otras veces es un testigo de buena fe el que interviene.

Si no se nos presenta un desenlace no tenemos la impresión de encontrarnos frente a un argumento. Esto se observa fácilmente en *El Diablo cojo* de Lesage, donde algunos cuadros están desprovistos de argumento. Veamos un trozo de esta novela:

"Vayamos a ese edificio nuevo que tiene dos cuerpos con departamentos separados. Uno está ocupado por el propietario, un viejo caballero que ora se pasea en su departamento, ora se deja caer en un sillón. Pienso, dice Zambullo, que en su cabeza da vueltas algún gran proyecto. ¿Quién es ese hombre? Si nos atenemos a la riqueza que brilla en su casa, debe ser un grande de primera clase. Sin embargo, es tan sólo un contador, respondió el demonio. Envejeció en empleos muy lucrativos. Tiene cuatro millones en bienes. Como se siente inquieto por los medios con que los ha amasado y como piensa que está a punto de ir a rendir cuentas al otro mundo, se ha vuelto escrupuloso. Proyecta levantar un monasterio. Piensa que después de una obra tan buena tendrá la conciencia tranquila. Ya obtuvo el permiso para fundar un convento: pero sólo quiere admitir en él religiosos que sean castos, sobrios y de extrema humildad. Tiene un grave problema de elección.

El segundo cuerpo está habitado por una bella dama que acaba de bañarse en leche y acostarse luego. Esta voluptuosa persona es viuda de un caballero de Santiago, que por todo bien le ha dejado un hermoso nombre. Pero por suerte ella tiene por amigos a dos consejeros del Consejo de Castilla, que cubren en común los gastos de la casa.

—¡Oh! ¡Oh! —exclama el estudiante—. Siento resonar el aire con gritos y lamentaciones. ¿Habrá ocurrido alguna desgracia?

He aquí lo que ocurre, dice el espíritu: dos jóvenes caballeros jugaban a las cartas, en ese garito donde usted ve tantas lámparas y candelabros encendidos. De repente se irritaron y, espada en mano, se hirieron los dos mortalmente. El mayor es casado y el más joven es hijo único. Van a entregar el alma. La mujer de uno y el padre del otro acaban de llegar. Llenan el lugar de gritos. —Desgraciado —dice el padre apostrofando a su hijo que ya no podía escucharlo—: ¿cuántas veces te pedí que renunciaras al juego? ¿Cuántas veces te predije que te costaría la vida? Declaro que no tengo la culpa si pereces miserablemente—. Por su lado, la mujer se desespera. Aunque su esposo haya perdido en el juego todo lo que ella había aportado al matrimonio, aunque haya vendido todas las pedrerías que tenía y hasta sus ropas, ella no se consuela ante la pérdida. Maldice los naipes que son su causa y al garito con todos aquellos que lo habitan."

Resulta claro que los extractos citados no son *nouvelles*; esta impresión no depende de sus dimensiones. Por el contrario, la lectura de la breve escena que interrumpe la *nouvelle* contada por Asmodeo, da la impresión de un todo acabado:

"Por más interesante que sea lo que Ud. cuenta, algo que percibo me impide escucharlo tan atentamente como quisiera. Descubro en la casa una mujer que me parece agradable, entre un hombre joven y un viejo. Aparentemente los tres beben licores exquisitos; mientras el caballero entrado en años abraza a la dama, ella, la conqueta, ofrece por detrás una de sus manos al hombre joven, que es sin duda su galán, para que se la bese. —Todo lo contrario, responde el rengo, ese es su marido y el otro su amante. Ese viejo es un hombre de influencia, un comendador de la orden de Calatrava. Se arruina por esta mujer cuyo esposo tiene un cargo sin importancia en la corte. Ella acaricia, por interés, al viejo suspirante; y, por inclinación, es fiel a su marido para favorecerlo." Este carácter acabado surge del hecho de que después de habernos engañado por un falso reconocimiento, se nos revela la verdadera situación. De este modo, la fórmula es respetada.

Por el contrario, *nouvelles* mucho más extensas pueden parecernos inconclusas. Encontramos una semi-*nouvelle* semejante al final del capítulo décimo. Comienza por el relato de una serenata en la que se intercalan versos: "Pero dejemos estos cuplés, continúa él. Vas a escuchar otra música.

Mira esos cuatro hombres que aparecen súbitamente en la calle y que se precipitan sobre los músicos. Estos utilizan como escudos sus instrumentos, que no resisten la fuerza de los golpes y vuelan hechos añicos.

Llegan en socorro dos caballeros, uno de los cuales es el patrón de la serenata. ¡Con qué furia cargan sobre los agresores! Pero estos últimos, que los igualan en destreza y valor, los reciben como es debido. ¡Qué fuego sale de sus espadas! Un defensor de la serenata cae. Es el que dio el concierto. Está mortalmente herido. Su compañero, que se da cuenta, emprende la fuga; los agresores se van por su lado y todos los músicos desaparecen. Sólo queda en el lugar el infortunado caballero cuya muerte es el precio de la serenata. Considera al mismo tiempo a la hija del alcalde. Está detrás de su celosía, desde donde ha observado todo lo que caba de ocurrir. Esta dama es tan vana y segura de su belleza, aunque sea bastante común, que en lugar de deplorar las consecuencias funestas, la muy cruel se regocija y se cree más digna de ser amada.

Esto no es todo —agrega—: he allí otro caballero que se detiene en la calle para socorrer, si aún es posible, a aquél que se ahoga en sangre. Mientras se ocupa de tan caritativo cuidado es sorprendido por la ronda que llega y se lo llevan a la prisión donde quedará largo tiempo. Su acto no le costará menos que si hubiera sido el asesino del muerto.

¡Cuántas desgracias ocurren esta noche! —dice Zambullo."

Se tiene la impresión de que la *nouvelle* no está terminada. A veces se agrega a estos cuadros-*nouvelles* lo que llamaríamos un final ilusorio. Habitualmente son las descripciones de la naturaleza las que dan la materia de estos finales ilusorios, tales como los que encontramos en los cuentos de Navidad que *El satiricón* hizo célebres: "El frío aguijoneaba más duramente". En cuanto al trozo de Lesage, propongo al lector inventar, por lo menos, la descripción de la noche en Sevilla o la del cielo indiferente y agregarla.

En *Por qué riñeron Ivan Ivanovich e Ivan Nikiforovich* de Gogol, la descripción del otoño y la exclamación: "¡Qué absurdo es el mundo, señores!" es un ejemplo típico de este final ilusorio.

Este nuevo motivo se inserta paralelamente al relato precedente gracias a lo cual la *nouvelle* parece acabada.

Clasificaremos aparte las *nouvelles* con final negativo. Primero explicaré este término. En las palabras *stola, stolu*, los sonidos *a, u* son terminaciones; la raíz *stol* es la radical. En el nominativo singular encontramos la palabra *stol* sin desinencia, pero percibimos esta ausencia de desinencia en comparación con los otros casos y ella es índice de un caso. Podemos llamarla forma negativa (término de Fortunatov), desinencia cero (en la terminología de Baudoin de Courtenay). Estas formas negativas son bastante frecuentes en la *nouvelle*, y sobre todo en la de Maupassant. Por ejemplo, la madre visita a su hijo natural confiado a una familia en el campo. El niño se ha vuelto un campesino grosero. Desesperada, la madre huye y cae al río. El hijo, que no lo sabe, explora en el fondo del agua con una vara, engancha el vestido y la retira del río. La obra concluye así. El lector compara inconscientemente esta *nouvelle* con las del tipo tradicional que poseen una "terminación". Notaremos con respecto a esto (es más bien una opinión que una afirmación) que la novela de costumbres francesas de la época de Flaubert ha utilizado ampliamente como procedimiento la descripción de una acción que no concluye jamás (*La educación sentimental*).

En general la *nouvelle* es una combinación de las construcciones en espiral y en estratos, complicada además por diversos desarrollos. En las obras completas de Chejov, el volumen de *nouvelles* es siempre el más leído. El gran público lee sobre todo los primeros relatos de Chejov, llamados "varios" por el autor. Si se trata de contarlos, los temas parecen muy banales: el autor relata la vida de los funcionarios subalternos, de comerciantes modestos. Estas costumbres eran ya familiares al lector y estaban descritas por Leikin, por Gorbunov; para el lector contemporáneo huelen a casa de antigüedades.

El éxito de las *nouvelles* de Chejov se puede explicar por la construcción de su argumento. La literatura rusa ha trabajado poco los argumentos de la *nouvelle*; durante años, Gogol esperaba anécdotas para desarrollar en novelas o *nouvelles*.

Desde el punto de vista del argumento, las construcciones de Goncharov son bastante débiles. En la exposición de *Oblomov*, Goncharov lleva gente de la más diversa a visitar el mismo día al protagonista; el lector podrá creer que este personaje lleva una vida muy agitada. *Rudin*, de Turgueniev es tan sólo una *nouvelle*, un único episodio seguido por la confesión de Rudin. Sólo las *nouvelles* de Pushkin poseen un argumento bien construído. Casi la mitad de la producción literaria del siglo XIX está constituída por nouvelles mundanas, monótonas, como las de Marlinski, Vonliarliaski, Sologub y Lermontov. Las de Chejov rompen bruscamente con esta tradición. Poco originales en cuanto a su tema, se distinguen sin embargo netamente de los innumerables estudios "fisiológicos" que se disputan el primer puesto con la *nouvelle* mundana. Chejov organiza sus *nouvelles* sobre un argumento preciso y neto al que da una solución inesperada.

La confusión sirve de procedimiento fundamental en la composición. El relato *En los baños públicos* adquiere todo su valor cuando se sabe que en la vieja Rusia los nihilistas y la clerecía llevaban cabellos largos. Era necesario desechar todos los rasgos secundarios para que la confusión pudiera producirse: por eso la acción se desarrolla en los baños. Para reforzar el conflicto, el autor elige la época de ayuno en que los problemas de los clérigos están de actualidad. Las réplicas del Padre diácono, confundido con un nihilista, están logradas de tal manera que el lector se sorprende al saber que se trata de un diácono y no de un nihilista. Sin embargo, encontramos legítima esta revelación que nos aclara la expresión oscura del diácono. Para incluir el desenlace en el relato, para acentuar el reconocimiento, es necesario que los personajes se interesen en este desenlace. En nuestro caso, el barbero se aflige, pues, después de haber respetado el ayuno en vista de la confesión, ha insultado a un eclesiástico, al engañarse con respecto a él debido a sus cabellos y creyendo que tenía ideas en la cabeza. Nos encontramos aquí frente a una ecuación establecida según reglas cuyas partes se vinculan funcionalmente.

La *nouvelle El gordo y el flaco* no tiene más de dos páginas. Su argumento se basa en la desigualdad social que separa a dos viejos compañeros de escuela. La situación es perfectamente elemental, pero se desarrolla con ayuda de un artificio inesperado y adecuado. Los amigos comienzan por abrazarse y mirarse con los ojos húmedos; los dos están agradablemente sorprendidos. El flaco informa rápidamente sobre su familia en un estilo amistoso y cuidado. En la mitad del relato, o sea al final de la primera página, el flaco se entera de que el gordo es consejero secreto. Un abismo de desigualdad social se abre; y nos parece tanto más profundo cuanto que los dos amigos nos habían sido presentados fuera de toda coyuntura. El flaco recomienza a hablar de su familia tartamudeando casi las mismas frases pero con un tono distante. Esta repetición de réplicas muestra la diferencia gracias a la superposición que puede hacerse y aclara así la construcción de la *nouvelle*.

A lo largo de todo el relato está presente el paralelismo, que termina en un doble desenlace según la sensibilidad de los dos amigos. El gordo siente casi náusea frente a la actitud cortés de su viejo amigo, se da vuelta y le tiende la mano antes de partir. El flaco le toma tres dedos; lo saluda con todo su cuerpo y se larga a reir como un chino, ji-ji-ji. Su mujer sonríe. Nathaniel, el hijo, junta los talones y deja caer su gorra. Los tres están agradablemente sorprendidos.

Muy a menudo Chejov viola la forma estereotipada, tradicional. Una de sus *nouvelles*, *Una noche terrible*, nos cuenta cómo una persona encuentra ataúdes en todos los departamento, inclusive en el suyo. Una mística elemental colorea el comienzo de la obra. El nombre del narrador es Panijidin; vive en Uspenia, cerca de Moguiltsi, en la casa del funcionario Trupov *. Para atenuar el desenlace del procedimiento, el autor agrega: "En otras palabras, en los lugares más perdidos del Arbato".

Esta acumulación de terrores estereotipados hace que nos resulte inesperado el final del relato, que utiliza la contradicción entre el ataúd como objeto místico, propio de la *nouvelle* de horror y el ataúd como simple bien de un negociante de pompas fúnebres. El

---

* *Panijida*(r): oficina de muertos: *Uspenia*(r): fiesta de los muertos; *Moguila*(r): tumba; *Trup*(r): cadáver.

comerciante, para evitar el embargo, ocultó los ataúdes en las casas de los amigos.

Una naturaleza simpática está cargada de ironía para con los epígonos de la novela mundana. Para mostrar su procedimiento, Chejov pone en escena a la protagonista que cuenta directamente la historia a un escritor. La acción se desarrolla en un compartimento de primera clase, situación tradicional en la introducción de personajes mundanos:

"Frente a ella, sentado en el diván, va un funcionario provincial, joven escritor novel, autor de algunos cuentos cortos que él mismo llama "novelas de la alta sociedad" y que publica en periódicos de provincias".

La mujer cuenta su historia, que al comienzo es completamente tradicional. Ella ha sido pobre; acto seguido "la educación deficiente que dan en el Instituto, la lectura de novelas necias, la juventud con sus defectos, el primer tímido amor". Ama a un joven y desea ser feliz. Es éste el comienzo de una nueva imitación de novela psicológica.

"¡Maravillosa! —murmura el escritor besándole la mano cerca de la pulsera—. No es a usted a quien beso, sino a todo el sufrimiento humano!". La joven se casa con un viejo; con tono paródico se nos describe brevemente su vida. El viejo muere y la joven se queda con su fortuna. La felicidad parece estar próxima pero un nuevo obstáculo aparece. "¿Qué obstáculo es ese que hay en su camino?... ¡Otro viejo rico!..." Esta repetición priva al motivo de su primera motivación y aparecen en el relato de esa simple prostitución los temas de la *nouvelle* mundana.

¡Era ella! es menos perfecta en cuanto a su calidad. Esta obra se sirve de la inercia propia de los cuentos de Navidad, el encuentro del protagonista con una mujer desconocida. El narrador no nos dice que esta mujer sea una desconocida, pero el lector o los oyentes lo adivinan. Descubrimos finalmente que esa mujer es la esposa del narrador; los oyentes protestan y el narrador se ve obligado a recurrir a un final tradicional.

La notable *nouvelle* de Chejov *Un hombre conocido* está fundada en una doble relacion con respecto a un mismo objeto; no utiliza la inercia de otro género. Una prostituta deja el hospital. Privada de sus ropas profesionales, de su corto vestido a la moda, de su gran sombrero, de sus escarpines dorados, se siente desnuda; no la profesional Vanda sino Nastasia Kanavkina, el nombre que lleva en su carta de identidad. Es necesario encontrar dinero. Luego de haber empeñado su último anillo por un rublo, Vanda-Nastasia, esta mujer doble, visita al dentista Finkel, uno de sus buenos amigos. En el camino elabora su plan: entrará de golpe en el consultorio del dentista y exigirá riendo veinticinco rublos. Pero lleva un vestido ordinario... Entra, pregunta tímidamente: "¿Está en casa el doctor?" La escalera le parece lujosa, encuentra un espejo que devuelve su imagen sin el gran sombrero, sin el vestido a la moda, sin los escarpines dorados. Vanda entra en el consultorio e, intimidada, declara que tiene dolor de dientes. Con sus dedos amarillos por el tabaco, Finkel le ensucia los labios y las encías y le arranca un diente; Vanda le da su último rublo.

La idea conductora de la *nouvelle* es que cada uno tiene una existencia doble. Estamos en presencia de profesiones diferentes, prostituta y dentista; la mujer se presenta como una no-profesional ante un profesional. El hecho de que Vanda esté vestida de modo diferente, nos recuerda sin cesar la situación cambiada. En el fondo, encontramos la vergüenza de decir quienes somos, la vergüenza que nos hace elegir el dolor. Toda la *nouvelle* se resume en este tema. "Cuando salió a la calle, se sentía aún más avergonzada, pero ya no era su pobreza lo que la avergonzaba, ya no pensaba en que no llevaba un sombrero alto ni una chaquetilla a la moda. Iba por la calle escupiendo sangre, y cada uno de esos esputos rojos le hablaba de su mala y penosa vida, de las ofensas que había soportado y de las que soportaría mañana, dentro de una semana, dentro de un año, toda su vida y hasta la misma muerte".

Chejov utiliza raramente el "relato directo" puro. Pero ha escrito una excelente *nouvelle*, *Poliñka*, donde emplea los diferentes estilos del discurso a los fines de la composición. El empleado quiere convencer a la modista de su amor por ella y le explica que el estudiante que ella ama la ha de engañar. La conversación se desarrolla mientras el empleado vende adornos; y las entonaciones propias de un negocio de moda contradicen el drama que se produce. La venta se demora intencionalmente pues uno de los personajes ama y el otro se siente culpable. "Lo que más se lleva son los alones, y el color de moda es el heliotropo o el color de can-can, o sea el bordó con amarillo. Tenemos un surtido inmenso... ¡Lo que no comprendo decididamente, es a qué conduce toda esta historia!... Usted está enamorada... pero ¿cómo va a terminar todo esto?"

La mujer está pálida, llora y elige botones.

"Son para una comerciante, así que déme algo que no sea corriente...

—Bien... si son para una comerciante, habrá que escojer algo llamativo. He aquí los botones. Como combinación de colores, la de azul, rojo y dorado es la más de moda. La más vistosa. Para más fino, se llevan de un negro mate, con un borde brillante... Lo que no entiendo es que usted misma sea incapaz de comprenderlo... por que si no... ¿a qué vienen todos esos paseos?

—Yo misma no lo sé —murmura Poliñka inclinándose sobre los botones—. Yo misma no sé lo que me pasa Nicolai Timofeich".

La *nouvelle* concluye con una serie de términos de mercería, privados de sentido y entrecortados por lágrimas. "Nicolai Timofeich cubre con su figura a Poliñka, y, esforzándose en ocultar su excitación y la de ella, frunce el rostro en una sonrisa, al tiempo que dice en voz alta:

—¡Hay dos clases de encajes, señora! ¡Los de hilo y los de seda!... Los orientales, los británicos, los de *valencianne*, los de *crochet* y los de *torchon* son de algodón, mientras que los *rococó*, los *soutachette* y los de Chambrai son de seda... ¡Por amor a Dios, séquese las lágrimas! ¡Vienen hacia aquí!

Y viendo que las lágrimas seguían corriendo, continúa aún más alto:

Españoles, *rococó*, *soutachette*, Cambrai... ¡Medias de hilo de Escocia, de algodón, de seda..."

Las *nouvelles* de Chejov pertenecieron primero a la serie inferior de la literatura y fueron publicadas en periódicos humorísticos. La gran gloria literaria de Chejov comienza con la aparición de sus *nouvelles* largas. Actualmente no sólo se lo debe reeditar sino también reexaminar; es probable que en el curso de tal revisión todos reconozcan que el Chejov más leído es el Chejov perfecto desde el punto de vista formal.

II

El paralelismo es otro procedimiento utilizado en la construcción de la *nouvelle*, como podemos observarlo en los textos de Tolstoi.

Para hacer de un objeto un hecho artístico es necesario extraerlo de la serie de los hechos de la vida. Por esto, es preciso ante todo "hacer que el objeto se mueva", como Iván el Terrible pasaba "revista" a su gente; es necesario extraer el objeto de su envoltura de asociaciones habituales; remover el objeto como se remueve un leño en el fuego. En la libreta de apuntes de Chejov encontramos el ejemplo siguiente: alguien pasaba por la misma calle durante quince o treinta años y leía todos los días el cartel que anunciaba "Gran variedad de zorros" y se preguntaba insistentemente quién podía tener necesidad de una gran variedad de zorros. Un día sacan el cartel y lo colocan al costado del muro; entonces lee "Gran variedad de gorros" *. El poeta retira todos los carteles de su lugar; es el

---

* En el texto ruso, el equívoco se realiza con las palabras *sigor* y *sigov*. Se ha intentado dar un equivalente en castellano. (N. del T.).

instigador de la revolución de los objetos. En los poetas los objetos se rebelan, rechazan sus antiguos nombres y se cargan de un sentido suplementario con un nombre nuevo. El poeta se sirve de imágenes, de tropos, para hacer comparaciones: el fuego lo llama por ejemplo flor roja o aplica un nuevo epíteto a la palabra antigua, o bien dice como Baudelaire que la carroña tenía sus piernas al aire como una mujer lúbrica. El poeta realiza un desplazamiento semántico, aparta la noción de la serie semántica donde se encontraba y la ubica con la ayuda de otras palabras (tropos) en otra serie semántica. Percibimos así la novedad, la inserción del objeto en una nueva serie. La nueva palabra se adosa al objeto como una nueva envoltura; se retira el cartel. Este es uno de los medios de hacer perceptible el objeto y de transformarlo en un elemento de la obra de arte. La creación de una forma en estratos es otro medio. El objeto se duplica y triplica gracias a sus proyecciones y oposiciones.

Oh, manzanita, ¿hacia dónde ruedas?
Oh, madrecita, tengo deseos de casarme,

canta el vagabundo de Rostov, continuando la tradición de las canciones del tipo de:

La manzanita quiere caer del puente,
La pequeña Katia quiere dejar la mesa.

Disponemos aquí de dos nociones que no coinciden puesto que se excluyen mutuamente de la serie de asociaciones habituales.

A veces se desdobla o divide el objeto. Alejandro Blok separa la palabra "ferrocarril" en "tristeza del fierro, tristeza del carril". En sus obras, formalizadas como piezas musicales, L. Tolstoi dio ejemplos tanto del tipo de singularización que consiste en designar el objeto con un nombre inhabitual como del tipo de la construcción de estratos.

Ya he hablado de la singularización en Tolstoi. Este procedimiento posee una variante que consiste en detenerse en un solo detalle del cuadro y acentuarlo. Se produce así una deformación de las producciones habituales. Describiendo una batalla, Tolstoi desarrolla el detalle de una boca húmeda que mastica. El acento puesto sobre este detalle crea una deformación particular. En su libro sobre Tolstoi, Constantin Leontiev demuestra no comprender ese procedimiento.

Pero Tolstoi emplea con más frecuencia otro procedimiento: rehusa el reconocimiento de los objetos y los describe como si los viera por primera vez. Los decorados aparecen como trozos de cartón pintado, el Santo Sacramento como un pancito y hasta llega a decir que los cristianos comen a su Dios. Supongo que este procedimiento proviene de la tradición literaria francesa: tal vez de *Hurón llamado el ingenuo* de Voltaire, o bien de la descripción de la corte real hecha por el salvaje de Chateaubriand. En todo caso, Tolstoi ha singularizado las obras de Wagner, describiéndolas desde el punto de vista de un campesino inteligente, o sea desde el punto de vista de una persona que, como el salvaje, no puede referirse a las asociaciones habituales. Recordemos, por otra parte, que la antigua novela griega usaba también este procedimiento cuando describía la ciudad desde el punto de vista de un campesino (Vaselovsky).

Tolstoi utilizó de una manera muy particular el segundo procedimiento o de la construcción en plataformas. No trataré de hacer un estudio ni siquiera somero de este procedimiento en la poética de Tolstoi y me limitaré a indicar algunos ejemplos. El joven Tolstoi establecía el paralelismo de manera bastante ingenua; de allí que introdujera tres variantes para presentarnos un poema: la muerte de la dama, la del mujik y la del árbol. Pienso en la *nouvelle Tres muertes*. Una cierta motivación liga las partes de este relato: el mujik es el cochero de la dama y el árbol es abatido para hacer una cruz.

En la poesía folklórica reciente se justifica a veces el paralelismo y así "amar-pisar la tierra" se explica por el hecho de que los amantes pisan la hierba caundo se pasean.

La frase siguiente refuerza el paralelismo caballo-hombre en *Jolstomer*: "El cuerpo de Serpujovskoi que había andado, comido y bebido por el mundo, muerto en vida, fue sepultado mucho después. Su piel, su carne y sus huesos no sirvieron para nada".

El vínculo entre los dos elementos del paralelo se justifica por el hecho de que Serpujovskoi fue otrora propietario de Jolstomer. En *Los dos húsares*, el paralelismo se expresa por el título y muchos detalles: el amor, el juego de naipes, la actitud con los amigos. El vínculo entre las partes está motivado por el parentesco de los personajes.

Si se comparan los procedimientos técnicos de Tolstoi con los de Maupassant, se puede observar que el maestro francés omite el segundo miembro del paralelo. En sus *nouvelles*, Maupassant silencia este segundo elemento como si lo sobreentendiera. Este segundo miembro puede ser la estructura tradicional de la novela (deformada por Maupassant en sus *nouvelles* "sin fin"), o la actitud convencional de la burguesía francesa frente a la vida. Por ejemplo, en muchas *nouvelles* describe la muerte del campesino de manera simple pero muy singular; el criterio de comparación es, por supuesto, la descripción de muerte de un ciudadano, pero esa descripción no está presente en la obra. Ese elemento complementario se introduce a veces en la forma de un comentario emocional del narrador. Se puede decir que desde ese punto de vista Tolstoi es más primitivo que Maupassant, pues se siente obligado a hacer un paralelo explícito; así en *Los frutos de la civilización* se nos muestra la cocina y el salón. Creo que puede explicarse este fenómeno por la mayor claridad inherente a la tradición literaria francesa comparada con la de Rusia; el lector francés siente más netamente la violación del canon, encuentra más fácilmente el paralelo, mientras que nuestro lector tiene una imagen bastante vaga de lo normal.

Quisiera señalar de paso que me parece imposible asimilar la tradición literaria a los préstamos tomados por un escritor de otro. Pienso que para el escritor representar la tradición es depender de un conjunto de normas literarias, conjunto que, como la tradición de las invenciones, está constituido por las posibilidades técnicas del momento.

Las oposiciones entre ciertos personajes en la novela de Tolstoi representan un ejemplo más complejo de paralelismo. Por ejemplo, en *Guerra y paz* se advierten claramente las oposiciones: 1. Napoleón-Kutuzov; 2. Pedro Bezukov-Andrés Bolkonski y, al mismo tiempo, Nicolás Rostov, que sirve de eje de referencia para uno y otro. En *Ana Karenina* se opone el grupo Ana-Vronski al grupo Levin-Kitty. El vínculo entre estos dos grupos está motivado por el paralelismo. Es ésta una motivación habitual en Tolstoi y tal vez en todos los novelistas; el propio Tolstoi escribía que había hecho del viejo Bolkonski "el padre del joven brillante (Andrés)" porque le sería "embarazoso describir un personaje que no esté ligado a la novela". Existe otro procedimiento que Tolstoi casi no usó y que consiste en hacer participar a un mismo personaje en combinaciones diferentes (procedimiento preferido por los novelistas ingleses). El episodio de Petrushka y Napoleón, caso en el que este procedimiento sirve para la singularización, es más bien una excepción. De todos modos, en *Ana Karenina* los miembros del paralelo están tan poco ligados que sólo la necesidad estética puede explicar el vínculo.

Tolstoi utiliza el parentesco no sólo para asentar un paralelismo, sino también para establecer la construcción en estratos. Se nos presenta a los dos hermanos Rostov y su hermana que son realizadores diferentes de un mismo tipo. Algunas veces Tolstoi los compara, como en el pasaje que precede a la muerte de Petia. Nicolás Rostov es el retrato simplificado, endurecido, de Natacha. Stiva Oblonski nos descubre un aspecto de la estructura mental de Ana Karenina; el vínculo nos es dado por las palabras "un poquito" que Ana pronuncia con la misma entonación de Stiva, quien se sitúa en un estrato inferior en relación con su hermana. Aquí el parentesco no sirve para ligar los caracteres: en su novela, Tolstoi ha emparentado sin preocupación personajes que había concebido separadamente: tiene necesidad del parentesco para construir plataformas.

El procedimiento tradicional que consiste en describir un hermano noble y otro criminal muestra bien que en la tradición literaria la presentación de parientes no implica obligatoriamente diferentes proyecciones de un mismo carácter. Por otra parte se introduce a veces una motivación: uno es bastardo (Fielding).

Como siempre en arte, todo aquí es sólo una motivación impuesta por las reglas del oficio.

III

La colección de *nouvelles* precedió a la novela contemporánea: esta afirmación no implica la existencia de un vínculo causal; se trata más bien de un hecho cronológico.

Habitualmente se intenta ligar, aunque sólo sea formalmente, las partes que constituyen una colección. Las *nouvelles* son incluidas en el interior de otra, considerándolas partes de ésta. Las colecciones *Panshatantra, Kalila y Dimna, Hidopadesha, Los cuentos del papagayo, Los siete visires, Las mil y una noches,* el cuerpo georgiano de *nouvelles* del siglo XVIII, *El libro de la sabiduría y la mentira* y muchos otros, están hechos de la misma manera.

Existen muchos tipos de *nouvelles* que sirven de marco a otras o que son, más bien, una manera de incluir una en otra; el medio más difundido es el de narrar cuentos para retardar el cumplimiento de una acción cualquiera. Es debido a sus cuentos que los siete visires impiden que el rey ejecute a su hijo; en *Las mil y una noches* Sherazade demora con sus cuentos su propia ejecución; en la colección de cuentos mongoles de origen budista, *Ardji Bardji,* las estatuas de madera, que son los peldaños de una escalera, impiden con sus cuentos la llegada del rey al trono; el último cuento incluye otros dos; en los *Cuentos del papagayo,* el pájaro entretiene con sus cuentos a la mujer que quiere engañar a su marido y la retiene así hasta la llegada de este último. Los ciclos de cuentos dentro de *Las mil y una noches,* están construidos siguiendo el mismo sistema de retardo: son los cuentos previos a la ejecución.

La discusión con ayuda de cuentos puede considerarse como una segunda manera de introducir una *nouvelle* en otra: los cuentos son citados para probar una idea y el nuevo cuento agregado sirve de objeción al precedente. Este procedimiento nos interesa porque puede extenderse a otros elementos que se incluyen en el relato, tales como versos y aforismos.

Interesa señalar que estos procedimientos aparecen exclusivamente en libros: la extensión del texto no permite a la tradición oral hilvanar las partes con ayuda de tales medios. El vínculo es tan formal que sólo el lector puede percibirlo; la llamada creación popular, es decir anónima, privada de conciencia personal, poseyó solamente un tipo elemental de vinculación. Desde el momento en que apareció como género y aún antes, la novela tendió a la expresión escrita.

En la literatura europea encontramos desde muy temprano colecciones de *nouvelles* presentadas como un todo y ligadas por otra que les sirve de marco. Las colecciones de origen oriental que debemos a árabes y judíos, permitieron a los europeos conocer numerosos relatos extranjeros y hacerles conocer *nouvelles* similares escritas por los naturales de otros lugares.

Simultáneamente se crea en Europa una manera original de enmarcar las *nouvelles*: la narración constituye una finalidad en sí misma. Voy a referirme al *Decamerón*.

El *Decamerón*, al igual que sus prolongaciones literarias, es aún muy distinto de la novela europea de los siglos XVIII y XIX porque los mismos personajes no vinculan los episodios particulares. Ni siquiera encontramos un personaje central: la atención se concentra en la acción y el agente es sólo la posibilidad que permite que el argumento se desarrolle.

Sin intentar probarlo por el momento, creo que esta situación se prolongó durante largo tiempo: *Gil Blas* de Lesage tiene tan poco carácter que incita a los críticos a pensar que el propósito del autor fue presentar un hombre medio. Sin embargo no es así: Gil Blas no es un hombre, es el hilo que une los episodios de la novela; y se trata de un hilo gris.

En los *Cuentos de Canterbury*, el nexo entre la narración y el agente es mucho más fuerte. Las novelas picarescas utilizan ampliamente el procedimiento del encuadre.

Es interesante seguir la suerte de este procedimiento a través de la obra de Cervantes, Lesage, Fielding y, después de su deformación en Stern, en la novela europea moderna.

La estructura del cuento *Historia de Kamaralzaman con la princesa Budur* nos brinda un ejemplo particularmente curioso. Este cuento comienza en la noche 170 y dura hasta la 249. De inmediato se divide en diversos cuentos:

1. La historia del príncipe Kamaralzaman (hijo de Shazaman) y de sus demonios ayudantes, dotada de una composición muy compleja y que termina con el casamiento de los enamorados, mientras la reina Budur deja a su padre.

2. La historia de los dos príncipes, Amyiad y Asad. El hecho de que éstos sean los hijos de las mujeres del rey Kamar liga esta historia a la precedente. El rey desea ejecutarlos pero ellos huyen y corren diversas aventuras. La princesa Margarina se enamora de Asad a quien descubre entre sus esclavos disimulado con el nombre de Mamelik. De aventura en aventura, Asad termina siempre por caer en manos del mismo mago Behram. Finalmente los dos se juntan. El mago, que ha abrazado el islamismo, cuenta en esta ocasión la historia de Neameh y Noam. Este relato es muy complicado y nunca es interrumpido por la historia de los dos hermanos. "Al escuchar este relato los dos príncipes quedaron sorprendidos". Llega entonces el ejército del rey El Ganer que es el padre de la reina Budur, madre de Amyad. Más tarde arriba un tercer ejército, el de Kamar, que busca a sus hijos porque está convencido de su inocencia. Finalmente, el ejército de Shahzaman, que había sido dejado totalmente de lado, también llega en busca de su hijo. Así, varios cuentos aparecen ligados por esta manera artificial.

El drama popular *El rey Maximiliano* * es otro caso interesante. El argumento es bastante simple: el hijo del rey Maximiliano se casa con Venus y como no desea adorar a los ídolos cae asesinado por su padre. A su vez, este último y toda su corte son segados por la muerte. El texto es tratado al modo de un guión: se le agregan motivos que le son exteriores y por ello se recurre a los más diversos motivos. Otros dramas populares tales como *El barco* y *La banda* eran introducidos en la obra de la misma manera en que se insertan las escenas pastorales en *Don Quijote* o los versos en *Las mil y una noches*. Esta presencia es justificada del siguiente modo (en mi opinión se trata de fenómenos tardíos): Adolfo, insumiso, huye de su padre y se une a una banda. El episodio de Anika y la Muerte fue introducido antes en el texto. Dicho agregado quizás se produjo cuando el texto apareció por primera vez en el pueblo bajo la forma de una variante que, para simplificar, podemos designar incorrectamente como "texto inicial". El episodio del oficio de difuntos ridiculizado, episodio que es conocido independientemente de esta pieza, fue introducido mucho más tarde. A menudo, los nuevos episodios

---

* *El rey Maximiliano y su rebelde hijo Adolfo*, drama popular ruso aparecido en el siglo XVIII y que posee numerosas versiones.

y sobre todo los juegos de palabras (acumulación de homónimos motivados por la sordera) se desarrollaron de manera tal que expulsaron a Maximiliano de la pieza. Dicho personaje queda reducido a un pretexto para iniciar la comedia. El camino entre *El rey Maximiliano* inicial, derivado tal vez de un drama del sur de Rusia, y el texto reciente destruído por los retruécanos y reconstruído sobre otros principios, no es más corto que el que va de Deryavin a André Bieli. Señalemos además que ciertos versos de Deryavin figuran a veces en el texto del drama. Tal es en síntesis la historia de los procedimientos utilizados para desarrollar la acción en el texto de *El rey Maximiliano*. Cada variante particular modificaba el texto completándolo con un material local.

IV

Ya dije que si consideramos una *nouvelle*-anécdota muy representativa, veremos que tiene un carácter acabado. Si en una *nouvelle* la situación difícil puede producirse por la respuesta adecuada a un enigma, encontraremos todo el complejo de elementos complementarios: la motivación de esta situación, la respuesta del protagonista y una cierta solución; es, en general, el caso de las *nouvelles* "de astucias". Veamos un ejemplo: Se ha cortado un mechón de cabellos a una persona que cometió un crimen; el criminal corta el mismo mechón a todos sus compañeros y así salva su cabeza. El mismo procedimiento aparece en el cuento sobre la casa marcada con tiza (*Las mil y una noches*, Andersen). El argumento forma aquí un anillo sobre el que se fijan tanto descripciones como digresiones psicológicas, pero es un objeto acabado en sí mismo. Como dije en los párrafos precedentes, se pueden agrupar muchas *nouvelles* dentro de una construcción más compleja, incluyéndolas en un cuadro o relacionándolas con un mismo tronco.

Pero aún más difundido es el procedimiento de composición por "enhebrado". En este caso un conjunto de *nouvelles*, cada una de las cuales forma un todo, se suceden y reúnen por un personaje común. El cuento que impone muchas tareas a los protagonistas, adopta ya una composición por enhebrado. Un cuento integra el motivo de otro y pueden obtenerse relatos que agrupan en sí dos y hasta cuatro cuentos. Pueden establecerse inicialmente dos tipos de enhebrado. En el primero el protagonista tiene un papel neutro: son las aventuras las que lo persiguen; él no las busca. Este fenómeno lo encontramos a menudo en las novelas de aventuras donde los piratas se roban mutuamente una joven o un adolescente, mientras que sus barcos, no pudiendo llegar a destino, sufren durante ese tiempo múltiples vicisitudes. Otras composiciones tratan de ligar la acción y el agente y motivar así las aventuras. Las peripecias de Ulises están motivadas, aunque de manera bastante superficial, por la cólera de los dioses que no dejan descansar al héroe. El hermano árabe de Ulises, Simbad el Marino, lleva en sí mismo la explicación de gran número de aventuras. Siente pasión por los viajes y sus siete partidas permiten vincular a su destino todo el folklore turístico contemporáneo.

En *El asno de oro* (*La Metamorfosis*) de Apuleyo, el enhebrado está motivado por la curiosidad de Lucio que pasa el tiempo espiando y escuchando detrás de las puertas. Al respecto conviene señalar que *El asno de oro* realiza una combinación de dos procedimientos: el encuadre y el enhebrado. Se reúnen por enhebrado el combate con los otros, las narraciones sobre metamorfosis, las aventuras de los bandidos, la anécdota sobre el asno del granero. Con ayuda del encuadre se introducen los relatos sobre la bruja, el célebre cuento de Amar y Psyché y muchas otras *nouvelles* cortas. Frecuentemente se percibe que las partes de las obras construídas con ayuda del enhebrado tuvieron una vida autónoma en otra época. Así, cuando luego del episodio del asno escondido en el granero, se precisa que esta historia es el origen de tal proverbio, se presupone en el lector el conocimiento de la narración o por lo menos de su esquema. Desde muy temprano el viaje es la motivación de enhebrado más frecuente; en particular el viaje en busca de empleo. Una de las más antiguas novelas españolas, *El Lazarillo de Tormes*, está construída de esa manera. El Lazarillo busca un empleo y vive así todo tipo de aventuras. A menudo se hace notar que ciertos episodios, ciertas frases de esta obra, se han vuelto proverbiales; yo me atrevería a afirmar que lo eran antes de ser incluídos en ella. La novela se cierra con aventuras fantásticas y metamorfosis; se trata de algo bastante usual porque a los autores les faltan ideas constructivas para las segundas partes de sus obras, elaboradas a menudo sobre un principio enteramente nuevo. Tal es el caso de *Don Quijote* y de *Gulliver*.

En ocasiones el procedimiento de enhebrado se utiliza fuera del tema. En la novela corta *El licenciado Vidriera*, Cervantes narra la historia de un sabio que vive aislado y enloquece al beber un filtro. El insensato monologa durante páginas enteras:

"De los titereros decía mil males: decía que era gente vagabunda y que trataba con indecencia de las cosas divinas, porque con las figuras que mostraban en sus retablos volvían la devoción en risa, y que les acontecía envasar en un costal todas o las más figuras del Testamento Viejo y Nuevo y sentarse sobre él a comer y beber en los bodegones y tabernas; en resolución decía que se maravillaba de cómo quien podía no les ponía perpetuo silencio en sus retablos, o los desterraba del reino.

Acertó a pasar una vez por donde él estaba un comediante vestido como un príncipe, y en viéndole, dijo:

—Yo me acuerdo haber visto a éste salir al teatro enharinado el rostro y vestido un zamarro del revés, y con todo esto, a cada paso, fuera del tablado, jura a fe de hijodalgo.

—Débelo ser —respondió uno—, porque hay muchos comediantes que son muy bien nacidos y hijodalgo.

—Así será verdad —replicó Vidriera—; pero lo que menos ha de menester la farsa es personas bien nacidas; galanes sí, gentiles hombres y de expeditas lenguas. También sé decir dellos que en el sudor de su cara ganan su pan con inllevable trabajo, tomando con tino de memoria, hechos perpetuos gitanos, de lugar en lugar y de mesón en venta, desvelándose en contentar a otros, porque en el gusto ajeno consiste su bien propio. Tienen más que con su oficio no engañan a nadie, pues por momentos sacar su mercadería a pública plaza, al juicio y a la vista de todos. El trabajo da los autores es increíble, y su cuidado, extraordinario, y han de ganar mucho para que al cabo del año no salgan tan empeñados que les sea forzoso hacer pleito de acreedores. Y con todo esto, son necesarios en la república, como lo son las florestas, las alamedas y las vistas de recreación, y como lo son las cosas que honestamente recrean.

Decía que había sido opinión de un amigo suyo que el que servía a una comediante, en sola una servía a muchas damas juntas, como era a una reina, a una ninfa, a una diosa, a una fregona, a una pastora, y muchas veces caía la suerte en que serviese en ella a un paje y a un lacayo, que todas éstas y más figuras suele hacer una farsanta".

Estas frases suplantan enteramente la acción en la *nouvelle*. Al final el licenciado se cura. Pero aquí encontramos un fenómeno muy difundido en arte: el procedimiento subsiste aunque su motivación haya desaparecido: el licenciado, aunque curado, cuando habla de la corte pronuncia frases del mismo tipo que las precedentes.

También en *Jolstomer*, aun después de la muerte del caballo, Tolstoi sigue describiendo la vida desde el punto de vista de aquel; en *Kotik Letaev*, Andrei Bieli construye imágenes deformadas, motivadas por la percepción del niño, aun cuando se habla de una materia desconocida por éste.

Vuelvo al tema. Se puede decir en general que tanto el procedimiento de encuadre como el de enhebrado ayudaron a integrar más y más las materias exteriores en el cuerpo de la novela. Es fácil observar este fenómeno en el notorio ejemplo de *Don Quijote*.

SOBRE LA TEORIA DE LA PROSA *

B. EICHENBAUM

I

Ya Otto Ludwig indicaba según la función de la narración, la diferencia entre dos formas de relato: "el relato propiamente dicho" (*die eigentliche Erzählung*) y "el relato escénico" (*die szenische Erzählung*). En el primer caso, el autor o el narrador imaginario se dirige al público: la narración es uno de los elementos que determina la forma de la obra, a veces el elemento principal; en el segundo caso el diálogo de los personajes está en primer plano y la parte narrativa se reduce a un comentario que envuelve y explica el diálogo, es decir que se atiene a las indicaciones escénicas. Este género de relato recuerda la forma dramática, no sólo por el acento puesto en el diálogo sino también por la preferencia dada a la presentación de los hechos y no a la narración: percibimos las acciones no como contadas (poesía épica), sino como si se produjeran frente a nosotros, en la escena.

Mientras la teoría de la prosa se limite al problema de la composición de la obra, esta diferencia parecerá insignificante. Pero adquiere una importancia fundamental desde que se tocan ciertos problemas primarios que están naturalmente ligados a la teoría de la prosa literaria. Esta se encuentra por el momento en estado embrionario a causa de que no se han estudiado los elementos que determinan la forma de un relato. La teoría de las formas y de los géneros poéticos, fundada sobre el ritmo, posee principios teóricos estables que faltan en la teoría de la prosa.

El relato compuesto no está suficientemente ligado a la palabra como para servir de punto de partida para el análisis de todos los tipos de prosa literaria. Ese punto de partida me parece que sólo puede proveerlo la forma del relato.

---

* Los extractos reunidos bajo este título pertenecen originalmente a artículos diferentes.

La relación entre la narración literaria y el relato oral adquiere importancia fundamental. La prosa literaria ha utilizado extensamente las posibilidades de la tradición escrita y ha creado formas, impensables fuera del marco de esta tradición. La poesía está siempre más o menos destinada a ser hablada; puede vivir fuera del manuscrito, del libro, mientras que la mayor parte de las formas de los géneros prosaicos se encuentran completamente aislados del habla y tienen un estilo propio del lenguaje escrito. El relato del autor se orienta hacia la forma epistolar, hacia las memorias o las notas, hacia los estudios descriptivos, el folletín, etc. Todas estas formas del discurso se atienen expresamente al lenguaje escrito, se dirigen al lector y no al oyente, se construyen a partir de los signos escritos y no de la voz. Por otra parte, en los casos en que los diálogos están construídos siguiendo los principios de la conversación oral y se colorean con el tinte sintáctico y lexical correspondiente, introducen en la prosa elementos hablados y relatos orales: en general, el narrador no se limita a un relato sino que repite también las palabras ([1]).

Si en tal tipo de diálogo se deja amplio lugar a uno de los interlocutores, se establece una aproximación mayor al relato oral. A veces la novela roza el habla; entonces se introduce un narrador cuya presencia es o no explicada por el autor.

Obtenemos así una imagen global de la variedad de formas en la prosa literaria; este punto de vista arroja una luz enteramente nueva sobre los problemas de la novela. La *novella* italiana de los siglos XIII y XIV se desarrolla a partir del cuento y de la anécdota, sin perder el vínculo con estas formas primitivas de narración. Sin imitar intencionalmente el discurso oral, se conforma al estilo del narrador y trata de darnos a conocer una historia recurriendo sólo a palabras simples. Este tipo de relato no contiene ni descripciones exhaustivas de la naturaleza, ni características detalldas de los personajes, ni digresiones líricas o filosóficas. No encontramos allí diálogo, al menos bajo las formas que el cuento y la novela contemporáneas nos han habituado. En la antigua novela de aventuras la unión de los episodios que la trama yuxtapone unos a otros, se hacía mediante

---

1. Cf. en la obra de K. Hirzel (*Der Dialog, ein literarhistorischer Versuch*, 1895) indicaciones sobre el papel importante del diálogo como género prosaico; éste destruye las formas fijas de la lengua literaria e introduce elementos del lenguaje familiar, hablado. Se cita como ejemplo los diálogos de Maquiavelo, el célebre diálogo de Castiglione que se levanta contra el dialecto toscano dominante entonces en la literatura italiana, los dialectos dirigidos contra el latín, etc. (T. 1, págs. 87 y ss.).

un héroe siempre presente. Esta novela se desarrolló a partir de una colección de cuentos, por ejemplo el *Decamerón*, donde se daba importancia al encuadre del relato y a los procedimientos de motivación (V. Shklovski). El principio de narración oral no se ha destruido todavía, el vínculo con el cuento y la anécdota no está todavía roto.

A partir de la mitad del siglo XVIII y sobre todo en el XIX, la novela adquiere otro carácter. La cultura libresca desarrolla las formas literarias: estudios, artículos, relatos de viajes, recuerdos, etc. La forma epistolar permite las descripciones detalladas de la vida mental, del paisaje observado, de los personajes, etc. (por ejemplo, en Richardson). Notas y recuerdos dan libre curso a descripciones aún más detalladas de las costumbres, de la naturaleza, de los hábitos, etc. Al comienzo del siglo XIX se produce una gran expansión de los estudios de costumbres y del folletín, que adoptan más tarde la forma de estudios llamados "fisiológicos"; estudios privados de todo carácter moralizante y centrados en la descripción de la vida ciudadana, con toda la variedad de sus clases, sus jergas, etc. La novela del siglo XIX (Dickens, Balzac, Tolstoi, Dostoievski) deriva de esos estudios descriptivos y psicológicos: los estudios ingleses del tipo de *La vida en Londres* (P. Egan), las descripciones francesas de París (*El diablo en París, Los franceses pintados por ellos mismos*, etc.), los estudios fisiológicos rusos. Existe, sin embargo, una novela que remonta al viejo tipo de novela de aventuras y que adopta forma histórica (W. Scott), o utiliza las formas del discurso oratorio, o se vuelve una especie de narración lírica o poética (V. Hugo). Se mantiene el vínculo con el habla, pero se aproxima a la declamación y no a la narración; las novelas de tipo descriptivo o psicológico, de carácter puramente libresco, pierden incluso este tenue vínculo con el habla.

La novela del siglo XIX se caracteriza por el generoso empleo de descripciones, retratos psicológicos y diálogos. A veces estos diálogos se presentan como una simple conversación que dibuja el retrato de los personajes a través de sus réplicas (Tolstoi), o que constituye una forma velada de narración y, por lo tanto, sin carácter "escénico". Pero a veces esos diálogos adoptan una forma puramente dramática y tienen como función hacer avanzar la acción más que caracterizar los personajes por sus réplicas. Se convierten, de esta manera, en el elemento fundamental de la construcción. La novela rompe con la forma narrativa y llega a ser una combinación de diálogos escénicos y de indicaciones detalladas que comentan el decorado, los gestos, la entonación, etc. Las conversaciones ocupan páginas y capítulos enteros; el narrador se limita a notas explicativas del tipo: "él dijo" - "ella respondió". Se sabe que los lectores buscan en este tipo de novela la ilusión de la acción escénica y que a menudo leen solamente estas conversaciones, omitiendo todas las descripciones o considerándolas únicamente como indicaciones técnicas. Algunos escritores, conscientes del hecho, remplazan las descripciones por una forma dramática. Zagoskin escribe: "Cuando todo el mundo habla, el relato se desubica. Las palabras explicativas: tal dice, tal interrumpe, otro objeta, otro continúa', no hacen más que embrollar y desconcertar al lector; permítaseme recurrir a la forma dramática ordinaria. Es más claro y más simple" (*Moscú y los moscovitas*). O en otra parte: "Al reproducir una conversación particular, sobre todo cuando una sociedad entera participa en ella, estamos obligados, en contra de nuestra voluntad, a nombrar muy a menudo a los interlocutores, y además, a repetir sin cesar: 'tal dice, tal responde...'; para evitar estas repeticiones completamente inútiles, es mejor, excepto en ciertos relatos, utilizar una forma dramática".

La novela europea del siglo XIX es pues una forma sincrética que contiene sólo algunos elementos de narración y que, a veces, se aparta de ellos completamente (²).

El desarrollo de esta novela llega a su apogeo hacia los años setenta del siglo XIX; desde entonces no nos hemos liberado de la impresión de cosa definitiva, creyendo que no existe forma o género nuevo en la prosa literaria. Sin embargo, la novela de este tipo se disgrega ante nosotros y se diferencia. Por una parte se cultivan las formas próximas a la simple narración, por otra, encontramos memorias, relatos de viaje, estudios de costumbres; al mismo tiempo, los elementos que correspondían a la estructuración de la novela pasan cada vez más a los libretos cinematográficos: hecho muy significativo que prueba la posibilidad de traducir una obra verbal de este género en una lengua "muda". Se puede observar el hecho de que después de *Ana Karenina*, L. Tolstoi escribió piezas de teatro y "relatos populares". La prosa rusa del siglo XIX nos muestra un fenómeno aún más significativo y notable, la existencia de escritores como Dal, Gogol, Leskov, los escritores etnógrafos como A.

---

2. Es curioso observar que la noción de novela como una nueva forma sincrética era familiar a la vieja crítica. Citaré como ejemplo las palabras de S. Sherirev: "Según nuestra opinión la novela es fruto de una mezcla nueva y contemporánea de todos los géneros poéticos. Admite igualmente elementos épicos, dramáticos y líricos. El elemento dominante da el carácter de novela: así se puede indicar como novelas épicas, *Wilhelm Meister* de Goethe o *Don Quijote* de Cervantes. Hay novelas líricas: citaré *Werther* del mismo Goethe. A las novelas de Walter Scott se las puede llamar "dramáticas" porque están fundadas sobre el drama, sin que se excluyan los otros elementos." (Moskvitianin, 1843, T. 1, pág. 574).

Melnicov-Pecherski, P. Yakushkin, S. Maximov, etc. Estos fenómenos, ocultos por el desarrollo de la novela y la inercia que ha provocado, reaparecen ahora como una nueva tradición: la prosa contemporánea ha actualizado el problema de la forma y en consecuencia el de la narración. Poseemos un testimonio en los cuentos y novelas breves de Remizov, de Zamiatin, en las últimas obras de Gorki, en los estudios de Prishvin, las novelas breves de Zoshchenko, Vs. Ivanov, Leonov, Fedin, Nikitin, Babel, etc.

II

La novela y el cuento no son formas homogéneas sino, por el contrario, formas completamente extrañas una a otra. Por esta causa no se desarrollan simultáneamente, ni con la misma intensidad, en una misma literatura. La novela es una forma sincrética (poco importa que se haya desarrollado a partir de la colección de cuentos o que se haya complicado integrando descripciones de costumbres); el cuento es una forma fundamental, elemental (lo cual no quiere decir primitiva). La novela viene de la historia, del relato de viajes; el cuento viene de la anécdota. Se trata de una diferencia de principio determinada por la longitud de la obra. Diferentes escritores y diferentes literaturas cultivan o la novela o el cuento.

El cuento se construye sobre la base de una contradicción, de una falta de coincidencia, de un error, de un contraste, etc. Pero esto no es suficiente; en el cuento como en la anécdota, todo tiende hacia la conclusión. El cuento debe lanzarse con impetuosidad, como un proyectil lanzado desde un avión para golpear con su punta y con todas las fuerzas el objetivo propuesto. Me refiero aquí al cuento de intriga, dejando de lado el cuento-descripción que caracteriza la literatura rusa, así como el "relato directo". *Short story* es un término que implica siempre una historia y que debe responder a dos condiciones: dimensiones reducidas y acento puesto sobre la conclusión. Estas condiciones crean una forma enteramente diferente a la novela, tanto en su finalidad como en sus procedimientos.

El papel primordial en la novela lo desempeñan otros factores: la técnica utilizada para demorar la acción, para combinar y soldar los elementos heterogéneos, la habilidad para desarrollar y ligar los episodios, para crear centros de interés diferentes, para conducir las intrigas paralelas, etc. Esta construcción exige que el final de la novela sea un momento de debilitamiento y no de refuerzo; el punto culminante de la acción principal debe encontrarse en alguna parte antes del final. La novela se caracteriza por la presencia de un epílogo: una falsa conclusión, un balance que abre una perspectiva o que cuenta al lector la *Nachgeschichte* de los personajes principales (Cf. *Rudin* de Turgueniev, *Guerra y Paz*). Es natural, en consecuencia, que un final inesperado sea un fenómeno muy raro en la novela (si se lo encuentra sólo revela la influencia del cuento): las grandes dimensiones y la diversidad de episodios impiden ese modo de construcción, mientras que el cuento tiende precisamente a lo inesperado del final donde culmina lo que le precede. En la novela al punto culminante, debe suceder una cierta pendiente, mientras que en el cuento es más natural detenerse en la cima que se alcanza. Se puede comparar la novela a un largo paseo por lugares diferentes, que presupone un retorno tranquilo; el cuento a la escalada de una colina, que tiene por finalidad ofrecernos la vista que se descubre desde la altura.

Tolstoi no pudo terminar *Ana Karenina* con la muerte de Ana: se vio obligado a escribir una parte suplementaria aunque esto fuera muy difícil, ya que la novela estaba centrada sobre el destino de Ana. La lógica de la forma novelesca requería una prolongación: de otro modo la novela se habría asemejado a un cuento diluido que comprendería personajes y episodios enteramente inútiles. Esta construcción requirió gran esfuerzo: se mata al personaje principal antes que sea decidida la suerte de otros personajes. No es un azar que habitualmente los héroes lleguen al final, salvados después de haber estado a un paso de la muerte (solamente perecen sus compañeros). El paralelismo de la construcción ayudó a Tolstoi: desde el comienzo Levin disputa a Ana el primer lugar. Por otra parte en los *Relatos de Bielkin*, Pushkin busca precisamente hacer coincidir la conclusión del cuento con el punto culminante de la intriga a fin de obtener el efecto de un desenlace inesperado (cf. *La tempestad*, el *Vendedor de ataúdes*).

El cuento recuerda el problema que consiste en plantear una ecuación con una sola incógnita; la novela es un problema complejo que se resuelve mediante un sistema de ecuaciones con muchas incógnitas cuyas construcciones intermediarias son más importantes que la respuesta final. El cuento es un enigma; la novela corresponde a la charada o al jeroglífico.

En Norteamérica, más que en otra parte, se ha cultivado el cuento *(short story)*. Hasta mediados del siglo XIX la literatura norteamericana se confunde con la literatura inglesa en la conciencia de los escritores y lectores y, considerada como una literatura provincial, es absorbida en gran medida por esta última. Washington Irving escribe con amargura en el prefacio a sus estudios sobre la vida inglesa: "Ha sorprendido que un hombre salido de los desiertos de América se expresara en inglés pasablemente. Fuí mirado como un fenómeno extraño en literatura, como una especie de semi-salvaje, que tenía la pluma en la mano en lugar de llevarla en la cabeza y se tuvo curiosidad por saber que podía decir un ser de ese tipo sobre la sociedad civilizada" ([3]).

Irving se reconoce sin embargo educado en el espíritu de la cultura y la literatura inglesas, y sus estudios se relacionan estrechamente con la tradición de estudios de costumbres inglesas: "Nacido en un país nuevo, pero familiarizado desde mi infancia con la literatura de un viejo país, mi espíritu ha estado desde temprano lleno de ideas históricas y poéticas vinculadas a los lugares, a las costumbres y a los usos europeos, pero que difícilmente podían aplicarse a los de mi patria... Inglaterra es para un americano una tierra tan clásica como lo es Italia para un inglés, y el viejo Londres le inspira tantas ideas históricas como la Roma antigua". Es verdad que en su primer libro de estudios (*El libro de los bocetos*, 1819) trata de utilizar un material americano, por ejemplo en *Rip Van Winkle*, *Philip of Pakanoket* (esta última obra comienza por un lamentación: "Los autores antiguos que describían el descubrimiento y la colonización de América no nos han dejado descripciones suficientemente detalladas y objetivas sobre las notables costumbres que florecían entre los salvajes"), pero el tipo de estos estudios permanece tradicional en su manera y en su estilo: no encontramos allí nada de "americano" en el sentido actual de esta palabra.

Los años treinta y cuarenta del siglo XIX mostraron claramente la tendencia de la prosa norteamericana a desarrollar el género del cuento *(short story)*, mientras la literatura inglesa cultiva la novela. Los diferentes periódicos *(magazines)* se multiplican y comienzan a desempeñar un papel diferente en Inglaterra y Norteamérica, pero es necesario señalar que los periódicos ingleses acogen preferentemente las grandes novelas de Bulwer, Dickens, Thakeray, en tanto que los periódicos norteamericanos dan el lugar central a las *short stories*. Esta es, por otra parte, una buena ilustración del hecho de que no se puede considerar el desarrollo del cuento en Norteamérica como una simple consecuencia de la aparición de los periódicos: en este caso, como en otros, no existe causalidad simple. La extensión de los periódicos está ligada al afianzamiento del género *short story*, pero no lo engendra.

Es natural que en esa época aparezca un interés por el cuento

---

3. W. Irving. *Le Château de Bracebridge*, París, 1822.

en la crítica norteamericana que está además vinculada a una aparente mala voluntad con respecto a la novela. En este sentido los razonamientos de Edgar Poe, cuyos cuentos testimonian la afirmación del género, son particularmente interesantes e indicativos. Su artículo sobre los cuentos de Nathaniel Hawthorne es una especie de tratado sobre las particularidades constructivas de los mismos. "Durante largo tiempo ha habido un infundado y fatal prejuicio literario —escribe Poe— que nuestra época tendrá a su cargo eliminar: la idea de que el mero volumen de una obra debe pesar considerablemente en nuestra estimación de sus méritos. El más mentecato de los autores de reseñas de las revistas trimestrales no lo será al punto de sostener que en el tamaño o el volumen de un libro, abstractamente considerados, haya nada que pueda despertar especialmente nuestra admiración. Es cierto que una montaña, a través de la sensación de magnitud física que provoca, nos afecta con un sentimiento de sublimidad, pero no podemos admitir influencia semejante en la contemplación de un libro, ni aunque se trate de *La Colombiada*". Poe desarrolla a continuación su teoría original sobre el poema, que para él, es superior a todos los demás géneros desde el punto de vista estético (se trata del poema rimado cuya duración no exceda de una hora de lectura. "...el punto de mayor importancia es la unidad de efecto o impresión" (⁴). Un poema extenso constituye para él una paradoja). "Las epopeyas fueron productos de un sentido imperfecto del arte, y su reino ha terminado". El cuento es lo que más se aproxima al tipo ideal que es el poema: desempeña el mismo papel que el poema pero en su propio campo, el de la prosa. Poe cree posible establecer el límite de extensión hasta dos horas de lectura en alta voz (en otros términos, hasta dos pliegos de imprenta); considera a la novela como un género "inconveniente" en razón de su extensión: "Como no puede ser leída de una sola vez, se ve privada de la inmensa fuerza que se deriva de la *totalidad*".

Al final, Poe caracteriza el género del cuento: "Un hábil artista literario ha construído un relato. Si es prudente, no habrá elaborado sus pensamientos para ubicar los incidentes, sino que, después de concebir cuidadosamente cierto *efecto* único y singular, inventará los incidentes, combinándolos de la manera que mejor lo ayude a lograr el efecto preconcebido. Si su primera fase no tiende ya a la producción de dicho efecto, quiere decir que ha fracasado en el

---

4. E. A. Poe, *Obras en prosa*. Universidad de Puerto Rico. Revista de Occidente. Madrid 1956. Ensayo sobre Howthorne, traduc. de Julio Cortázar, vol. II. págs. 321-323.

primer paso. No debería haber una sola palabra en toda la composición cuya tendencia, directa o indirecta, no se aplicara al designio preestablecido. Y con esos medios, con ese cuidado y habilidad, se logra por fin una pintura que deja en la mente del contemplador un sentimiento de plena satisfacción. La idea del cuento ha sido presentada sin mácula, pues no ha sufrido ninguna perturbación; y es algo que la novela no puede conseguir jamás". Poe decía tener el hábito de escribir sus cuentos comenzándolos por el final, como los chinos escriben sus libros.

Por consiguiente, Poe asigna importancia particular a un efecto principal al que contribuyen todos los detalles, así como a la parte final que debe aclarar cuanto la precede.

La importancia particular que es necesario otorgar al acento final, se encuentra en todo cuento norteamericano, mientras para la novela (y sobre todo las del tipo de Dickens y Thakeray) la parte final desempeña más bien el papel de un epílogo que de un desenlace. Stevenson escribía en 1891 a un amigo, a propósito de uno de sus cuentos: "¿Qué hacer?... ¿Inventar una nueva conclusión? Si; seguramente. Pero yo no escribo así; esta conclusión está sobrentendida a lo largo del relato; yo no utilizo jamás un efecto si puedo guardarlo para cuando me sirva a fin de introducir efectos ulteriores; en esto consiste la esencia del cuento. Crear otro final significa cambiar el comienzo. El desenlace de una novela no significa nada: se trata sólo de una conclusión *(coda)*, que no es un elemento esencial de su ritmo; pero el contenido y el fin de un cuento son mutuamente carne de la carne y sangre de la sangre desde su comienzo".

Tal es la imagen general de las particularidades del cuento en la literatura norteamericana; todos, empezando por los de Edgar Allan Poe, están construídos más o menos sobre estos principios. Esto conduce a cuidar particularmente los finales sorprendentes y a construir el cuento en base a un enigma o un error que conserva el papel motor de la intriga hasta el final. En un comienzo, el método se tomó tan en serio que algunos escritores debilitan el efecto de sorpresa por tendencias moralizadoras o sentimentales, pero mantienen siempre este principio de construcción. En Bret Harte, por ejemplo, la proposición del enigma es generalmente más interesante que su solución. El cuento *La heredera* está fundado sobre dos enigmas: ¿por qué el viejo legó su dinero precisamente a esta mujer fea y tonta y por qué ella lo dispone tan parsimoniosamente? La solución decepciona: el primer enigma queda sin solución, mientras el segundo recibe una explicación insuficiente y opaca (el viejo ha ordenado no dar dinero a los que ella ama). Las soluciones moralizantes y sentimentales de relatos como

El tonto, Miggles, El hombre del pesado fardo, dejan la misma impresión. Podría decirse que Bret Harte teme intensificar la parte final para no apartarse de esa ingenuidad sentimental que caracteriza el tono del narrador.

En la evolución de cada género llega un momento en que después de haber sido utilizado con objetivos enteramente serios o "elevados", degenera y adopta una forma cómica o paródica. El mismo fenómeno se produjo con el poema épico, la novela de aventuras, la novela biográfica, etc. Las condiciones locales o históricas crean, por supuesto, diferentes variaciones, pero el proceso conserva esta acción como ley evolutiva: la interpretación seria de una fabulación motivada cuidadosa y detalladamente, cede lugar a la ironía, a la broma, a la imitación; los vínculos que sirven para motivar la presencia de una escena se vuelven más débiles y perceptibles al ser puramente convencionales; el autor pasa al primer plano y destruye a menudo la ilusión de autenticidad y seriedad; la construcción del argumento se convierte en un juego que transforma la trama en adivinanza o en anécdota. Así se produce la regeneración del género: se hallan nuevas posibilidades y nuevas formas.

La primera etapa del cuento norteamericano la cumplen Irving, Edgar Poe, Bret Harte, Henry James, etc.: el cuento cambia de construcción, pero se mantiene siempre como género "culto", serio. Por este motivo la aparición de los divertidos relatos de Mark Twain en los años ochenta es completamente natural y legítima: aproximan el cuento a la anécdota y refuerzan el papel del narrador humorista. A veces el propio autor muestra este parentesco con la anécdota; por ejemplo en *About Magnanimous-Incident Literature*, M. Twain dice: "Durante toda mi vida he conservado la costumbre, adquirida en mi tierna infancia, de leer anécdotas... Yo deseaba que esas encantadoras anécdotas no se detuvieran en su final feliz, sino que continuaran la alegre historia de los diferentes benefactores y sus protegidos. Esta posibilidad me tentaba de tal modo que finalmente decidí realizarla creando yo mismo las prolongaciones de estas anécdotas". De esta forma, presenta continuaciones (*sequel*) de tres anécdotas.

La novela pasa a segundo plano y continúa su existencia fundamentalmente bajo la forma de novela policial; se instaura la moda de las imitaciones. En Bret Harte, al lado de sus novelas fracasadas, se encuentra una serie de imitaciones de novelas de otros autores; se trata de esbozos condensados (*Condensed novels*) que ilustran el estilo de diferentes escritores: Cooper, Miss Braddon, Dumas, Brontë, Hugo, Bulwer, Dickens, etc. No es por azar que Edgar Poe ataca la novela; el principio de la unidad de construcción en el que se apoya, desacredita la forma de grandes dimensiones donde se encuentran inevitablemente muchos centros de interés, líneas paralelas, descripciones, etc. En ese sentido, el artículo crítico de Poe sobre la novela de Dickens *Barnabay Rudge*, es muy significativo. Entre otras cosas, Poe reprocha a Dickens las contradicciones y los errores técnicos de la novela y encuentra la causa en "la absurda costumbre actual que consiste en escribir novelas para los periódicos, y que hace que el autor no sepa aún todos los detalles del plan cuando comienza la publicación de su novela".

Aparecen paralelamente novelas que tienden visiblemente hacia el cuento: tienen una cantidad limitada de personajes, un misterio como efecto central, etc. Este es el caso de la novela de Hawtorne, *La letra escarlata*, que los teóricos e historiadores de la literatura americana citan constantemente como ejemplo de construcción notable. Esta novela no tiene nada más que tres personajes ligados entre ellos por un secreto que se descubre en el último capítulo (*Revelation*); no hay intrigas paralelas, ni digresión, ni episodio marginal: estamos frente a una unidad total de tiempo, lugar y acción. Se trata de un fenómeno radicalmente diferente al de las novelas de Balzac o de Dickens que no encuentran su origen en el cuento sino en los estudios de costumbres o en los estudios llamados fisiológicos.

La literatura norteamericana se caracteriza por el desarrollo del cuento, fundado en los siguientes principios: unidad de construcción, efecto principal hacia la mitad del relato y fuerte acento final. Hasta los años ochenta esta forma varía, acercándose o alejándose del reportaje, pero manteniendo siempre su carácter serio: moralizador o sentimental, psicológico o filosófico. A partir de esta época (Mark Twain) el cuento norteamericano da un gran paso en el sentido de la anécdota, subrayando el papel del narrador humorista o bien introduciendo elementos de imitación y de ironía literaria. Inclusive la sorpresa final, está sometida al juego de la intriga y espectativa del lector. Los procedimientos de construcción son revelados intencionalmente y no tienen más que una significación formal; la motivación se simplifica, el análisis psicológico desaparece. En esta época aparecen los cuentos de O. Henry donde se manifiesta en su más alto grado la tendencia anecdótica.

1925

COMO ESTA HECHO EL CAPOTE DE GOGOL

B. EICHENBAUM

I

La composición del cuento * depende en gran medida del papel que desempeña el tono personal del autor en su estructura. Dicho de otra manera, ese tono puede ser un principio organizador que crea un relato directo; pero puede también no ser más que un vínculo formal entre los acontecimientos y limitarse a un papel auxiliar. El cuento primitivo, así como la novela de aventuras, no posee ni tiene necesidad del relato directo, pues el interés y el movimiento está determinado por una sucesión rápida e inesperada de sucesos y situaciones. Una combinación de motivos y de sus situaciones: tal es el principio organizador del cuento primitivo. Lo mismo ocurre con el cuento cómico que, independientemente del relato, es rico por sí en situaciones cómicas.

La composición se vuelve diferente si el argumento —combinación de motivos y de sus causas— deja de desempeñar el papel organizativo, es decir, si el narrador se coloca delante y se sirve del argumento únicamente para ligar los procedimientos estilísticos particulares. El centro de gravedad del argumento, reducido ahora al mínimo, es transferido a los procedimientos del relato directo; se acuerda el efecto cómico principal a los retruécanos que se mantienen como simples juegos de palabras, o que se desarrollan en forma de pequeñas anécdotas. Los efectos cómicos dependen de la manera de conducir el relato directo. En consecuencia, las "naderías" se tornan esenciales para el estudio de este género de compo-

---

* Usamos "cuento" aún cuando en el caso de *El capote* sería más adecuado caracterizarlo con el término *nouvelle* (francés) o *novella* (italiano). En español no existe un sinónimo. (N. del T.).

sición: basta desecharlas para que la estructura del cuento se disgregue. Se pueden distinguir dos tipos de relatos directos cómicos: 1. el relato narrativo y 2. el relato representativo. El primero se limita a bromas, retruécanos, etc.; el segundo introduce procedimientos de mímica y gestos, inventando articulaciones cómicas y singulares, inversiones tónicas de efectos jocosos, disposiciones sintácticas antojadizas, etc. El primero nos da la impresión de un discurso parejo; el segundo nos deja entrever un actor que lo pronuncia: el relato directo se convierte así en un juego y ya no es más la simple combinación de bromas la que determina la composición, sino un sistema de diferentes gesticulaciones y movimientos articulatorios singulares.

Para el estudio del "relato directo" se puede encontrar un material fecundo en numerosas obras de Gogol o en algunos de sus trozos. La composición en Gogol no está definida por el argumento: éste es siempre pobre, hasta inexistente; Gogol parte de una situación cómica cualquiera (que a veces no es cómica en *sí misma*) y la usa de estimulante, de pretexto para una acumulación de procedimientos cómicos. *La nariz* se desarrolla a partir de una anécdota; *El casamiento* y *El inspector* nacen también de una situación estática; *Las almas muertas* no es más que la yuxtaposición de escenas diferentes ligadas por los viajes de Chichikov. Se sabe que Gogol estuvo siempre constreñido por la necesidad de dar un argumento cualquiera a sus obras. P. V. Annenkov nos refiere las palabras de Gogol: "Para que un relato o un cuento en general sea logrado, es suficiente que el autor describa una habitación o una calle que le sean familiares".

En una carta a Pushkin de 1835, Gogol escribe: "Hágame el favor de darme un argumento, *sea divertido o no*, una anécdota puramente rusa... Hágame este favor, déme un argumento y yo le hago inmediatamente una comedia de cinco actos, que será, se lo juro de las más divertidas." Pide a menudo anécdotas; por ejemplo en una carta a Prokopovich (1837): "Pídele sobre todo a Julio (es decir a Annenkov) que me escriba. Tiene material para hacerlo pues seguramente ha ocurrido alguna anécdota en la cancillería".

Por otra parte Gogol sobresale como un lector de sus propias obras, tal como lo testimonian muchos de sus contemporáneos. Pueden distinguirse en él dos tipos de lectura: una declamación patética y melodiosa, o una manera particular de presentación. una imitación mimada que, al mismo tiempo —como lo indica Turgueniev— no resulta una simple lectura teatral de los papeles.

Por el relato de I. I. Panaev se sabe de qué manera Gogol asombró a toda una asamblea pasando sin transición de la conversación al juego, de tal modo que sus hipos y las frases que los acompañaban no fueron comprendidos como formando parte del juego. El príncipe Obolenski comenta: "Gogol era maestro consumado en el arte de leer. Cada palabra era clara, y variando a menudo la entonación de sus frases, rompía la monotonía y obligaba al lector a captar los matices más delicados de su pensamiento. Recuerdo cómo comenzaba con voz sorda y algo sepulcral: '¿Por qué mostrar la pobreza y nada más que la pobreza?... He aquí que nos encontramos de nuevo en un rincón perdido, que hemos venido a parar a una aldea olvidada'. Luego de estas palabras Gogol baja la cabeza, echa hacia atrás sus cabellos y continúa con una voz fuerte y solemne: 'Pero qué rincón, qué aldea!', luego de lo cual emprende la magnífica descripción del pueblo de Tentetnikov y, a través de la lectura de Gogol, teníamos la impresión de que *la había escrito según un metro regular*... Yo estaba enormemente impresionado por la armonía extraordinaria del discurso. Comprendí entonces que Gogol había utilizado admirablemente los nombres locales de las hierbas y de las flores, nombres que él recogía muy cuidadosamente. *En él la inserción de una palabra sonora no tenía a veces otro fin que una cierta armonía*". I. I. Panaev describe así su manera de leer: "Gogol leía de una manera inimitable. Se tiene a Ostrovski y Pisemski como los mejores recitadores de sus obras entre los escritores contemporáneos. Ostrovski lee sin ningún efecto dramático, con la mayor simplicidad, pero otorga un matiz apropiado a cada personaje; Pisemski lee como un actor, representa su pieza cuando lee... La lectura de Gogol participa de los dos estilos. Leía de una manera más dramática que Ostrovski y con mucha mayor simplicidad que Pisemski". Hasta un dictado hecho por Gogol se volvía una especie de declamación. P. V. Annenkov nos cuenta: "Nicolai Vasilievich ponía el cuaderno delante suyo y se absorbía en él enteramente; comenzaba a dictar siguiendo un ritmo y con solemnidad; ponía en ello tanto sentimiento y expresividad que los capítulos del primer volumen de *Las almas muertas* tomaron un color particular en mi memoria. Era como una inspiración tranquila de curso regular, una inspiración nacida de una meditación profunda. Nicolai Vasilievich esperaba pacientemente que yo hubiera escrito la última palabra y comenzaba entonces un nuevo período con la misma voz rica en pensamientos y recogimiento. En el pasaje del jardín de Pluchkin, el "pathos" de su dictado alcanzó un punto de elevación hasta entonces no igualado, pero conservando siempre su simplicidad: hasta dejó su sillón *acompañando el dictado con gestos altaneros e imperiosos*".

Todo esto indica que el relato directo se encuentra en la base del texto de Gogol, que se organiza a partir de las imágenes vivas de la lengua hablada y de las emociones inherentes al discurso.

Más aún: esta narración no tiende a un simple relato, a un simple discurso, sino que reproduce las palabras por medio de la mímica y de la articulación. Las frases son elegidas y entrelazadas más que de acuerdo a principios del discurso lógico, según el principio del discurso expresivo en el que la articulación, la mímica, los gestos sonoros *, asumen un papel particular. Aparece allí el fenómeno de semántica fónica ** de su lenguaje: la envoltura sonora de la palabra, su carácter acústico se vuelve *significativo* en el discurso de Gogol independientemente del sentido lógico y concreto. En él, la articulación y su efecto acústico constituyen un procedimiento expresivo de primer orden. De allí que sea afecto a las denominaciones, a los nombres, a los pronombres: encuentra en esto un vasto campo para ese juego articulatorio. Además, su discurso se acompaña a menudo de gestos (ver más arriba) y adopta la forma de una imitación, sensible aún en su forma escrita. Los testimonios de los contemporáneos mencionan también estas particularidades. Leemos en los recuerdos de Obolenski: "Encontré en la estación un cuaderno de quejas y leí una demanda bastante divertida de un cierto señor. Luego de haberla oído, Gogol me preguntó: '¿Quién piensa Ud. que es ese señor? ¿Cuáles son sus cualidades y cuál es su carácter? —Verdaderamente, lo ignoro, le respondí. — Bien, voy a decírselo'. Y comenzó sobre la marcha a describir de una manera pintoresca y original su apariencia; acto seguido me hizo el relato de toda su vida de funcionario y hasta me *representó* ciertos episodios de su vida. Recuerdo que me reía como un loco, pero él se mantenía muy serio. Después me confió que una vez N. M. Yazikov (el poeta) y él, habían vivido juntos y que a la noche, en el momento de acostarse, se entretenían en describir diferentes caracteres y para cada uno inventaban un nombre". O. N. Smirnova nos informa también sobre el papel de los nombres en Gogol: "Adjudicaba extrema importancia a los nombres de sus personajes; los buscaba por todas partes a fin de que tuvieran un color típico. Los encontraba en los anuncios (el nombre de Chichikov, en el primer volumen, fue encontrado sobre una casa: antes no se escribía el número sino el nombre del propietario sobre la casa); cuando trabajaba en el segundo volumen de *Las almas muertas*, encontró el nombre del general Betrishchev en un cuaderno en el correo y contaba a uno de sus amigos que ese nombre le había inspirado la silueta de los bigotes blancos del general" La actitud particular de Gogol frente a los nombres y su ingeniosidad en este

---

* El autor llama así a la combinación inhabitual y rebuscada de sonidos.
** Mantenemos el término empleado por el autor.

dominio fueron ya observados. En el libro del profesor I. Mandelshtam, por ejemplo, se afirmaba que: "Este tipo de formación de nombres que no tienden 'a la risa a través de las lágrimas' se remonta a la época en que Gogol se divertía (Pupopuz, Dovgochjum, Golopupenko, Golopuz, Sverbygug, Kaizyalupenko, Pereperchija, Krutopychchenko, Pecherytsia, Zacrutiguba, etc.). Gogol supo siempre inventar nombres risibles: Iaichnitsa y Neovayai Koryto (*El casamiento*) y Belobrushkova y Bashmachkin * (*El capote*); además este último nombre se vuelve pretexto para un juego de palabras. Algunas veces elige con premeditación nombres ya existentes: Akaky Akakievich, Trefily, Dula, Varasaji, Pavsikahy, Vahtisy, etc. En otros casos utiliza nombres para construir retruécanos (este procedimiento es desde hace largo tiempo conocido por todos los humoristas. Molière divierte a su público con nombres como: Pourceaugnac, Diafoirus, Purgon, Mocroton, Des Fonandrès, Villabrequin; Rabelais utiliza ampliamente combinaciones inverosímiles de sonidos que nos hacen reír por su consonancia inhabitual, como por ejemplo: Solmigonbinois, Trinquamelle, Trouillogan, etc.)".

En Gogol, pues, el tema no tiene más que una importancia marginal y es, por esencia, estático. No sin razón *El inspector* concluye con una escena muda y todo lo que la precede no le sirve sino de preludio. La verdadera dinámica y al mismo tiempo la composición de estas obras están comprendidas en la construcción narrativa, en el juego del estilo. Sus personajes no son más que la proyección fijada de una actitud. El artista, a la vez director y verdadero protagonista, los domina con toda su alegría y gusto por el juego.

A partir de estas posiciones generales sobre la composición y apoyándonos sobre todo en lo que acabamos de exponer aquí sobre Gogol, trataremos de descubrir el nivel composicional fundamental de *El capote*. Esta obra es particularmente interesante para este género de análisis porque la narración puramente cómica, que se sirve de todos los procedimientos de juego estilísticos propios a Gogol, está ligada a la declamación patética que constituye una segunda capa composicional. Nuestros críticos habían tomado esta segunda capa por el fondo y todo el complejo "laberinto de articulaciones" (expresión de Tolstoi) era reducido a una cierta idea que hasta nuestros días no cesan de repetir todos los "estudios" sobre Gogol. Gogol podría dar a semejantes críticos y eruditos, la misma respuesta de Tolstoi a los críticos de *Ana Karenina*: "Los

---

* *Laishnica*: tortilla; *Neuvazhay*: que no respeta; *Korito*: bebedor; *Belobriushkova*: de vientre blanco; *Bashmak*: zapato.

felicito y, arriesgándome, puedo afirmar *qu'ils en savent plus long que moi".*

II

Consideraremos primero aisladamente los procedimientos principales de la narración en *El capote* y seguidamente examinaremos el sistema de sus combinaciones.

Los diferentes retruécanos juegan un papel importante sobre todo al comienzo. Están construidos, en base a una analogía fónica, o a un juego de palabras etimológico, o a un absurdo sobreentendido. En un borrador, la primera frase de la novela contenía un retruécano: "En el Departamento de Impuestos y Recepciones que se llama también a veces Departamento de *Cobardías y tonterías* *...." En el segundo borrador el autor agrega una nota que confirma el juego de palabras: "Que sobre todo los lectores no piensen que esta denominación estaba realmente fundada sobre una verdad cualquiera. No. Aquí no se trata más que de una simple semejanza etimológica. Es por eso que el Departamento de Aguas y Bosques se llama Departamento de Asuntos Amargos y Salados **. A veces los funcionarios hacen algunos hallazgos entre la oficina y la mesa de juego". Este retruécano no tiene lugar en la redacción definitiva. Gogol es particularmente afecto a los retruécanos etimológicos. Así el nombre de Akaky Akakievich era originariamente Tishkievich y no se prestaba al retruécano; a continuación Gogol duda entre dos formas: Bashmakievech (cf. Sobakievich) y Basmakov y se decide finalmente por Bashmachkin. El paso de Tishkievich a Bashmakievich está sugerido por el deseo de formar un retruécano; la elección de la forma Bashmachkin puede ser explicada tanto por la preferencia de Gogol por los sufijos diminutivos como por la mayor expresividad de esta forma que crea un gesto sonoro *sui generis.* El retruécano construido con ayuda de este apellido se complica con procedimientos cómicos que lo enmascaran bajo una apariencia totalmente seria: "... Se ve claramente que deriva de la palabra zapato [*bashmak*]; pero cómo, cuándo y de qué forma, nadie lo sabe. El padre, el abuelo y hasta el cuñado [el retruécano está llevado imperceptiblemente el absurdo: procedimiento frecuente en Gogol] de nuestro funcionario y todos los

---

* En ruso: *podatej i zborov y poshlostej i vzdorov.* (T. T.).
** En ruso: *gornyj i soljanij y gorkij i soljonyj.* (T. T.).

Bashmachkin llevaron siempre botas, a las que mandaban poner suelas sólo tres veces por año" (¹).

El retruécano está como destruido por este tipo de comentarios, tanto más cuanto que ellos introducen detalles completamente extraños (sobre las suelas); de hecho se trata de un retruécano complejo, doble. Encontramos frecuentemente un procedimiento que consiste en enmascarar el absurdo, la asociación ilógica de palabras, mediante una sintaxis lógica y rigurosa, de tal manera que este empleo nos parece involuntario; por ejemplo, en el pasaje sobre Petrovich, quien "a pesar de ser bizco y picado de viruelas, revelaba bastante habilidad en remendar pantalones y fraques de funcionarios y de otros caballeros". Aquí, la absurdidad lógica está enmascarada por la abundancia de detalles que distraen nuestra atención; el retruécano no es evidente; está por el contrario bien disimulado, acrecentando así su poder cómico. En muchas ocasiones se encuentra el retruécano puramente etimológico: "las múltiples calamidades esparcidas por la ruta; no solamente de los consejeros titulares sino también de los consejeros de corte, secretos, actuales, y aún de aquellos que no dan ni piden consejos a nadie".

Estos son los tipos principales de retruécanos empleados por Gogol en *El capote*. Puede agregarse otro procedimiento que apunta a un efecto fónico. Se habló más arriba de la preferencia de Gogol por todos los nombres y designaciones desprovistos de sentido; este género de palabras es "trans-racionales", abre amplias perspectivas a una semántica fónica particular *. Akaky Akakievich es el resultado de una elección fónica bien definida. Toda una anécdota acompaña este nombre y no sin razón; en los borradores, Gogol hace notar especialmente: "Como es natural, se hubieran podido evitar las repeticiones frecuentes de la letra *k*; pero las circunstancias eran tales que resultaba imposible hacerlo". La semántica fónica de este nombre está preparada por una serie de otros nombres que presentan una expresividad fónica particular, que se ha "buscado" con evidente intención. En el borrador la elección era ligeramente distinta:

1. Evvul, Mokky, Evloguy;
2. Varasaj, Dula, Trefily;
   (Varadat, Farmufy **
3. Pavsikaky, Frumenty.

1. N. Gogol, *Obras completas* cit., págs. 706 ss.
* Cf. *Pul' putik y Mon'munja* en *La Carette* (T. T.)
** Nombres preferidos por la parturienta. (T. T.)

En la redacción definitiva:

1. Mokkia, Sossia, Josdasat;
2. Trifily, Dula, Varasaji;
   (Varadat, Varuj)
3. Pavsikajiy, Vajticiy y Akaky.

Comparando las dos listas verificamos que la elección articulatoria es mucho más cuidada en la segunda; ésta posee su sistema fónico particular. La naturaleza cómica de estos nombres no proviene de su carácter inhabitual (lo inhabitual no puede ser cómico de por sí), sino de los motivos que condujeron al autor a elegir el nombre de Akaky y a asociarlo al patronímico Akakievich. Gracias a la uniformidad silábica chocante esta denominación se asemeja más bien a un *apodo* cargado de semántica fónica. El hecho de que la parturienta elija nombres que respetan siempre el mismo sistema fónico, refuerza la impresión cómica. La resultante es una mímica articulatoria, un gesto fónico. Otro pasaje de *El capote* es igualmente interesante bajo ese aspecto. Es el que describe la apariencia de Akaky Akakievich: "... en cierto departamento ministerial trabajaba un funcionario, de quien apenas si se puede decir que tenía algo de particular. Era bajo de estatura, algo picado de viruelas, un tanto pelirrojo y también algo corto de vista, con una pequeña calvicie en la frente, las mejillas llenas de arrugas y el rostro pálido, como el de las personas que padecen de almorranas". Esta última palabra está ubicada de manera de obtener un poder expresivo particular y lo percibimos como un gesto cómico sonoro, independiente del sentido. Dicho gesto está preparado por el proceso de progresión rítmica y, además, por las terminaciones rimadas *. Suena de manera imponente e irreal, sin ninguna relación con el sentido. Es interesante observar que los borradores registran una frase mucho más simple: "en ese departamento trabaja entonces un funcionario bastante oscuro, bajo de estatura, calvo, ligeramente picado de viruelas y también, a primera vista un poco miope". En su forma definitiva esta frase es menos una *descripción realista* que una *reproducción* mimada y articulatoria: las palabras están elegidas y son utilizadas según el principio de la semántica fónica y no según el principio de los rasgos característicos. La visión interna no está ni siquiera rozada (pienso que no hay nada más difícil que pintar los personajes de Gogol): la frase nos deja más bien la impresión de una sucesión fónica, que termina con una palabra insólita y casi desprovista de sentido lógico, pero muy po-

---

* En ruso: *riabovat - ryzhevat - podslepovat*, o sea: pelirrojo y miope (T. T.)

derosa en su expresividad articulatoria: "almorranas". Aquí se impone la afirmación de D. A. Obolenski cuando señala: "Gogol utilizaba a veces una palabra sonora únicamente para obtener una cierta armonía". La frase entera nos da la impresión de una entidad cerrada, de un sistema de gestos fónicos que determinan la elección de las palabras. Es por ello que dichas palabras son apenas perceptibles como unidades lógicas, como designaciones de nociones: descompuestas y recompuestas según el principio del discurso fónico. Este es uno de los efectos de la lengua de Gogol. Algunas de sus frases crean una especie de relieve fónico: articulación y acústica son promovidas a primer plano. El autor presenta la palabra más ordinaria de una manera tal que la significación lógica o concreta se desdibuja; la semántica fónica es por el contrario destacada y la simple designación adquiere el aspecto de un apodo: "vino a presentar queja contra un funcionario que, habiendo depositado su *alabarda* a su lado vació la tabaquera sobre su puño calloso". O bien: "Se podrán también disimular las abotonaduras del cuello bajo pequeñas *patas* de plata como está de moda actualmente." El último caso es un juego articulatorio evidente (la repetición *lpk - plk* *).

Gogol no utiliza un discurso neutro, o sea un discurso de simples nociones psicológicas o concretas, lógicamente distribuidas en proposiciones correctas. El discurso fónico que reposa sobre principios articulatorios y mímicos, alterna con una entonación tensa que sostiene los períodos. Sus obras están a menudo construidas a partir de esta alternativa. Un ejemplo sorprendente es *El capote*: un período declamatorio y patético: "Cuando el cielo gris de Petersburgo oscurece totalmente y toda la población de empleados se ha saciado cenando de acuerdo con sus sueldos y gustos particulares; cuando todo el mundo descansa, procurando olvidarse del rasgar de las plumas en las oficinas, de los vaivenes, de las ocupaciones propias y ajenas y de todas las molestias que se toman voluntariamente los hombres inquietos y a menudo sin necesidad, etc." El extenso período que hacia el final lleva la entonación a un punto de tensión extrema, termina con un desenlace de una simplificación inesperada: "Akaky Akakiévich no se entregaba a diversión alguna". Se percibe un desacuerdo cómico entre la tensión de la entonación sintáctica que ha comenzado sorda y discretamente y su consistencia semántica. Esta impresión está reforzada por la elección de las palabras, que parecen contradecir la construcción sintác-

---

* En ruso: *lapki pod aplike*.

tica del período: "Caritas... picante señorita... bebiendo el té a sorbos con bizcochos baratos"; también, en fin, por la anécdota acerca del monumento de Falconet, que se inserta como de paso. Esta contradicción o discordancia actúa sobre las palabras mismas de manera tal que se vuelven extrañas, insólitas, suenan de una manera inesperada e impresionan el oído como si hubieran sido descompuestas o inventadas por primera vez por Gogol. También se encuentra en *El capote* otro período declamatorio sentimental y melodramático, que se integra inopinadamente en el estilo general de los juegos de palabras; es el famoso pasaje "humanista" al que la crítica rusa le otorgó tanta importancia que vio en él la esencia de toda la obra, en lugar de reconocer su papel de procedimiento artístico secundario: "¡Dejadme! ¿Por qué me ofendéis? Y había algo de extraño en estas palabras y en el tono de voz con que las pronunciaba. En ellas aparecía algo que inclinaba a la compasión y así sucedió que un joven... Y aún mucho más tarde, en los momentos de mayor regocijo, se le aparecía la figura de aquel diminuto empleado con la calva sobre la frente... Y simultáneamente con estas palabras resonaban otras... y se tapaba la cara con las manos..." Este pasaje no existe en los borradores; es posterior y pertenece indiscutiblemente al segundo estrato, el que alterna el estilo puramente anecdótico de los primeros esbozos con los elementos de una declamación patética (²).

En *El capote*, Gogol hace hablar muy poco a sus personajes y sus discursos son construídos de una manera particular, constante en él, de tal modo que estos diálogos son siempre estilizados y pese a las diferencias individuales no dan la impresión de una lengua familiar, como ocurre en el caso de Ostrovski (con razón Gogol leía de manera distinta que él). Las palabras de Akaky Akakiévich entran en el sistema general del discurso fónico y de la articulación mímica de Gogol; son siempre elaboradas y acompañadas por comentarios: "Hay que decir que Akaky Akakiévich se ex-

---

2. V. Rozanov explica este pasaje como "el sufrimiento del artista ante el principio de la creación, su llanto frente al cuadro asombroso que él no sabe pintar de otra manera y al que, una vez pintado, admira, odia y desprecia" (cf. el artículo "Como fue creado el personaje de Akaky Akakiévich" en el libro *La leyenda del Gran Inquisidor*, Petersburgo, 1906, págs. 278-279). También: "Y he aquí que, interrumpiendo este torrente de burlas, golpeando la mano que no puede cesar de escribirlas, aparece una nota marginal añadida ulteriormente: 'pero Akaky Akakiévich no les decía nada...'." No consideramos el problema del sentido filosófico y psicológico de este pasaje, al que tratamos aquí sólo como un procedimiento artístico. En cuanto tal debe ser apreciado, desde el punto de vista de la composición, como una integración del estilo declamatorio en el sistema de la narración cómica.

plicaba la mayor parte del tiempo por medio de preposiciones, de adverbios y de partículas desprovistas de toda significación". La lengua de Petrovich, contrariamente a la articulación fragmentaria de Akaky Akakiévich, es concisa, rigurosa y sólida, y procede por contrastes; no hay en ella los matices de la lengua familiar, la entonación cotidiana no le cuadra y sus palabras son tan "rebuscadas" y convencionales como las de Akaky Akakiévich. Como ocurre siempre en Gogol (*La pareja de otrora, Por qué riñeron Iván Ivanovich e Iván Nikiforovich, Almas muertas* y las piezas teatrales), estas frases están allí fuera del tiempo, fuera del momento, inmutables y definitivas: es una lengua de marionetas. Las expresiones característica de Gogol, su narración, son rebuscadas. En *El capote*, la narración imita una cháchara descuidada e ingenua. Los detalles "superfluos" aparecen como involuntarios: "...a la derecha se hallaban el padrino, Iván Ivanovich Yeroshkin, hombre excelente, jefe de oficina en el Senado, y la madrina, Arina Semionovna Bielobriushkova, esposa de un oficial de la policía y mujer de virtudes extraordinarias". O bien su narración toma el carácter de una charla familiar: "Es verdad que no haría falta hablar de este sastre, mas como es costumbre en cada narración esbozar fielmente el carácter de cada personaje, no queda otro remedio que presentar aquí a Petrovich". Tras esta declaración, el autor termina de caracterizar a Petrovich señalando que bebe en todas las fiestas, sin excepción; y ahí reside la esencia del procedimiento cómico. Lo mismo ocurre con su esposa: "Ya que hemos mencionado a su mujer, convendría decir algunas palabras acerca de ella. Desgraciadamente no se sabía nada de la misma, a no ser que era esposa de Petrovich y que se cubría la cabeza con un gorrito y no con un pañuelo. Al parecer, no podía enorgullecerse de su belleza; a lo sumo, alguno que otro soldado de la guardia es muy posible que si se cruzase con ella por la calle le echase alguna mirada debajo del gorro, acompañada de un extraño movimiento de la boca y de los bigotes, con un curioso sonido inarticulado". Este estilo narrativo se inscribe de una manera particularmente incisiva en una frase como "Desgraciadamente, no pudo recordar de momento dónde vivía el funcionario anfitrión; la memoria empezó a flaquearle y todo cuanto había en Petersburgo, sus calles y sus casas se mezclaron de tal suerte en su cabeza que resultaba difícil sacar de aquel caos algo más o menos ordenado". Si agregamos a esta frase los numerosos "cualquiera", "desgraciadamente sabemos muy poco", "nada se sabe de ello", "no recuerdo", etc., obtendremos una imagen del procedimiento de relato directo que da a todo el relato las apariencias de una historia verídica, de una historia del tipo de un acontecimiento ordinario y trivial, pero del que no todos los detalles serían conocidos por el narrador, quien se aparta de buena gana de la anécdota principal insertando en ella anécdotas digresivas: "se dice que...". Ejemplos: la demanda —al principio del relato— de un jefe de policía del distrito ("no recuerdo en qué ciudad"), la tirada acerca de los antepasados de Bashmachkin, la referente a la cola del caballo del monumento de Falconnet, las observaciones sobre el consejero titular nombrado gobernador que se ha hecho reservar una pieza llamada "sala de reuniones", etc. Sabemos que la idea de la obra la tomó Gogol de una "anécdota de oficina" referida a un pobre funcionario que había perdido el fusil para el cual había economizado, durante largo tiempo. "La primera idea de su admirable novela breve *El capote* era una anécdota", nos comunica P. V. Annenkov. Al principio, la obra llevaba por título "Historia de un funcionario que roba un capote", y en los borradores la narración tendía a una mayor estilización, a una charla descuidada y familiar: "Francamente, no recuerdo su nombre", "en el fondo, era una flor de bestia", etc. En la redacción definitiva Gogol atenuó ligeramente este tipo de procedimiento e interpoló anécdotas y juegos de palabras, pero también introdujo la declamación, complicando el primer nivel de composición. <u>El resultado es un efecto grotesco en el que la mueca de la risa alterna con la del sufrimiento y ambas adquieren el aire de un juego donde se suceden convencionalmente gestos y entonaciones.</u>

III

Examinaremos a continuación esta alternancia, a fin de captar el tipo de combinación de los procedimientos particulares.

<u>Estas combinaciones, este encadenamiento, provienen del relato directo, cuyos rasgos ya hemos definido. Se ha visto que este relato es de carácter mímico y declamatorio y no meramente narrativo: no es un narrador quien asoma del texto el *El capote* sino un Gogol intérprete y aun comediante</u>. ¿Cuál es la trama de este papel, cuál su esquema?

La obra comienza con un conflicto, una interrupción, un brusco cambio de tono: la rápida introducción ("En el ministerio") se detiene repentinamente para hacer lugar no a la entonación épica del narrador que cabía esperar, sino a un tono sarcástico, de una irritación excesiva. La primera composición es remplazada por digresiones de toda clase, de donde resulta un efecto de improvisación. Todavía no se ha dicho nada, y ya se nos cuenta vivazmente una anécdota, con negligencia ("no se ya en qué ciudad", "en qué novela"). Luego vuelve el tono insinuado al comienzo: "...en cierto departamento ministerial trabajaba un funcionario". Pero este nuevo retorno a la narración épica es remplazado inmediatamente por la frase a la que hemos aludido, frase tan rebuscada y que apunta tan directamente a lograr un efecto auditivo, que nada queda de la narración impersonal y fría. Gogol entra en su papel y, tras rematar esta sorprendente y caprichosa serie de palabras con un término de pomposa sonoridad y desprovisto de sentido ("almorranas"), concluye con una mueca: "¡Qué se le va a hacer! La culpa la tenía el clima petersburgués". El tono personal, junto con todos los procedimientos de la narración gogoliana, entran definitivamente en el relato y toman el carácter de un grotesco amaneramiento, o de una mueca que prepara el camino al retruécano sobre el apellido y a la anécdota del nacimiento y bautismo de Akaky Akakiévich. Las frases impersonales con las que acaba esta anécdota ("Y así se formó el nombre...", "Y así fue como sucedieron las cosas") dan la impresión de un juego con la forma narrativa: no por azar encontramos allí un ligero juego de palabras que confiere a dichas frases la apariencia de una serie de torpes repeticiones. Sigue luego un despliegue de burlas hasta la frase: "...pero... no replicaba nada", punto en que la narración cómica es repentinamente interrumpida por una digresión melodramática caracterizada por los procedimientos del estilo sentimental. <u>Este procedimiento promueve la simple anécdota de *El capote* al nivel del género grotesco. El contenido sentimental y deliberadamente primitivo de este trozo (en esto lo grotesco se asemeja al melodrama) se expresa por medio de una entonación de intensidad creciente y de carácter solemne, patético</u> (los "y" introductorios y el orden particular de las palabras): "Y había algo extraño Y aún mucho más tarde... Y simultáneamente con estas palabras... se tapaba la cara con las manos... Y más de una vez en el curso de su vida, se estremeció...". Este procedimiento recuerda el recurso escénico que consiste en que el actor sale de su papel y se dirige directamente a los espectadores. (Cf. *El inspector*: "¿De quién se burlan ustedes? De ustedes mismos"; o las palabras célebres: "¡Qué aburrido es el mundo, señores!" en *La disputa*). Tenemos la costumbre de interpretar literalmente este pasaje: el procedimiento artístico que transforma el relato cómico en una farsa grotesca y prepara la conclusión "fantástica", es considerado como una intervención sincera y auténtica del autor. Si esta ilusión es un "triunfo del arte", según la expresión de Karamzin, si la ingenuidad del espectador es conmovedora, tal ingenuidad, lejos de ser un triunfo para la ciencia, denunciaría más bien su importancia. Esta interpretación destruye la estructura íntegra de *El capote* y su

intención estética. Una vez adoptada la proposición fundamental —ni una sola obra literaria *puede* ser en sí una expresión directa de los sentimientos personales del autor, sino que es siempre construcción y juego— *no podemos y no debemos* ver en semejante trozo más que un determinado procedimiento artístico. El trámite habitual que consiste en identificar un juicio particular extraído de la obra con un supuesto sentimiento del autor lleva a la ciencia a un callejón sin salida. El artista, hombre sensible que pasa por tal o cual estado de ánimo, no puede ni debe ser recreado a partir de su creación. La obra de arte es un objeto acabado al que se ha dado forma, que ha sido inventado y que es, no solamente artístico, sino también artificial (en el mejor sentido de esta palabra). Por tal motivo, *no es ni puede ser* una proyección de la experiencia psicológica. El carácter artístico y artificial de este procedimiento de Gogol en el trozo de *El capote* se manifiesta sobre todo en la cadencia de esta frase melodramática que pasa por ser una expresión ingenua y sentimental utilizada por el autor para acentuar lo grotesco: "El pobre infeliz se tapaba la cara con las manos, y más de una vez, en el curso de su vida, se estremeció al ver cuánta inhumanidad hay en el hombre y cuánta dureza y grosería cubren los modales de una supuesta educación selecta y esmerada. Y, ¡Dios mío! hasta en las personas que pasaban por nobles y honradas..."

El episodio melodramático es utilizado para establecer un contraste con la narración cómica. Cuanto más hábiles son los retruécanos, tanto más patéticos y estilizados —en el sentido de un sentimentalismo ingenuo— debe ser el procedimiento que rompe con el juego cómico. Una reflexión grave no habría producido el contraste ni conferido carácter grotesco a toda la composición. No debe sorprendernos entonces que después de este episodio Gogol vuelva al estilo precedente, ya deliberadamente impersonal, ya festivo y descuidadamente locuaz, mechado con juegos de palabras tales como: "se daba cuenta de que no estaba en medio de una página, sino en medio de la calle". Después de relatar cómo Akaky Akakiévich come y deja de comer al sentir el estómago repleto, Gogol retoma la declamación, pero en un tono diferente: "Cuando...". Para obtener el mismo efecto grotesco se introduce aquí una entonación sorda, "enigmática", que va creciendo lentamente a lo largo de un inmenso período que llega a un desenlace de sorpresiva simplicidad: el equilibrio que era dable esperar en virtud del tiempo sintáctico del período, equilibrio entre la energía semántica del largo crescendo ("Cuando..., cuando..., cuando...") y la cadencia, no se realiza, como lo anuncia la elección misma de las palabras y expresiones. El desacuerdo entre la entonación solemne y grave y el contenido semántico es utilizado nuevamente como procedimiento grotesco. Lógicamente, esta nueva "finta" del comediante se resuelve en un juego de palabras: "Y así transcurría la vida de este hombre apacible que...". Este diseño esbozado en la primera parte y que entrecruza la narración puramente anedóctica con la declamación melodramática y solemne, define la composición de *El capote* como grotesca. El estilo grotesco exige ante todo que la situación o el hecho descriptos sean encuadrados en un mundo artificial, reducidos a dimensiones liliputienses (como en *La pareja de otrora* y en *Por qué riñeron*...) y completamente aislados de la vasta realidad, de la riqueza de una auténtica vida interior; reclama también la renuncia a todo objetivo didáctico o satírico y que se proceda de manera de posibilitar un *juego con la realidad*, de descomponer y desplazar libremente estos elementos, con el solo fin de que las referencias y los nexos habituales (psicológicos y lógicos) se revelen como irreales en este mundo *reconstruido* y que todo detalle pueda cobrar dimensiones gigantescas. Sobre el fondo de un estilo semejante, el mínimo vislumbre de verdadero sentimiento adquiere una tonalidad sobrecogedora. En la anécdota sobre el funcionario, Gogol valoriza ese complejo cerrado y extremedamente reducido de pensamientos, sentimientos y deseos; en este marco estrecho, el artista puede exagerar los detalles y destruir las proporciones habituales del mundo. El esquema de *El capote* se basa en este principio. No se trata en modo alguno de la "nulidad" de Akaky Akakiévich ni del sermón que predica el "humanismo" para con un hermano desventurado, sino de la posibilidad que adquiere Gogol de conciliar lo inconciliable, de exagerar lo insignificante y de minimizar lo importante, habiendo previamente aislado de la vasta realidad el mundo del relato. En una palabra, el escritor puede jugar con todas las normas y leyes de la vida interior real. El mundo interior de Akaky Akakiévich (si podemos permitirnos está expresión) no es *nulo* (como pudieron hacernos creer nuestros historiadores de la literatura crédulos y sensibles, hipnotizados por Bielinski), sino *específico* y absolutamente aislado: "En este trabajo de copia, entreveía un mundo múltiple y atrayente. Fuera de esta tarea, nada parecía existir para él". Este mundo tiene su propias leyes y sus proporciones. Según ellas, la adquisición de un abrigo nuevo se transforma en un acontecimiento colosal, y Gogol nos ofrece una fórmula grotesca: "...El se alimentaba espiritualmente, con la eterna idea de su futuro capote"; y también: "...diríase... que otro ser estuviera siempre en su presencia, como si ya no estuviera solo, sino que una querida compañera hubiera accedido gustosa a caminar con él por el sendero de la vida. Y esta compañera no era otra sino el famoso capote, guateado con un forro fuerte e intacto". <u>Los pequeños detalles acceden a un primer plano</u>, como por ejemplo la uña de Petrovich "fuerte y firme como la concha de una tortuga", o su tabaquera "con el retrato de un general cuyo nombre no se podía precisar puesto que la parte donde antes se viera la cara estaba perforada por el dedo y tapada ahora con un pedazo rectangular de papel" (³).

Este uso grotesco de la hipérbole se desarrolla, como antes, sobre el fondo de una narración cómica, entremezclada con retruécanos, expresiones pintorescas, anécdotas, etc.: "No compraron marta porque, en efecto, era muy cara; pero en cambio, escogieron la más hermosa piel de gato que había en toda la tienda y que, de lejos, fácilmente se podía tomar por marta"; o bien "¿Qué cargo ocupaba ese personaje? ¿en qué consistían sus funciones? De esto nada sabemos hasta ahora. Cabe señalar que este personaje se había hecho importante sólo desde poco tiempo atrás"; y también: "Hasta cuentan que cierto consejero titular cuando lo ascendieron a director de una oficina pequeña en seguida se hizo separar su cuarto por medio de un tabique de lo que él llamaba «sala de reuniones». A la puerta de dicha sala colocó unos conserjes con cuellos rojos y galones que siempre tenían la mano puesta sobre el picaporte para abrir la puerta a los visitantes aunque en la «sala de reuniones» apenas si cabía un escritorio de tamaño regular". Al mismo tiempo, el autor "toma" a veces la palabra con el tono descuidado que había adoptado desde el comienzo y que parece disimular una coquetería: "También puede que no pensara nada semejante: es imposible penetrar en el alma de un hombre (tomando en cuenta la interpretación general de la imagen de Akaky Akakiévich, esto es también una especie de retruécano) y saber con certeza lo que en ella ocurre" (juego con la anécdota como si se tratara de la realidad). La muerte de Akaky Akakiévich está relatada en un estilo tan grotesco como el empleado para conocer su nacimiento, en el que alternan los detalles trágicos y cómicos, interrumpidos por la frase repentina: "Finalmente el pobre Akaky

3. Los ingenuos nos dirán que esto es "realismo", "descripción", etc. Discutir con ellos sería ocioso; es suficiente con que reflexionen en el hecho de que el autor nos habla extensamente de la uña y de la tabaquera mientras que del propio Petrovich sólo nos dice que tenía la costumbre de beber en todas las fiestas, que tenía mujer y que ésta llevaba un sombrero. Procedimiento evidente de composición grotesca, que destaca los menores detalles y descuida los que merecerían una mayor atención.

Akakiévich exhaló el último suspiro"(4), de donde se pasa inmediatamente a dar todo tipo de detalles: el recuento de la herencia: "un pequeño paquete con plumas de ganso, un cuaderno de papel con membrete oficial, tres pares de calcetines, dos o tres botones desprendidos de un pantalón y el viejo capote que ya conoce el lector", que remata una conclusión en el estilo habitual: "Dios sabe para quien quedó todo esto! Reconozco que el autor de esta narración no se interèsó por el particular". Sigue una nueva declamación melodramática, como era de preveer después de la descripción de una escena tan triste y que nos remite al pasaje "humanista": "San Petersburgo quedó sin él como si jamás hubiera existido. Así desapareció un ser humano que nunca tuvo quien lo amparara, a quien nadie había querido y que jamás interesó a nadie, ni siquiera llamó la atención del naturalista, quien no desprecia de poner en el alfiler una mosca común y examinarla en el microscropio", etc.

El final de *El capote* es una impresionante apoteosis de lo grotesco, algo así como la escena muda de *El inspector*. Los crédulos eruditos que habían visto en el fragmento "humanista" la esencia del relato quedan perplejos ante la irrupción inesperada e incomprensible del "romanticismo" en el "realismo". El propio Gogol les sugiere: "¿Pero quién iba a imaginarse que con ello no termina la historia de Akaky Akakiévich ya que estaba destinado a vivir ruidosamente aún muchos días después de muerto, recompensa a su vida que pasó inadvertida? Y sin embargo, así sucedió y nuestro sencillo relato va a tener de repente un final fantástico e inesperado". En realidad, la conclusión no es ni más fantástica ni más "romántica" que el resto del relato. Por el contrario; en éste <u>hay un grotesco fantástico presentado como un juego con la realidad; en la conclusión, se entra en un mundo de imágenes de hechos más habituales, aunque en todo prosigue su juego con lo fantástico. Se trata de una nueva "finta", de un procedimiento grotesco invertido</u>: "El fantasma, volviéndose, le habría preguntado finalmente: ¿Qué deseas? y le enseñó un puño de un tamaño que no se da entre las personas vivas. —Nada— replicó el guardia, y no tardó en dar media vuelta. Por lo demás, esta vez el fantasma era mucho más alto y llevaba inmensos bigotes. Dirigiéndose, según parece, hacía el puente Obujov, se perdió en las sombras de la noche".

---

4. En el contexto general, aún esta expresión corriente suena de manera insólita y extraña y se asemeja a un retruécano: fenómeno constante en la lengua de Gogol.

La anécdota relatada en el final nos aleja de la "pobre historia" y de sus episodios melodramáticos. Es un retorno a la narración puramente cómica del principio, con todos sus procedimientos. Con el fantasma de bigotes, todo el grotesco desaparece en la sombra y se disuelve en la risa, así como en *El inspector* desaparece Jlestakov y la escena muda remite al espectador al comienzo de la obra.

1918

LAS TRANSFORMACIONES
DE LOS CUENTOS FANTASTICOS

V. PROPP

I

Se puede, por diversos conceptos, comparar el estudio de los cuentos con el de las formas orgánicas de la naturaleza. Tanto el folklorista como el naturalista se ocupan de fenómenos distintos que, sin embargo, son idénticos en su esencia. La cuestión del origen de las especies planteadas por Darwin puede también plantearse en nuestro dominio. En el reino de la naturaleza, como en el que nos ocupa, no existe una explicación directa, completamente objetiva y absolutamente convincente de la semejanza de los fenómenos. Este hecho nos coloca ante un verdadero problema; y en cada caso son posibles dos puntos de vista: o se afirma que para dos fenómenos que no tienen ni pueden tener ninguna relación exterior, su semejanza no nos conduce a una raíz genética común (teoría de la génesis independiente de las especies), o esta semejanza morfológica es interpretada como la consecuencia de un cierto vínculo genético (teoría del origen por metamorfosis o transformaciones que remontan a una cierta causa).

Para resolver el problema es necesario ante todo tener una idea de la naturaleza exacta de la semejanza entre los cuentos. Hasta el presente, para definir esta semejanza sólo se consideraba el relato entero y sus variantes. Este método es únicamente admisible en el caso de que se adopte el punto de vista de la génesis independiente de las especies. Los partidarios de este método rehusan toda comparación de los argumentos entre sí, por considerarlo erróneo, si no imposible ([1]).

---

1. Aarne nos pone en guardia contra tal error en su *Leitfaden der vergleichenden Märchenforschung*.

Sin negar la utilidad del estudio de los argumentos y de una comparación que tomaría en cuenta sus semejanzas, se puede proponer otro método, otro patrón de medida: comparar los cuentos desde el punto de vista de su composición, de su estructura; su semejanza se presentará entonces bajo una nueva luz([2]).

Es posible observar que los personajes de los cuentos fantásticos (aunque diferentes en su apariencia, edad, sexo, género de preocupaciones, estado civil y otros rasgos estáticos y atributivos) cumplen, a lo largo de la acción, los mismos actos. Esto determina la relación de las constantes con las variables: las funciones de los personajes representan las constantes; todo el resto puede variar.

Ejemplo:

1. El rey envía a Iván a buscar la princesa. Iván parte.
2. El rey envía a Iván a buscar un objeto especial. Iván parte.
3. La hermana envía a su hermano a buscar un remedio. El hermano parte.
4. La suegra envía a su nuera a buscar fuego. La nuera parte.
5. El herrero envía al aprendiz a buscar la vaca. El aprendiz parte.

El envío y la partida ligada a la búsqueda son las constantes. El que envía y el que parte, la motivación del envío, etc. son las variables. Las etapas de búsqueda, los obstáculos, etc., pueden coincidir en su esencia sin coincidir en su apariencia. Las funciones de los personajes pueden aislarse; los cuentos fantásticos poseen treinta y una. No todos presentan todas las funciones, pero la ausencia de algunas de ellas no influye en el orden de sucesión de las otras. Su conjunto constituye un sistema, una composición, que resulta ser extraordinariamente estable y difundido. El investigador puede establecer cómo cuentos diferentes, tales como el egipcio de los dos hermanos, el del pájaro de fuego, el de Morozok *, el del pescador y el pescado, así como cierto número de mitos, autorizan un estudio común. El análisis de los detalles confirma esta suposición. El sistema no se limita a treinta y una fracciones: un motivo como el de "Baba Yaga ** da un caballo a Iván" comprende cuatro elementos de los cuales uno representa una función mientras que los otros tres tienen un carácter estático.

---

2. Mi estudio "La morfología del cuento", que aparece en la serie *Problemas de la poética*, está consagrado a este problema.
* Personaje que representa el frío en los cuentos populares rusos.
** Personaje fantástico de sexo femenino en los cuentos rusos.

El número total de elementos o partes constitutivas del cuento es aproximadamente de ciento cincuenta y se puede dar un nombre a cada uno según su papel en el desarrollo de la acción. En el ejemplo citado, Baba Yaga es el personaje bienhechor, la palabra "da" representa el momento de la entrega; Iván es el personaje que recibe el objeto mágico; el caballo, es el objeto mágico.

Si se toman en cuenta los nombres de los ciento cincuenta elementos del cuento fantástico según el orden que requiere, podría incluírse en esta tabla todos los cuentos fantásticos: el cuento que pueda figurar en ella es un cuento fantástico; el que no pueda hacerlo, pertenece a otro clase de cuentos. Cada ítem aísla una parte constitutiva del cuento; la lectura vertical de la tabla revela una serie de formas fundamentales y otra de formas derivadas.

Estas partes constitutivas son las que mejor se prestan a una comparación. En zoología correspondería a una comparación de vértebras con vértebras, de dientes con dientes, etc. Al mismo tiempo, las formaciones orgánicas y los cuentos presentan una gran diferencia que facilita nuestra tarea. Mientras que en el primer caso el cambio de una parte o de un rasgo determina el cambio de otro rasgo, en el cuento cada parte puede variar independientemente de las otras. Muchos investigadores han observado este fenómeno, pero por el momento no sabemos que se hayan extraído todas las consecuencias metodológicas y de otros tipos[3].

Así, Krohn, de acuerdo con Spiess en cuanto a la movilidad de las partes constitutivas, considera necesario estudiar los cuentos según el plan general y no según sus partes, pero no encuentra argumentos de peso para defender esta posición que caracteriza bien la escuela finlandesa.

Nosotros creemos que se pueden estudiar las partes constitutivas sin tener en cuenta el argumento que componen. El estudio de los ítems verticales indica las normas y vías de transformación. Gracias a la unión mecánica de las partes constitutivas, lo que es verdadero para cada elemento particular lo será para el plan general.

---

3. Cf. F. Panzer: *Märchen, Sage und Dichtung*, München, 1905: "Seine Komposition ist eine Mosaikarbeit, die das schillernde Bild aus deutlich abgegrenzten Steinchen gefügt hat. Und diese Steinchen bleinchen unso leichter auswechselbar, die einzelnen Motive können umso leichter veriieren, als auch nigends für eine Verbindung in die Tiefe gesorgt ist." Evidentemente, se niega aquí la teoría de las combinaciones estables o de los vínculos constantes. K. Spiess ha expresado la misma idea con mayor fuerza y más detalladamente (*Das deutsche Volksmärchen*, Leipzig, 1917). Cf. también K. Krohn, *Die folkloristische Arbeitsmethode*. Oslo, 1926.

II

El presente trabajo no se propone agotar la cuestión. Sólo ofrecerá algunas pautas principales que constituirán las bases de un estudio teórico más amplio.

Aún tratándose de una exposición, antes de pasar al estudio de las transformaciones es necesario establecer los criterios que nos permiten distinguir las formas fundamentales de las formas derivadas. Esos criterios pueden ser expresados por medio de ciertos principios generales o bien mediante reglas particulares. Veamos en primer término los principios generales.

Para establecerlos es necesario considerar el cuento en relación con su medio, con la situación en que fue creado y en la cual vive. La vida práctica y la religión en el sentido amplio de la palabra, tendrán enorme importancia. Las razones de las transformaciones son exteriores al cuento y no podremos comprender su evolución sin establecer comparaciones.

Llamaremos forma fundamental a la que está ligada al origen del cuento que, sin duda alguna, tiene generalmente su fuente en la vida. Pero el cuento fantástico refleja muy poco la vida corriente; todo lo que proviene de la realidad representa una forma secundaria. Para comprender el verdadero origen del cuento debemos utilizar en nuestro trabajo informaciones detalladas sobre la cultura de esa época. Comprobamos así que las formas definidas como fundamentales por tal o cual razón están visiblemente vinculadas con antiguas representaciones religiosas. Puede suponerse lo siguiente: si encontramos la misma forma en un documento religioso y en un cuento, la forma religiosa es primaria, en tanto que la forma del cuento es secundaria. Esto es verdadero sobre todo en lo relativo a las religiones arcaicas. Todo elemento de las religiones actualmente desaparecidas es siempre preexistente a su utilización en un cuento. Esta afirmación es seguramente imposible de probar, como tampoco lo es demostrar tal dependencia; sólo puede ser sostenida a partir de numerosos ejemplos. Este es un primer principio general que podrá desarrollarse ulteriormente.

El segundo principio puede ser formulado del siguiente modo: si se encuentra el mismo elemento en dos formas, de las cuales una deriva de la vida religiosa y la otra de la vida práctica, la forma religiosa es primaria y la otra secundaria.

De todas maneras, hay que mantener cierta prudencia en la aplicación de estos principios. Tratar de hacer remontar todas las formas fundamentales a la religión y todas las formas derivadas a la vida práctica, sería indudablemente un error. Para prevenir semejantes errores, debemos esclarecer aún más los métodos a seguir en el estudio comparativo del cuento y la religión, del cuento y la vida práctica.

Se pueden establecer varios tipos de relaciones entre el cuento y la religión. El primero es la dependencia genética directa, que es completamente evidente en ciertos casos y que exige investigaciones históricas especiales en otros. Un ejemplo incuestionable es el del dragón, que se encuentra en las religiones y en los cuentos.

La existencia de este vínculo, sin embargo, no es obligatoria aún en el caso de una gran semejanza entre ambos. La relación existe sólo cuando se trata de datos ligados directamente a los cultos, a los ritos. Es necesario distinguir estas informaciones recibidas del rito de las que nos son proporcionadas por la poesía épica religiosa. En el primer caso podemos hablar de un parentesco directo, que sigue una línea de descendencia análoga al parentesco de padre e hijo; en el segundo caso se trata de una relación paralela análoga al parentesco entre hermanos. Así, la historia de Sansón y Dalila no puede ser considerada como el prototipo del cuento: el cuento semejante a esta historia y el texto bíblico pueden derivar de una fuente común.

El carácter primario de la materia de los cultos, sólo puede afirmarse con alguna reserva, aunque hay casos en que se lo puede hacer sin vacilaciones. Es verdad que a menudo no encontramos el documento sino las imágenes del mismo, en base a las cuales está construido el cuento. Pero sólo podemos juzgar las imágenes a través de los documentos. Una de esas fuentes es el Rig-Veda, todavía poco conocido por los folkloristas. Si el cuento comprende alrededor de ciento cincuenta partes constitutivas, por lo menos sesenta ya se encuentran en el Rig-Veda, si bien están utilizadas con finalidad lírica y no épica. Al respecto no hay que olvidar que el Rig-Veda está constituido por himnos religiosos y no populares. Esta poesía lírica se transforma sin duda en poesía épica entre la gente de pueblo (pastores, campesinos). Si el himno glorifica a Indra como vencedor de los dragones (y los detalles corresponden a veces exactamente a los del cuento), el pueblo puede contar bajo una forma cualquiera de qué manera Indra lo venció.

Verifiquemos esta afirmación con un ejemplo más concreto. Reconocemos fácilmente a Baba Yaga y su cabaña en el himno siguiente:

"Señora de los bosques, señora de los bosques, ¿dónde te pierdes? ¿Por qué no preguntas por el pueblo? ¿No tienes miedo?

Cuando resuenan los grandes gritos y los trinos de los pájaros, la señora de los bosques se siente como un príncipe que viaja al son de los címbalos.

Crees entonces que las vacas pacen: crees percibir, allá lejos, una cabaña. Se siente un grito en la tarde como si pasara una carreta. Es la señora de los bosques. Alguien llama a la vaca allá lejos: alguien derriba los árboles, allá lejos; alguien grita, allá lejos. Así piensa el que pasa la noche en los dominios de la señora de los bosques.

Glorifico a ese ser que emana un perfume de hierba, que no siembra pero encuentra siempre su alimento, a la madre de los animales salvajes, la señora de los bosques".

Encontramos aquí muchos elementos del cuento: la cabaña en el bosque, el reproche vinculado con las preguntas (dado en un orden inverso), la hospitalidad (lo alimentó, le dio de beber, le ofreció albergue), la indicación de la hospitalidad posible de la señora de los bosques y de que ella es la madre de los animales salvajes (en el cuento ella llama a los animales). Otros elementos no están presentes: las patas de gallina de la cabaña, el aspecto de la señora, etc. He aquí la coincidencia impresionante de un pequeño detalle: el que se encuentra en la cabaña sueña que corta árboles. En Afanasiev (4), Nº 55, el padre, luego de haber dejado a su hija en la cabaña, ata un trozo de madera a la carreta. La madera golpea y la joven dice: "es mi padre que corta los árboles".

Todas estas coincidencias son tanto menos ocasionales cuanto que no son las únicas. No son sino algunas de las numerosas y exactas coincidencias entre el cuento y el Rig-Veda.

Por supuesto que no se puede considerar este paralelo como prueba de que nuestro Beba Yaga remonta al Rig-Veda. Señala solamente que en general el movimiento se esboza de la religión al cuento y no a la inversa, y que es aquí donde deben comenzar las investigaciones comparativas precisas.

Todo lo que se dijo hasta ahora es verdadero sólo en el caso de que un gran lapso separe la aparición de la religión y del cuento, que la religión esté ya muerta o sus comienzos se pierdan en el pasado prehistórico. Cuando comparamos una religión existente y un cuento viviente de un mismo pueblo las cosas son distintas. Aquí puede tratarse de una dependencia inversa, lo que no es posible entre una religión muerta y un cuento contemporáneo. Los elementos cristianos del cuento (los apóstoles en el papel de colaboradores, el diablo en el papel del malvado, etc.) son posteriores a los cuentos y no anteriores como en el caso precedente. Estrictamente hablando, no se trata de una relación inversa

---

4. Colección de cuentos populares rusos.

a la del caso anterior. El cuento (fantástico) proviene de las viejas religiones, pero la religión contemporánea no proviene de los cuentos; tampoco los crea, pero modifica sus elementos. Existen algunos casos raros de verdadera dependencia inversa; casos en que los elementos de la religión vienen del cuento. La historia de la santificación por la Iglesia occidental del milagro de San Jorge con el dragón nos ofrece un ejemplo muy interesante. Este milagro fue consagrado bastante después de la canonización de San Jorge y esta consagración tropezó con una resistencia obstinada por parte de la iglesia ([5]).

Como el combate con el dragón existe en muchas religiones paganas, es necesario admitir que tiene en ellas su verdadero origen. En el siglo XIII, cuando estas religiones no tenían ninguna supervivencia, sólo la tradición épica popular desempeñaba el papel intermediario. La popularidad de San Jorge por una parte y la del combate con el dragón por otra, asociaron la imagen de San Jorge y la del combate. La Iglesia se vio obligada a reconocer la fusión producida y santificarlo.

Finalmente, al lado de la dependencia genética directa del cuento y la religión, del paralelismo y la dependencia inversa, existe el caso de ausencia total de vínculo a pesar de las semejanzas posibles. Imágenes idénticas pueden surgir independientemente unas de otras. El caballo mágico puede ser comparado con los caballos sagrados alemanes y con el caballo de fuego Agni en el Rig-Veda. Los primeros no tienen nada que ver con nuestro Gris-Pardo, el segundo se le parece en todos sus aspectos. La analogía puede ser utilizada sólo en el caso que sea más o menos completa; fenómenos parecidos pero heterónomos deben ser excluidos de las comparaciones.

El estudio de las formas fundamentales conduce así a los investigadores a comparar el cuento con las religiones. Por el contrario, el estudio de las formas derivadas en el cuento fantástico está ligado a la realidad. Numerosas transformaciones se explican por su introducción en el cuento y nos obliga a perfeccionar los métodos que sirven para estudiar las relaciones entre el cuento y la vida corriente.

El cuento fantástico, contrariamente a las otras clases de cuentos (anécdotas, *nouvelles*, fábulas, etc.), es relativamente pobre en elementos pertenecientes a la vida real y a menudo se sobrestima el papel de la realidad en su creación. El estudio de la relación del cuento con la vida corriente, exige tener en cuenta la diferencia

---

5. G. Aufhauser, *Das Drachenwunder des heiligen Georg*, Leipzig, 1912.

entre el realismo artístico y la existencia de elementos provenientes de la vida real. Los eruditos se equivocan con frecuencia cuando buscan en la vida real una correspondencia con el relato realista.

Tomemos como ejemplo lo que dice N. Lerner en sus comentarios de *Bova*, de Pushkin. Se detiene en los versos:

> Era en efecto un Consejo de Oro.
> Aquí no se conversaba, se pensaba;
> Todos los magnates reflexionaron largo tiempo,
> Arzamor, hombre de edad y lleno de experiencia,
> Iba a abrir la boca
> (la cabeza gris evidentemente deseaba dar un consejo)
> Tosió fuerte, luego cambió de idea
> Y en silencio, se mordió la lengua.

Refiriéndose a L. Maikov, Lerner escribe: "En el cuadro del Consejo de los Barbudos se puede ver una sátira de los usos burocráticos de la Rusia moscovita... Notemos que la sátira podría estar dirigida no sólo contra los viejos tiempos, sino también contra la época contemporánea, en la que el genial adolescente podía observar sin dificultad todos los personajes pomposos y "reflexivos", etc. Sin embargo, se trata de una situación que proviene directamente de los cuentos. En Afanasiev encontramos (Nº 80): "Preguntó una vez: los boyardos callaron; una segunda vez: no respondieron; una tercera vez: nadie dijo palabra". Se trata de una situación frecuente en la que la víctima se dirige a los otros para pedir socorro y este llamado se repite habitualmente tres veces. Se dirige primero a los sirvientes, luego a los boyardos (a los clérigos, a los ministros) y la tercera vez al protagonista del cuento. Cada elemento de la tríada puede a su vez ser triplicado. En consecuencia, no se trata de la realidad sino de la amplificación y especificación (atribución de nombre, etc.) de un elemento folklórico. Hubiéramos cometido el mismo error si hubiéramos considerado el personaje de Penélope y las acciones de sus pretendientes como expresión de la vida real griega y de las costumbres griegas del casamiento. Los pretendientes de Penélope son los falsos prometidos que la poesía épica del mundo entero conoce bien. Ante todo es necesario aislar los elementos folklóricos; una vez aislados podremos plantear la cuestión de las correspondencias entre las situaciones específicas de la poesía de Homero y la vida real griega. El problema de las relaciones entre el cuento y la realidad no es nada simple. A partir de los cuentos no se pueden sacar conclusiones inmediatas sobre la vida.

Pero, como veremos más adelante, el papel de la realidad en las transformaciones del cuento es muy importante. La vida real no puede destruir la estructura general del cuento; de ella surge la materia de las diferentes sustituciones que se producen en el viejo esquema.

III

Veamos los principales criterios con cuya ayuda se puede distinguir con más precisión la forma fundamental de un elemento del cuento de la forma derivada (se sobreentiende de los cuentos fantásticos).

1. La interpretación fantástica de una parte del cuento es anterior a la interpretación racionalista. El caso es muy simple y no requiere una desarrollo particular. Si en un cuento, Iván recibe el don mágico de Baba Yaga y en otro lo recibe de una vieja que pasa, la primera situación es anterior a la segunda; el fundamento teórico de este punto de vista reposa en el vínculo entre los cuentos y las religiones. Sin embargo, esta regla puede revelarse como falsa en relación a otras clases de cuentos (fábulas, etc.) que, en general, pueden ser anteriores a los cuentos fantásticos y no encuentran su origen en fenómenos religiosos.

2. La interpretación heroica es anterior a la interpretación humorística. De hecho se trata aquí de un caso particular del fenómeno precedente. Así el elemento "vencer al dragón jugando a los naipes", es posterior al elemento "librar combate a muerte con el dragón".

3. La forma aplicada lógicamente es anterior a la aplicada en forma incoherente.

4. La forma internacional es anterior a la forma nacional. Si, por ejemplo, se encuentra el dragón en los cuentos del mundo entero y es reemplazado por el oso en los cuentos del Norte y por el león en los cuentos del Sur, el dragón es la forma fundamental mientras que el león y el oso son formas derivadas.

Cabe ahora decir algo sobre los métodos mediante los cuales estudiamos los cuentos a escala internacional. La materia es tan amplia que a un investigador le es imposible examinar los ciento cincuenta elementos del cuento buscándolos en el folklore de todo el mundo. Es necesario estudiar primero los cuentos de un pueblo precisar todas sus formas fundamentales y derivadas, realizar el mismo trabajo con otro pueblo y, acto seguido, pasar a las confrontaciones. En consecuencia, puede simplificarse la tesis de las formas internacionales y expresarla así: cada forma nacional es anterior a la forma regional, provincial. Pero una vez tomado este camino no podemos dejar de formular a continuación lo siguiente: la forma difundida es anterior a la forma aislada. En teoría, sin embargo, es posible que sea precisamente la antigua forma la que se conservó en casos aislados, mientras que las otras son nuevas. La aplicación de este principio cuantitativo (la aplicación de la estadística) exige por lo tanto una gran prudencia y una referencia incesante a las consideraciones sobre la cualidad del material estudiado. Por ejemplo, en el cuento *La bella Vasilisa* (Af. 59), la imagen de Baba Yaga está acompañada por la aparición de tres caballeros que simbolizan la mañana, el día y la noche. Uno se pregunta involutariamente: ¿Tenemos aquí un rasgo primordial propio de Baba Yaga que se ha perdido en los otros cuentos? Sin embargo, de acuerdo a múltiples consideraciones particulares (que no citaremos aquí), renunciamos totalmente a esta opinión.

IV

A título de ejemplo, seguiremos todas las modificaciones posibles de un elemento: la cabaña de Baba Yaga. Desde el punto de vista morfológico, la cabaña representa la morada del benefactor (es decir del personaje que ofrece un objeto mágico al héroe). En consecuencia, compararemos no sólo las cabañas sino también todos los tipos de moradas del benefactor. Consideraremos como forma fundamental rusa la cabaña sobre patas de gallina en el bosque y que gira. Pero como un elemento no realiza en el cuento todas las modificaciones posibles, en ciertos casos tomaremos otros ejemplos.

1. *Reducción.* En lugar de la forma completa, podemos encontrar la siguiente serie de modificaciones:

1. cabaña sobre patas de gallina en el bosque.
2. cabaña sobre patas de gallina.
3. cabaña en el bosque.
4. cabaña.
5. el bosque. (Af. 52).
6. no se menciona la morada.

Aquí, la forma fundamental está reducida. Se abandonan las patas de gallina, la rotación, el bosque; hasta la cabaña puede desaparecer. La reducción representa una forma fundamental incompleta. Se explica evidentemente por el olvido que tiene a su vez razones más complejas. La reducción indica la falta de correspondencia entre el cuento y el género de vida propio del medio en que es conocido; indica la poca actualidad del cuento en un medio, en una época o en un narrador.

2. *La amplificación* representa el fenómeno opuesto. Aquí la forma fundamental está ampliada y completada con detalles. La forma siguiente puede ser considerada como amplificada:

Cabaña sobre patas de gallina, en el bosque, sostenida con panqueques y cubierta de tartas.

La mayor parte de las amplificaciones están acompañadas por reducciones. Se excluyen ciertos rasgos y se agregan otros. Se podrían clasificar las amplificaciones en grupos según su origen (como lo hicimos antes con las sustituciones). Ciertas amplificaciones provienen de la vida práctica, otras representan el desarrollo de un detalle tomado de la forma canónica como en el caso presente. El estudio del benefactor nos muestra que éste reúne cualidades hostiles y hospitalarias. Habitualmente Iván asiste al banquete del benefactor. Las formas del festín son diversas ("se le ofrece de beber, de comer"). Iván se dirige a la cabaña con estas palabras: "Tenemos que entrar en tu casa para comer un poco". El protagonista ve la mesa puesta en la cabaña, gusta todos los platos o come a su antojo; desangra los toros o las gallinas en el patio del benefactor, etc.). La morada expresa las mismas cualidades que el benefactor. El cuento alemán *Hansel y Gretel* utiliza esta forma, de modo algo diferente, de acuerdo al carácter infantil del cuento.

3. *Deformación*. Actualmente se encuentran a menudo deformaciones pues el cuento fantástico está en regresión. Estas formas carentes de sentido encuentran a veces amplia difusión y se arraigan; en el caso de la cabaña, puede considerarse como deformada la imagen de la rotación constante en torno a su eje. La cabaña tiene una significación completamente particular para el desarrollo de la acción: es un gran puesto avanzado; el héroe soporta aquí una prueba que mostrará que es digno de recibir el objeto mágico. La cabaña ofrece a los ojos de Iván el aspecto de un muro ciego, motivo por el cual se la llama a veces "cabaña sin ventanas ni puertas". La entrada está del lado opuesto al que se encuentra Iván y podría creerse que le es fácil dar la vuelta y entrar por la puerta. Pero Iván no puede

hacerlo nunca en los cuentos. En lugar de ello pronuncia una fórmula mágica: "gira la espalda hacia el bosque, el frente hacia mí", o mejor aún: "ubícate como tu madre te ha ubicado". Generalmente sigue: "la cabaña se da vuelta". Las palabras "da vuelta" se han transformado en "gira". La expresión "gira cuando es preciso" se ha transformado en "gira" a secas, lo que no tiene sentido aunque posee cierto atractivo.

4. *Inversión*. La forma fundamental se transforma frecuentemente en su opuesta. Por ejemplo, se remplazan las imágenes femeninas por imágenes masculinas y a la inversa. Este fenómeno puede igualmente afectar a la cabaña. En lugar de una cabaña cerrada tenemos a veces una cabaña con la puerta abierta de par en par.

5 y 6. *Intensificación y debilitamiento*. Este tipo de transformaciones concierne solamente a las acciones de los personajes. Se pueden realizar diversas acciones con intensidad diferente. El envío del héroe en misión, transformada en expulsión, puede servir como ejemplo de intensificación. Este envío es uno de los elementos constantes del cuento y está representado por tal cantidad de formas diferentes, que en él se puede observar todos los estadios de la transformación Tiene lugar cuando se pide tal o cual objeto especial; a veces es un encargo ("hágame un favor"); más a menudo, una orden acompañada de amenazas para el caso de no ejecución y de gratificaciones para el caso contrario. A veces es también una expulsión encubierta: la hermana malvada envía a su hermano a buscar leche de los animales salvajes para deshacerse de él; el amo envía a su sirviente a buscar la vaca supuestamente perdida en el bosque; la suegra envía a su nuera a buscar fuego a lo de Baba Yaga. La expulsión, finalmente, puede ser simple. Estas son solamente las principales etapas y cada una de ellas admite aún muchas variaciones y formas intermedias; estas formas son particularmente importantes para el estudio de los cuentos que tratan de personajes expulsados.

Una forma fundamental de envío en misión puede considerarse la orden acompañada de amenazas y promesas. Si se omiten las promesas, esta reducción puede al mismo tiempo ser considerada como intensificación: lo que queda es el envío y las amenazas. La ausencia de amenazas lleva por el contrario a una atenuación, a un debilitamiento de esta forma. El debilitamiento ulterior consiste en omitir incluso el envío. Cuando parte, el hijo pide la bendición de sus padres.

Los seis tipos de transformaciones que hemos examinado hasta ahora pueden interpretarse como cambios de la forma fundamental. En el mismo nivel de análisis se sitúan otros dos grandes grupos de transformaciones: las sustituciones y las asimilaciones. Tanto unas como otras pueden clasificarse según su origen.

7. *Sustitución interna.* Siguiendo con nuestras observación de la morada, encontramos las formas siguientes:

1. Palacio.
2. Montaña junto a un río de fuego.

Estos casos no son ni reducciones, ni amplificaciones. No son cambios sino sustituciones. No provienen del exterior, sino que están tomadas del cuento mismo. Se trata aquí de un desplazamiento, de una transposición de las formas del material. La princesa vive generalmente en un palacio, a menudo de oro. Esta morada es atribuída al benefactor. Estos desplazamientos desempeñan un papel importante en el cuento. Cada elemento tiene una forma que le es propia, aunque, no está siempre aplicada al mismo elemento (por ejemplo, la princesa que es el personaje buscado puede desempeñar también el papel del que ayuda, del benefactor). En el cuento, una imagen sustituye a otra. La hija de Baba Yaga puede desempeñar el papel de princesa; Baba Yaga no vive ya en una cabaña sino en un palacio, morada apropiada a una princesa. Se incorporan también palacios de cobre, plata y oro. Las muchachas que los habitan son al mismo tiempo benefactoras y princesas. Estos palacios pueden surgir como imagen triple del palacio de oro, o pueden tener un origen independiente, sin ninguna relación con las imágenes de la edad de oro, de plata y de hierro.

Del mismo modo, la montaña junto al río de fuego no es otra cosa que la morada del dragón, atribuída al benefactor. Estos desplazamientos, al igual que las otras sustituciones internas, desempeñan un papel extremadamente importante en el nacimiento de las transformaciones.

8. *Sustitución realista.* Si tenemos las formas:

1. Albergue.
2. Casa de dos pisos,

la cabaña fantástica es remplazada por formas de moradas conocidas en la vida real. La mayor parte de estas sustituciones se explican muy simplemente, pero algunas de ellas exigen investigaciones etnográficas particulares. Las sustituciones realistas saltan a la vista y los investigadores se detienen en ellas la mayor parte de las veces.

9. *Sustitución confesional.* La religión contemporánea puede sustituir las formas antiguos por formas nuevas. Por ejemplo en el caso del diablo en el papel de portador aéreo, del ángel como el que ofrece el objeto mágico, de la prueba que adopta el carácter de una mortificación. Cierta leyenda representa de hecho cuentos cuyos elementos han sufrido sustituciones. Cada pueblo tiene sus propias sustituciones confesionales: el cristianismo, el islamismo, el budismo están reflejados en los cuentos de los pueblos que profesan esas religiones.

10. *Sustitución por superstición.* Es evidente que las supersticiones y las creencias regionales pueden también transformar la materia de los cuentos. Sin embargo, estas sustituciones son mucho menos frecuentes de lo que podría esperarse (los errores de la escuela mitológica). Pushkin se equivocaba al escribir sobre el cuento:

> Allá existen milagros, ronda el fauno,
> la ondina está sentada sobre las ramas...

Si encontramos el fauno en un cuento fantástico, es casi siempre una sustitución de Baba Yaga. Las ondinas aparecen una sola vez en la colección de Afanasiev y en un cuento cuya originalidad es bastante dudosa; no se los encuentra en las colecciones de Onchukov, de Zelenin y de Zolokov; el fauno entra en el cuento tan sólo porque se asemeja a Baba Yaga, que es también un habitante de los bosques. El cuento incluye en su mundo sólo lo que le corresponde a las formas de su construcción.

11. *Sustitución arcaica.* Se ha indicado que las formas fundamentales de los cuentos remontan a imágenes religiosas ya perimidas. Fundándose en este criterio se pueden distinguir a veces las formas fundamentales de las formas derivadas. Sin embargo, en ciertos casos particulares la forma fundamental (más o menos habitual en los cuentos) es remplazada por una forma también antigua, de origen religioso, pero que se encuentra muy raramente y de manera aislada. Por ejemplo en el cuento *La bruja y la hermana del Sol* (Af. 50) el combate con el dragón es remplazado por el episodio siguiente: la esposa del dragón dice al príncipe: "Que el Príncipe Iván suba conmigo a la balanza; veremos quién será el más pesado." La balanza arroja a Iván a los apartamentos del Sol. Aquí se trata de las huellas de una psicostasia (peso de las almas). ¿De dónde pro-

viene esta forma (el antiguo Egipto la conoce) y cómo se conservó en el cuento? Estas dos cuestiones constituyen el objeto de un estudio histórico. No siempre se puede distinguir con facilidad, la sustitución arcaica, de la sustitución por creencia o superstición. Las dos remontan a una época muy antigua, pero si un elemento del cuento es al mismo tiempo objeto de una fe existente, la sustitución puede considerarse como relativamente nueva (cf. la introducción del fauno). La religión pagana dio nacimiento a dos desarrollos: uno en el cuento y el otro en la fe y las costumbres. En el curso de los siglos han podido reunirse y uno sustituyó al otro. Por el contrario, si la fe existente no da ninguna indicación sobre el elemento del cuento (la balanza), la sustitución remonta a tiempos muy antiguos y puede ser considerada como arcaica.

12. *Sustitución literaria.* El cuento no integra generalmente ni elementos literarios, ni supersticiones vivientes. Posee tal resistencia que todas las otras formas se estrellan contra él sin fundirse. Si, no obstante, el encuentro se produce, el cuento es siempre el vencedor. Entre los géneros literarios, los que absorbe con más frecuencia son la bilina y la leyenda. La absorción de la novela es un hecho mucho más raro, salvo en el caso de la novela caballeresca aunque ésta es frecuentemente en sí misma un producto de los cuentos. Las etapas del desarrollo son las siguientes: cuento, novela, cuentos. Obras como *Ieruslan Lazarevich*, por ejemplo, representan varios cuentos a pesar del carácter libresco de algunos elementos. Por supuesto, esto se refiere solamente al cuento fantástico. El romance, la *nouvelle* y los otros géneros de prosa popular son más flexibles y receptivos.

13. *Modificaciones.* No se puede definir con precisión el origen de ciertas sustituciones. En su mayor parte son creaciones del relator y nos dan cuenta de su imaginación. Estas formas no son significativas para la etnografía y la historia. Se puede destacar, de todas maneras, que estas sustituciones desempeñan un papel más importante en los cuentos de animales o en otros no fantásticos (la sustitución de un oso por un lobo, de un pájaro por otro, etc.), pero son también posibles en el cuento fantástico: el águila, el halcón, el cuervo, el ganso, etc., pueden actuar igualmente como portador aéreo. El ciervo con cornamenta de oro, el caballo de crines de oro, el pato de plumas doradas, el puerco de cerdas de oro, etc., pueden sustituirse uno a otro como objetos de búsqueda. Las formas derivadas se modifican con particular frecuencia. Por la confrontación de un cierto número de formas puede mostrarse que el objeto de búsqueda es sólo una transformación de la princesa de bucles de oro. Si la comparación de las formas fundamentales y derivadas revela

subordinación (descendencia), la comparación de dos elementos derivados indica un cierto paralelismo. El cuento posee elementos de formas diversas como en el caso de las "tareas difíciles" que, al no tener formas fundamentales, afectan poco la construcción de todo el cuento.

Este fenómeno aparecerá aún más netamente si confrontamos las partes que no han pertenecido jamás a la forma fundamental del cuento: las motivaciones, por ejemplo. Las transformaciones obligan a veces a motivar tal o cual acción. Se crean así motivaciones muy diferentes para acciones rigurosamente idénticas, como por ejemplo para la expulsión del héroe (la expulsión es una forma derivada). A la inversa, el rapto de la joven por el dragón (que es una forma primaria) no está casi nunca motivado: es motivado desde el interior.

Algunos rasgos de la cabaña están también modificados: en lugar de la cabaña sobre patas de gallina encontramos la cabaña "sobre cuernos de cabra, sobre patas de cordero".

14. *Sustitución de origen desconocido*. Como clasificamos las sustituciones según su origen, y como el origen de un elemento no es siempre conocido ni es siempre una simple modificación, es necesario crear una clase de sustituciones de origen provisoriamente desconocido. Se puede, por ejemplo, relacionar con estas formas la hermana del Sol, en el cuento 50 de Afanasiev. La hermana desempeña el papel de benefactora y puede también ser considerada como una forma rudimentaria de la Princesa; vive en los "apartamentos del Sol". Aquí no sabemos si se trata de un culto al Sol o si estamos frente a una creación imaginativa del narrador (a menudo, cuando se pregunta al narrador si conoce cuentos sobre esto o aquello y si se encuentra en ellos tal o cual cosa, inventa cualquier cosa para satisfacer al folklorista).

Terminamos así nuestra reseña sobre las sustituciones. Se podrían, por supuesto, crear otras divisiones analizando tal o cual caso particular, pero por el momento no es necesario. Las sustituciones enumeradas mantienen su importancia a lo largo del material de los cuentos y, completándolas, se pueden aplicar fácilmente a los casos particulares fundándose en las clases establecidas.

Nos ocuparemos ahora de otra clase de cambios, las asimilaciones.

Llamamos asimilaciones al remplazo incompleto de una forma por otra de manera tal que se produce una fusión de ambas. Enumeraremos las asimilaciones muy brevemente porque vamos a mantener las mismas clases que para las sustituciones.

15. *Asimilación interna.* La encontramos en las formas:

1. Cabaña con techo de oro.
2. Cabaña junto al río de fuego.

En los cuentos encontramos a menudo un palacio con techo de oro. La cabaña + el palacio con techo de oro dan como resultado la cabaña con techo de oro. Lo mismo ocurre con la cabaña junto al río de fuego.

Encontramos un caso muy interesante en el cuento *Fedor Vodovich e Iván Vodovich* (Anch. N 40). Aquí se han fundido dos elementos tan diferentes como el nacimiento milagroso del héroe y su persecución por las mujeres (las hermanas) del dragón. Persiguiendo al héroe, las mujeres del dragón se transforman habitualmente en pozos, en manzanos, en cama y se colocan en el camino de Iván. Si prueba las frutas, si bebe agua, se desgarrará en pedazos. El mismo motivo es utilizado para el nacimiento milagroso: la princesa se pasea en el jardín del padre, ve el pozo con el cubilete y el lecho (el manzano está olvidado). Bebe el agua y se acuesta en el lecho para descansar. Así concibe y da nacimiento a dos hijos.

16. Encontramos una *asimilación realista* en las formas:

1. Cabaña al extremo del pueblo.
2. Caverna en el bosque.

Aquí la cabaña fantástica se ha transformado en una cabaña real, y en una caverna real, pero la morada está aislada (en el segundo caso está siempre en el bosque). El cuento + la realidad dan una asimilación realista.

17. La sustitución del dragón por un diablo puede servir como ejemplo de *asimilación confesional*; el diablo vive en un lago al igual que el dragón. Esta imagen de los seres acuáticos malvados no tiene nada que ver con la llamada mitología rudimentaria de los campesinos y se explica frecuentemente como un tipo de transformación.

18. La *asimilación por superstición* es rara. El fauno que vive en la cabaña sobre patas de gallina puede darnos un ejemplo.

19 y 20. Las *asimilaciones literarias y arcaicas* son aún más raras. Las asimilaciones con la bilina y la leyenda tienen cierta importancia

para el cuento ruso, pero la mayor parte de las veces no se trata de una asimilación sino del vaciamiento de una forma por la otra (la última conserva las partes constitutivas del cuento sin modificación). En cuanto a las asimilaciones arcaicas, reclaman en cada caso un examen especial; son posibles, pero sólo se las puede indicar con la ayuda de investigaciones muy especializadas.

Así podría concluir nuestra síntesis acerca de las transformaciones. No puede afirmarse que todas las formas del cuento entrarán en el cuadro propuesto, pero, en todo caso, se puede hacer entrar un número considerable. Podrían proponerse también transformaciones tales como la especificación y generalización. En el primer caso el fenómeno general se transforma en fenómeno particular (en lugar de trigésimo reino *, se encuentra la ciudad Jvalinsk); en el segundo caso, por el contrario, el trigésimo reino se transforma en "otro" reino, etc. Pero casi todos estos tipos de especificaciones pueden también ser considerados como sustituciones y las generalizaciones como reducciones. Lo mismo ocurre con la racionalización (corcel volador → caballo), con la transformación en anécdota, etc. La aplicación correcta y continua de las clases de transformaciones enumeradas permite establecer un fundamento más estable para el estudio del cuento en su movimiento.

Lo referido a los elementos particulares del cuento se refiere también a los cuentos en general. Si se agrega un elemento superfluo tenemos una amplificación; en el caso inverso una reducción, etc. La aplicación de estos métodos a los cuentos completos es muy importante para el estudio de los argumentos.

Nos queda aún por esclarecer un problema muy importante. Si pasamos revista a todas las formas (o a un gran número de ellas) de un elemento, vemos que no pueden reducirse a una sola forma fundamental. Si tomamos a Baba Yaga como forma fundamental diel bienhechor, podemos explicar de manera satisfactoria las formas de la bruja, la abuela, la viuda, la viejecita, el viejo, el pastor, el fauno, el ángel, el diablo, las tres niñas, la hija del rey, etc., como sustituciones y otras transformaciones de Baba Yaga. Pero encontramos también el "mujik del tamaño de una uña, con la barba de una vara de largo". Esta forma del bienhechor no proviene de Baba Yaga. Si encontramos una forma semejante en las religiones, se trata de una forma coordinada con la de Baba Yaga; si no, es

---

* Nombre convencional, propio de los cuentos rusos, del lugar donde se desarrolla la acción. (T. T.).

una sustitución de origen desconocido. Cada elemento puede tener muchas formas fundamentales, aunque el número de estas formas paralelas, coordinadas, sea habitualmente muy limitado.

V

Nuestro estudio sería incompleto si no mostráramos una serie de transformaciones de una materia más densa, si no ofreciéramos un modelo para la aplicación de nuestras observaciones. Consideremos las formas siguientes:

> el Dragón rapta la hija del rey
> el Dragón tortura a la hija del rey
> el Dragón exige la hija del rey.

Desde el punto de vista de la morfología del cuento, se trata aquí de la acción hostil inicial. Esta acción sirve habitualmente de nudo. De acuerdo con los principios expuestos más arriba, debemos comparar no sólo un rapto con otro, sino también las diferentes formas de la acción hostil inicial como una de las partes constitutivas del cuento.

La prudencia exige que las tres sean consideradas como formas coordinadas. Sin embargo, puede suponerse que la primera es una forma fundamental. El antiguo Egipto poseía una representación de la muerte como el rapto del alma por el dragón; esta representación ha sido olvidada, mientras que la representación de la enfermedad como posesión del cuerpo por un demonio subsiste todavía. Por último, la imagen del dragón que exige la princesa como tributo tiene un tono realista arcaico; va acompañada por la aparición de un ejército, el sitio de la ciudad y la amenaza de guerra. Sin embargo, no se lo puede afirmar con certeza. Las tres formas son muy antiguas y cada una de ellas se presta a un cierto número de transformaciones.

Examinemos la primera forma:

> el Dragón rapta la hija del rey.

El dragón es concebido como una personificación del mal. La influencia confesional transforma el Dragón en diablo:

> los diablos raptan la hija del rey.

La misma influencia cambia el objeto del rapto:

el diablo rapta la hija del pope.

La imagen del dragón es ya extraña a la aldea; es remplazada por un animal peligroso más conocido (sustitución realista), provisto de atributos fantásticos (modificación):

El oso piel-de-hierro se lleva a los hijos del rey.

El malvado está relacionado con Baba Yaga. Una parte del cuento influye sobre la otra (sustitución interna). Baba Yaga es un ser de sexo femenino; por eso se atribuye sexo masculino al objeto del rapto (inversión):

La bruja rapta el hijo de los ancianos.

Una de las formas constantes de complicación del cuento es el nuevo rapto de la presa por los hermanos. Aquí la acción hostil inicial es transferida a los padres del protagonista. Esta es la forma canónica de complicación de acción:

Los hermanos raptan la novia de Iván.

Los hermanos malvados son remplazados por otros parientes, reclutados en la reserva de personajes del cuento (sustitución interna):

El rey (el suegro) rapta la mujer de Iván.

A veces es la princesa quien ocupa este lugar; el cuento reviste formas más divertidas. En este caso la imagen del malvado se reduce:

La princesa abandona la casa de su marido.

En los casos precedentes se trataba de raptos de personas; pero también puede robarse la luz divina (¿sustitución arcaica?):

El dragón roba la luz del reino.

El dragón es remplazado por otro animal monstruoso (modificación); el objeto del rapto se vincula a la supuesta vida del rey:

El visón roba animales de la granja del rey.

Los talismanes desempeñan un gran papel en el cuento. A menudo son el único medio por el que Iván logra sus objetivos. Esto explica porque son frecuentemente objeto de robo. El canon del cuento exige incluso obligatoriamente este robo, para que la acción se complique hacia la mitad del relato, si bien la acción que ocurre hacia la mitad, puede ser transferida al comienzo (sustitución interna). El ladrón del talismán es a menudo el pillo, el amo (sustitución realista):

El pícaro roba el talismán de Iván
el amo se apropia del talismán del mujik.

El cuento sobre el pájaro de fuego se sitúa en un plano intermedio, antes de las demás formas en las que las manzanas de oro robadas no son talismanes (cf. las manzanas de la juventud). Es necesario agregar que el robo del talismán sirve sólo para complicar la acción hacia la mitad del cuento, cuando el talismán había sido encontrado. El robo del talismán al comienzo del cuento es posible sólo en el caso en que su posesión esté motivada de una manera cualquiera; de allí que los objetos robados al comienzo del cuento no son, en su mayor parte, talismanes. El pájaro de fuego se desplaza de la mitad del cuento al comienzo: el pájaro es una de las formas fundamentales de portador de Iván en el trigésimo reino, las plumas doradas son el atributo habitual de los animales fantásticos:

El pájaro de fuego roba las manzanas del rey.

El rapto (el robo) se mantiene en todos los casos. La desaparición de la novia, de la niña, de la mujer, es atribuída a un ser mítico. Sin embargo, ese carácter mítico es ajeno a la vida campesina contemporánea; la brujería remplaza a la mitología prestada, ajena; la desaparición es atribuída a los sortilegios de magos y magas. El carácter de la acción hostil cambia, pero su resultado es constante; se trata siempre de una desaparición que provoca búsquedas (sustitución por la creencia supersticiosa)·

El brujo rapta a la hija del rey
La doméstica embruja y hace desaparecer a la novia de Iván

Observamos inmediatamente la transferencia de la acción a parientes malvados:

Las hermanas hacen desaparecer el novio de la muchacha.

Pasamos ahora a las transformaciones de la segunda forma fundamental, a saber:
El dragón tortura a la hija del rey.

La transformación sigue las mismas días:

El diablo tortura a la hija del rey.

La tortura adquiere aquí el carácter de una obsesión, de un vampirismo que la etnografía explica satisfactoriamente. Encontramos nuevamente otro ser malvado en lugar del dragón y del diablo:

Baba Yaga tortura a la señora de los valientes.

La tercera forma fundamental presenta las amenazas de una boda forzada:

El dragón exige la hija del rey.

Se abren así una serie de transformaciones:

La ondina exige el hijo del rey, etc.

Según el aspecto morfológico, la declaración de guerra está dada bajo la misma forma pero sin la reclamación de los hijos del rey (reducción). La transferencia de formas semejantes a parientes da como resultado:

La hermana-bruja trata de comer al hijo del rey (su hermano).

Este último caso (Af. N 50) es particularmente interesante. Aquí la hermana del príncipe es llamada "dragón". Este caso nos ofrece un ejemplo clásico de asimilación interna. Muestra que es necesario ser muy prudente en el estudio de las relaciones familiares a partir del cuento. La boda del hermano con su hermana y otras formas de este tipo pueden no ser de ninguna manera supervivencias de una costumbre sino aparecer como resultado de ciertas transformaciones; el caso citado nos lo muestra claramente.

A todo lo expuesto podría objetarse que puede colocarse cualquier cosa en una frase que tiene dos complementos. Pero no es verdad. ¿Cómo colocar en una forma semejante el nudo del cuento *El frío, el sol y el viento* y tantos otros? En segundo lugar, los casos considerados crean un elemento de construcción que mantiene su relación con la composición entera. Provocan acciones idénticas aunque representadas por formas diferentes: el pedido de socorro se presenta como una salida de la casa, como un encuentro con el benefactor, etc. No todo cuento que posea el elemento "robo" o "rapto" presenta necesariamente esta construcción; si la construcción no está presente no se pueden confrontar momentos semejantes porque éstos son heterónomos, o bien es necesario admitir que una parte del cuento fantástico se ha integrado en otro tipo de construcción. Volvemos así a la necesidad de comparar según las partes constitutivas idénticas y no por una semejanza exterior.

1928

TEMATICA

B. TOMASHEVSKI

LA ELECCION DEL TEMA

En el curso del proceso artístico las frases individuales se combinan entre sí según su sentido, realizando una cierta construcción en la que se hallan unidas por una idea o tema común. Las significaciones de los elementos particulares de la obra constituyen una unidad que es el tema (aquello de lo que se habla). Es tan lícito hablar del tema de una obra completa como del tema de sus partes. Toda obra escrita en un lenguaje provisto de sentido posee un tema; sólo las obras trans-racionales carecen de tema, y por eso son consideradas por ciertas escuelas poéticas como meros ejercicios experimentales.

La obra literaria está dotada de unidad cuando ha sido construida a partir del tema único que se va manifestando a lo largo de la misma. Por consiguiente, el proceso literario se organiza en torno o dos momentos importantes: la elección del tema y su elaboración.

La elección del tema depende estrechamente de la acogida que le dispense el lector. La palabra "lector" designa en general un círculo mal definido de personas, de quienes muy frecuentemente el propio escritor no tiene un conocimiento preciso. La imagen del lector está siempre presente en la conciencia del escritor aunque sólo sea abstracta o reclame del autor el esfuerzo de convertirse en el lector de su obra. Esta imagen del lector puede expresarse en una fórmula clásica, como la que encontramos en una de las últimas estrofas de *Eugenio Oneguin*:

> Quienquera seas tú que me lees,
> amigo o enemigo, quiero despedirme
> cordialmente de ti. Adiós. Ya no sé
> si de estos mis versos indolentes esperas
> acaso el recuerdo de una emoción,

una distracción después del trabajo,
escenas vivientes, palabras ingeniosas,
o errores de gramática; ojalá en este libro
encuentres aunque sólo sea una migaja
para tu corazón o para tus ensueños,
para tu distracción o para la polémica.
Y ahora, separémonos; adiós, lector mío!

Esta preocupación por un lector abstracto se expresa en la noción de "interés". La obra debe ser interesante. La noción de interés orienta ya al autor en la elección del tema; pero ese interés puede revestir formas muy diversas. Las preocupaciones de orden técnico son familiares para el escritor y para sus lectores más cercanos. Ellas se cuentan entre los móviles más poderosos del desarrollo literario. La aspiración a una novedad profesional, a una nueva maestría, ha sido siempre el rasgo distintivo de los movimientos literarios más avanzados. La experiencia literaria, la tradición a la que se remite el escritor, se le manifiestan como una tarea legada por sus predecesores, tarea cuya realización absorbe toda su atención. Por otra parte, el interés de un lector neutro, ajeno a los problemas del oficio, puede asumir diferentes formas, que van desde la exigencia de mero entretenimiento (satisfecha por la literatura "de andén", de Nat Pinkerton a Tarzán) hasta la combinación de intereses literarios con asuntos de interés general. En tal sentido el tema de actualidad, es decir el que se ocupa de los problemas culturales del momento, satisface al lector.

Así, ocurre que una inmensa literatura periodística se ha acumulado alrededor de cada novela de Turguéniev, literatura que se interesa menos por la obra de arte que por los problemas de la cultura en general y, sobre todo, por los problemas sociales. Esta literatura periodística era perfectamente legítima como respuesta al tema elegido por el novelista. Los temas vinculados con la Revolución y con la vida revolucionaria son hoy muy actuales; impregnan la obra entera de Pilniak, de Ehrenburg y de otros prosistas, como también la de los poetas Maiakovski, Tijonov, Aseiev, etc.

La forma elemental de la actualidad nos está dada por las circunstancias de cada día. Pero las obras de actualidad (el *"billet"*, el cuplé del *chansonnier*) no sobreviven el interés temporario que las ha suscitado. La importancia de estos temas es reducida porque no se adaptan a la variabilidad de los intereses cotidianos del público. Inversamente, cuanto más importante sea el tema y más duradero su interés, tanto más estará asegurada la vigencia de la obra. Haciendo retroceder de este modo los límites de la actualidad, podemos llegar a los intereses universales (los problemas del amor, de la muerte) que en el fondo siguen siendo los mismos a lo largo de la historia humana. Pero estos temas universales deben nutrirse de una materia concreta, y si esta materia no está vinculada con la actualidad, plantearse esos problemas pierde todo interés.

No hay que considerar la actualidad como una representación de la vida contemporánea. Por ejemplo, si hoy el interés por la revolución es de actualidad, esto significa que la novela histórica que evoca una época de movimientos revolucionarios, o la novela utópica que describe la revolución en una situación fantástica, pueden ser actuales. La serie de obras referidas a la época de las revueltas que han sido representadas en las escenas rusas (Ostrovski, Alexis Tolstoi, Chaev, etc., al igual que las piezas de Kostomarov) muestra que los temas históricos, aun cuando se refieren a una época distante, pueden ser actuales y llegar a suscitar mayor interés que el que podría despertar la representación de la vida contemporánea. Además, hay que saber cuáles son los aspectos de esta vida que deben representarse; no todo lo contemporáneo es actual o evoca el mismo interés.

Las particularidades de la época en que se crea la obra literaria son determinantes en lo concerniente al interés por el tema. Añadiremos que la tradición literaria y las tareas que ella impone tienen una función preponderante entre esas condiciones históricas. No basta elegir un tema interesante; hay que mantener el interés estimulando la atención del lector. El interés atrae, pero la atención retiene.

El elemento emocional contribuye en gran medida a captar la atención. No es sin razón que las piezas destinadas a obrar directamente sobre un gran público eran catalogadas como comedias o tragedias según sus características emocionales. Suscitar una emoción es el modo mejor de retener la atención. No basta el tono frío del relator que consta las etapas del movimiento revolucionario: hay que simpatizar, indignarse, alegrarse o rebelarse. De esta manera la obra se hace actual, en el sentido más preciso del término, porque actúa sobre el lector suscitando emociones que dirigen su voluntad. La mayoría de las obras poéticas han sido construidas sobre la base de la simpatía o antipatía sentidas por el autor y de un juicio de valor consiguiente acerca del material propuesto a nuestra atención. El personaje virtuoso (positivo) y el malvado (negativo) representan una expresión directa de este elemento valorativo de la obra literaria. El lector debe ser orientado en su simpatía y en sus emociones.

Por eso, el tema de la obra literaria está habitualmente impregnado de emoción; suscita así un sentimiento de indignación o de simpatía y evocará siempre un juicio de valor.

Además, no hay que olvidar que el elemento emocional se encuentra en la obra y no es introducido por el lector. No se puede discutir acerca del carácter positivo o negativo de un personaje (como por ejemplo el Pechorin de Lermontov). Es preciso descubrir el contenido emocional de la obra (que puede no corresponder a la opinión personal del autor). Este matiz emocional, manifiesto en los géneros literarios primitivos —por ejemplo en la novela de aventuras, donde la virtud es premiada y el vicio castigado—, puede ser muy fino y complejo en las obras más elaboradas; a veces llega a ser tan complicado que resulta imposible expresarlo en una simple fórmula. A grandes rasgos, empero, es el elemento de la simpatía lo que orienta el interés y mantiene la atención, incitando al lector a participar en el desarrollo del tema.

TRAMA Y ARGUMENTO

El tema presenta cierta unidad: está constituido por pequeños elementos temáticos dispuestos en un orden determinado.

Hay dos tipos principales de disposición de los elementos temáticos: o bien se inscriben en una cierta cronología, respetando así el principio de causalidad; o bien se presentan fuera del orden temporal, es decir, en una sucesión que no toma en cuenta ninguna causalidad interna. En el primer caso se trata de obras "con argumento" (cuento, novela, poema épico); en el segundo, de obras sin argumento, descriptivas (poesía descriptiva y didáctica, lírica, relatos de viaje; las *Cartas de un viajero ruso* de Karamzin, *La fragata Pallas* de Goncharov, etc.).

Debe destacarse que la trama no sólo exige un índice temporal sino también un índice de causalidad. Un viaje puede relatarse como una sucesión cronológica; pero si todo se reduce a un informe de las impresiones del viajero, sin que figuren sus aventuras personales, se trata solamente de una narración sin argumento. Cuanto más fuerte es este nexo causal, tanto mayor importancia cobra el nexo temporal. El debilitamiento de la intriga transforma la novela con argumento en una crónica, esto es, en la descripción en el tiempo de un acontecer. (*Los primeros años del nieto Bagrov*, de Aksakov).

Detengámonos en la noción de trama. Llamamos trama al conjunto de acontecimientos vinculados entre sí que nos son comunicados a lo largo de la obra. La trama podría exponerse de una manera pragmática, siguiendo el orden natural, o sea el orden cronológico y causal de los acontecimientos, independientemente del modo en que han sido dispuestos e introducidos en la obra.

La trama se opone al argumento, el cual, aunque está constituido por los mismos acontecimientos, respeta en cambio su orden de aparición en la obra y la secuencia de las informaciones que nos los representan (¹).

La noción de tema es una categoría sumaria que une el material verbal de la obra. Esta posee un tema, y al mismo tiempo cada una de sus partes tiene el suyo. La descomposición de la obra consiste en aislar las partes caracterizadas por una unidad temática específica. Así, el relato de Pushkin, *El disparo*, puede descomponerse en dos relatos: el de los encuentros del narrador con Silvio y con el conde y el que refiere el conflicto entre Silvio y el conde. A su vez, el primero se descompone en la historia de la vida en el regimiento y la de la vida en el campo; y en el segundo distinguimos el primer duelo de Silvio con el conde y su segundo encuentro.

Mediante este análisis de la obra en unidades temáticas arribamos finalmente a las partes no analizables, esto es, a las partículas más pequeñas del material temático: "Ha caído la tarde", "Raskolnikov asesinó a la vieja", "El héroe ha muerto", "Llegó una carta", etc. El tema de una de las partes no analizables de la obra se llama un motivo. En realidad, cada proposición posee su propio motivo.

Debemos formular algunas reservas con respecto al término "motivo". En poética histórica, en el estudio comparativo de narraciones itinerantes, su uso difiere sensiblemente del que le damos aquí, aunque por lo común se los define del mismo modo. En el estudio comparativo se llama motivo a la unidad temática que se encuentra en diversas obras, como por ejemplo el rapto de la novia, los animales que ayudan al protagonista a rematar sus empresas, etc. Estos motivos pasan integralmente de un esquema narrativo a otro. Para la poética comparativa, la posibilidad de descomponerlos en motivos más pequeños carece de importancia; lo interesante es que estos motivos reaparecen siempre sin cambios dentro del marco del género estudiado. Por eso, en el estudio comparativo el término "no analizable" resulta prescindible y podemos hablar de elementos que subsisten sin descomponerse a lo largo de la historia literaria y que conservan su unidad a través de sus peregrinaciones de obra a obra. De hecho, numerosos motivos que conciernen a la poética comparativa siguen siendo motivos desde el punto de vista de la poética teórica.

Los motivos combinados entre sí constituyen la armazón temática de la obra. En esta perspectiva, la trama se muestra como el conjunto de los motivos considerados en su sucesión cronológica y en sus relaciones de causa a efecto; el argumento es el conjunto de

---

1. En una palabra: la trama es lo que ha ocurrido efectivamente; el argumento es el modo en que el lector se ha enterado de lo sucedido.

esos mismos motivos, pero dispuestos con arreglo al orden que observan en la obra. Con respecto a la trama, poco importa que el lector se entere de un acontecimiento en cierta parte de la obra más bien que en otra, y que tal acontecimiento le sea comunicado directamente por el autor o a través del relato de un personaje, o aún por medio de alusiones marginales. Por el contrario, sólo la presentación de los motivos cuenta en el argumento. Un incidente de la vida real puede servir de trama al autor. El argumento, en cambio, es una construcción enteramente artística.

Los motivos de una obra son heterogéneos. Una simple exposición de la trama nos revela que ciertos motivos pueden ser omitidos sin destruir por eso la continuidad de la narración, mientras que otros no pueden dejarse de lado sin alterar el nexo de causalidad que une los acontecimientos. Llamamos motivos asociados a los que no pueden ser excluidos; los que pueden extirparse sin lesionar la sucesión cronológica y causal de los acontecimientos son motivos libres.

Para la trama sólo cuentan los motivos asociados; son sobre todo los motivos libres, en cambio, los que desempeñan el papel dominante en el argumento y determinan la construcción de la obra. Estos motivos marginales (detalles, etc.) son introducidos en razón de la construcción artística de la obra y cumplen diversas funciones, de las que nos ocuparemos más adelante. La introducción de estos motivos está determinada, en gran medida, por la tradición literaria; cada escuela se caracteriza por un repertorio típico de motivos libres, en tanto que los motivos asociados, en general más vivientes, aparecen bajo la misma forma en obras de escuelas diferentes. Por cierto que las tradiciones literarias pueden pesar con la misma fuerza en el desarrollo de la trama. Por ejemplo; el relato de los años 1840 se caracteriza por una trama que expone las desventuras de un funcionario menor: *El capote* de Gogol, *Pobres gentes* de Dostoievski; en cambio, es típica de la segunda década del siglo pasado la conocida historia del amor desdichado de un europeo por una extranjera: *El prisionero del Cáucaso* o *Los Gitanos* de Pushkin. Este escritor nos habla en su relato *El vendedor de ataúdes* de la tradición literaria en relación con la introducción de los motivos libres:

"Al día siguiente, justo a mediodía, el fabricante y sus hijas salieron por la puerta de la casa recientemente comprada y se presentaron en casa del vecino. No describiré el caftan ruso de Adrián Projorovich ni los atuendos 'a la europea' de Akulina y de Daria, apartándome en esto de la tradición en uso entre los novelistas de hoy. Con todo, tal vez no sea superfluo señalar que las dos muchachas llevaban sombreritos amarillos y zapatos rojos, cosa que sólo ocurría en ocasiones solemnes".

En este pasaje la descripción de la indumentaria es señalada como un motivo libre tradicional para esa época (1830). Entre los motivos libres se cuenta una clase particular de motivos introductorios, los cuales reclaman el aporte de motivos suplementarios. Así, la situación que consiste en encomendar una empresa al protagonista es característica del género "cuento". Por ejemplo, el rey quiere casarse con su propia hija; para evitarlo, ésta le encarga misiones imposibles. O bien el héroe pretende casarse con la hija del rey, la cual, para evitar esta unión que le es odiosa, le exige la realización de acciones aparentemente irrealizables. (Cf. *El cuento de Balda*, de Pushkin). Para desembarazarse de su sirviente, el pope le ordena cobrar al diablo sus deudas. Este "motivo de la misión" reclama ser sostenido por el relato concreto de las misiones mismas y sirve de introducción a la narración concerniente al protagonista que es el ejecutor de las mismas. Es semejante el caso del motivo que sirve para retardar la acción: en *Las Mil y Una noches*, Sherazada posterga la ejecución que le espera narrando cuentos. El motivo de la narración es un expediente que sirve para introducir nuevos cuentos. Tales son los motivos de la persecución en la novela de aventuras, etc. Habitualmente la introducción de motivos libres en el relato es presentada como el soporte del motivo introductorio; este último, por ser un motivo asociado, es inseparable de la trama.

Por otra parte, hay que clasificar los motivos según la acción objetiva que describen. Generalmente el desarrollo de la trama se cumple gracias a la presencia de algunos personajes vinculados por intereses comunes o por otras relaciones (de parentesco, por ejemplo). Las relaciones que los personajes mantienen entre sí en un momento dado constituyen una situación. Por ejemplo, el héroe ama a la heroína, pero ésta ama a su rival. Las relaciones son el amor del héroe por la heroína y el amor de la heroína por el rival. La situación típica es la que contiene vínculos contradictorios: los diversos personajes quieren modificar esta situación de maneras diferentes. Por ejemplo: el héroe ama a la heroína y es correspondido, pero los padres se oponen al casamiento. Los protagonistas aspiran al matrimonio; los padres, a la separación de ambos. La trama representa el tránsito de una situación a otra. Este paso puede efectuarse mediante la introducción de nuevos personajes (complicación de la situación) o la eliminación de los anteriores (muerte del rival), o también por medio de un cambio en las relaciones.

Un motivo se llama dinámico o estático según que modifique o no la situación. Consideremos la situación existente antes del fin en el relato de Pushkin *La damisela campesina*. Alejo Berestov ama a Akulina; su padre lo obliga a casarse con Lisa Murómskaia. Ignorando que Akulina y Lisa son la misma persona, Alejo se opone a la unión que su padre le impone. Cuando se resuelve a explicarse con Lisa, reconoce en ella a Akulina. La situación cambia: las prevenciones de Alejo contra ese casamiento desaparecen. El motivo del reconocimiento de Akulina en Lisa es un motivo dinámico.

Los motivos libres son por lo común estáticos, pero no todos los motivos estáticos son motivos libres. Supongamos que el protagonista deba valerse de un revólver para llevar a cabo un asesinato requerido por la trama. El motivo del revólver, su introducción en el campo visual del lector, es un motivo estático pero también un motivo asociado, pues sin el revólver el crimen no podría ser cometido. Este ejemplo puede hallarse en *La muchacha sin dote* de Ostrovski.

Las descripciones de la naturaleza, del lugar, de la situación, de los personajes y de sus caracteres, etc., son motivos típicamente estáticos; los hechos y acciones del héroe son motivos dinámicos típicos.

Los motivos dinámicos son los motivos centrales o motores de la trama. Por el contrario, en el argumento se encuentran a veces destacados los motivos estáticos.

Los motivos pueden ordenarse fácilmente según su importancia para la trama. Están en primer término los motivos dinámicos, luego siguen los motivos preparatorios, los motivos que determinan la situación, etc. La comparación de una exposición condensada del relato con otra menos esquemática nos revela la importancia que tiene un motivo dentro de la trama.

El desarrollo de la trama puede definirse como el paso de una situación a otra (²) caracterizándose cada situación por el conflicto de los intereses, por la lucha entre los personajes. El desarrollo dialéctico de la trama es análogo al desarrollo del proceso social e histórico, que presenta cada nuevo estadio histórico como el resultado de la lucha de clases en el estadio precedente y al mismo tiempo como el campo en donde se enfrentan los intereses de los grupos sociales que constituyen el régimen social del momento.

El conflicto de los intereses y la lucha entre los personajes van acompañados por el reagrupamiento de estos últimos y por la táctica de cada grupo en sus acciones contra otro. El desarrollo de la acción, es decir, el conjunto de los motivos que lo caracterizan, se llama

---

2. Lo mismo ocurre con la novela psicológica, en la que la serie de los personajes y sus relaciones están remplazados por la historia interior de un solo personaje. Los motivos psicológicos de sus acciones, los diferentes aspectos de su vida espiritual, sus instintos, pasiones, etc., desempeñan el papel de los personajes habituales. Todo lo dicho hasta aquí y lo que diremos puede generalizarse en este sentido.

la intriga. (Esta es sobre todo propia de la forma dramática).

El desarrollo de la intriga (o, en caso de reagrupamiento complejo de los personajes, de las intrigas paralelas) conduce ya sea a la extinción del conflicto, ya sea a la creación de nuevos conflictos. Por lo común el fin de la trama está representado por una situación en la que los conflictos quedan suprimidos y reconciliados los intereses. La situación conflictiva suscita un movimiento dramático porque la coexistencia prolongada de dos principios opuestos es imposible y uno de los dos deberá prevalecer. Al contrario, la situación de "reconciliación" no comporta un nuevo movimiento ni despierta la expectativa del lector; por eso este tipo de situación aparece al final y se llama desenlace. Las viejas novelas moralizantes, por ejemplo, comienzan con una situación en la que la virtud es oprimida y el vicio triunfa (conflicto de orden moral), mientras que en el desenlace la virtud es recompensada y el vicio castigado. A veces observamos una situación equilibrada al principio de la trama (del tipo "Los personajes vivían apaciblemente. De pronto sucedió..."). Para poner la trama en movimiento se introducen motivos dinámicos que destruyen el equilibrio de la situación inicial. El conjunto de los motivos que rompen la inmovilidad de la situación inicial y que desencadenan la acción se llama el nudo. Habitualmente el nudo determina toda la evolución de la trama y la intriga se reduce a las variaciones de los motivos principales que han sido introducidos por el nudo. Estas variaciones se llaman peripecias (el paso de una situación a otra).

Cuanto más complejos son los conflictos que caracterizan la situación y más contradictorios los intereses de los personajes, tanto más tensa es la situación. La tensión dramática va creciendo a medida que se acerca el vuelco de la situación. Generalmente la tensión se logra mediante la preparación de ese vuelco. En la novela de aventuras estereotípica, los adversarios del héroe que buscan su muerte llevan siempre las de ganar. Pero en el último momento, cuando esta muerte se ha vuelto inminente, el héroe se salva repentinamente y las maquinaciones montadas por sus enemigos se derrumban. La tensión aumenta gracias a esta preparación.

La tensión alcanza su culminación antes del desenlace. Este punto culminante suele designarse con la palabra alemana *Spannung*. En la construcción dialéctica de la trama más simple la *Spannung* funciona como antítesis (el nudo como tesis y el desenlace como síntesis).

El material de la trama pasa por varias etapas hasta formar el argumento. La situación inicial exige una introducción narrativa. La comunicación de las circunstancias que determinan el estado inicial de los personajes y de sus relaciones se llama la exposición.

Una narración no empieza forzosamente por la exposición ([3]). En el caso más sencillo, cuando el autor nos presenta de entrada a los personajes que intervendrán en la trama, se trata de una exposición directa. Pero el comienzo suele también asumir otra forma que convendría llamar "inicio *ex-abrupto*": el relato empieza con la acción ya en curso y sólo ulteriormente el autor nos dará a conocer la situación inicial de los personajes. En tal caso se trata de una exposición retardada. Este retardo de la exposición dura a veces mucho: la introducción de los motivos que constituyen la exposición varía sensiblemente. A veces nos enteramos de la situación merced a alusiones marginales, y es la adición de estas observaciones incidentales la que nos da la imagen definitiva. En tal caso no podemos hablar de una exposición en el sentido propio de esta palabra: no existe ningún trozo narrativo continuo donde estén reunidos los motivos de la exposición.

Pero también puede ocurrir que, después de describir un acontecimiento que no sabemos situar en el esquema general, el autor lo explique —sea en forma de una intervención directa, sea en el discurso de algún personaje— mediante una exposición, es decir, por medio de un relato referente a lo que ya ha sido contado. Esta trasposición de la exposición representa un caso particular de deformación temporal en el desarrollo de la trama.

El retardo de la exposición puede prolongarse hasta el fin de la historia. El lector es mantenido a lo largo del relato en la ignorancia de ciertos detalles que son indispensables para la comprensión de la acción. Por lo general esta ignorancia del lector corresponde en el relato al desconocimiento de esas circunstancias por parte del grupo principal de personajes; es decir, el lector está informado únicamente de lo que sabe un personaje determinado. Esta circunstancia ignorada nos es comunicada en el desenlace. Cuando éste incluye elementos de la exposición y aclara retroactivamente todas las peripecias conocidas a partir del relato precedente, se llama desenlace regresivo. Supongamos que el lector de *La damisela campesina* ignora, al igual que Alejo Berestov, la identidad de Akulina y Lisa Murómskaia. En tal caso, la información que nos procura el desenlace tendrá una fuerza regresiva, es decir, aportará una comprensión nueva y veraz de todas las situaciones precedentes. Así está construida *La tempestad*, extraída de los *Relatos del finado Ivan Petrovich Bielkin* de Pushkin.

---

3. Desde el punto de vista de la disposición del material narrativo, el comienzo de la narración se llama *principio* y su fin, *final*. El principio puede no contener ni la exposición ni el nudo. De igual modo, el final puede no coincidir con el desenlace.

Este retardo de la exposición es introducido habitualmente como un conjunto complejo de secretos. Son posibles las combinaciones siguientes: el lector sabe, los personajes no saben; algunos personapes saben, los otros no; el lector comparte la ignorancia de algunos personajes; nadie sabe, y la verdad se descubre por casualidad; los personajes saben, el lector no.

Estos secretos pueden dominar la narración entera o bien limitarse a ciertos motivos. En este caso el mismo motivo puede figurar varias veces en la construcción del argumento. Consideremos el procedimiento siguiente, propio de la novela. El hijo de un personaje ha sido raptado mucho antes de que se inicie la acción (primer motivo). Un nuevo personaje aparece; nos enteramos que ha sido educado por una familia que no era la suya y que no ha conocido a sus padres (segundo motivo). Más tarde nos enteramos, merced a una confrontación de fechas y circunstancias o con ayuda del motivo "marca" (amuleto, lunar, etc.), que el niño raptado y el nuevo personaje son una misma persona. De esta manera se establece la identidad de los dos motivos. Esta repetición de un motivo en una forma modificada caracteriza un modo de construcción del argumento en el cual los elementos de la trama no son introducidos en el orden cronológico natural. Generalmente el motivo repetido es el índice del nexo establecido por la trama entre las partes del esquema compositivo. Si, en el ejemplo-tipo recién citado —"el reconocimiento del hijo perdido"— el amuleto es la marca que permite el reconocimiento, el motivo del amuleto acompaña tanto el relato de la desaparición del niño como la biografía del nuevo personaje (ver *Los inocentes culpables* de Ostrovski).

Las inversiones temporales en la narración son posibles en virtud del vínculo que los motivos establecen entre las partes [4]. No sólo la exposición, sino también una parte cualquiera de la trama puede ser dada a conocer al lector después de que éste ha sido enterado de lo que ocurre a continuación.

El relato sucesivo de una gran parte de los acontecimientos que han precedido a aquéllos en cuyo decurso dicho relato es introducido se llama *Vorgeschichte*. La exposición retardada es una forma corriente de *Vorgeschichte*, lo mismo que la biografía de un nuevo personaje introducido en una situación nueva. Numerosos ejemplos pueden encontrarse en las novelas de Turgueniev.

---

4. Cuando este motivo se repite con cierta frecuencia y sobre todo cuando es libre, o sea exterior a la trama, hablamos de *leitmotiv*. Así, ciertos personajes que aparecen con nombres diferentes en el curso de la narración (disfraz) están acompañados por un motivo constante a fin de que el lector pueda reconocerlos.

Más raros son los casos de *Nachkeschichte*, esto es, de un relato de lo que ha de ocurrir ulteriormente que se inserta en la narración antes de que sucedan los acontecimientos que preparan ese futuro. La *Nachgeschichte* puede presentarse como un sueño fatídico, o como una predicción, o como una serie de conjeturas más o menos acertadas acerca del futuro.

El narrador desempeña un papel importante en el caso de desarrollo indirecto de la trama, pues la introducción de las diversas partes del argumento deriva del carácter de la narración. La figura del narrador varía de obra a obra: la narración puede ser presentada objetivamente, en nombre del autor, como una simple información —sin que se nos explique cómo nos enteramos de los acontecimientos (relato objetivo)—, o bien en nombre de un narrador, que es una persona bien determinada. A veces el narrador aparece como un tercero que ha sido puesto al corriente de lo sucedido por otros personajes (tal es el caso del narrador de *El disparo* y *El maestro de posta*, de Pushkin), o bien como un testigo, o como uno de los que toman parte en la acción (el protagonista de *La hija del capitán* de Pushkin). También puede ocurrir que este testigo no sea el narrador y que el relato objetivo nos comunique lo que este testigo ha sabido y oído, sin que él desempeñe papel alguno en el relato (ver *Melmothe, el hombre errante* de Mathurin). A veces se emplean complejos procedimientos narrativos: por ejemplo, en *Los hermanos Karamázov* el narrador es presentado como un testigo, pero no aparece en la novela y la narración se prosigue como un relato objetivo.

Hay, pues, dos tipos principales de narración: relato objetivo y relato subjetivo. En el sistema del relato objetivo el autor lo sabe todo, aun los pensamientos secretos de los personajes. En el relato subjetivo seguimos la narración a través de los ojos del narrador (o de un personaje que está al corriente) y cada información es justificada por la explicación de cómo y cuándo el narrador (o el personaje) la ha obtenido.

También son posibles sistemas mixtos. En el relato objetivo, el narrador sigue habitualmente los pasos de un personaje dado y nos enteramos sucesivamente de lo que éste ha hecho o ha sabido. Más adelante abandonamos este personaje por otro, y una vez más vamos enterándonos sucesivamente de lo que este nuevo personaje hace o sabe. De esta manera, el protagonista es el hilo conductor del relato, es decir, es también su narrador; al hablar en su nombre, el autor se preocupa al mismo tiempo de no darnos más informaciones que las que el protagonista podría comunicarnos. A veces el hecho de que el protagonista sea el hilo conductor del relato basta para determinar toda la construcción de la obra. Si el autor siguiera otro personaje, el protagonista podría sufrir algunos cambios aunque el material de la trama fuera el mismo.

A modo de ejemplo analizaremos el cuento de W. Hauff *El califa cigüeña*. Cierto día el califa Kasid y su visir compran a un vendedor ambulante una tabaquera llena de un polvo misterioso y acompañada de un prospecto escrito en latín. El sabio Selim descifra su texto, que dice que quienquiera aspire este polvo y pronuncie la palabra *mutabor* se transformará en un animal de su elección; pero quien ría después de la metamorfosis olvidará la palabra y no podrá recuperar su forma humana. El califa y su visir se transforman en cigüeñas. Al encontrarse con otras cigüeñas no pueden reprimir la risa, y de esta suerte olvidan la palabra mágica. Están condenados, en consecuencia, a seguir siendo cigüeñas para siempre. Volando sobre Bagdad, ven una muchedumbre por las calles y oyen gritar que un tal Mizra ha tomado el poder. Este es el hijo del mago Kashnur, el peor enemigo de Kasid. Las cigüeñas remontan entonces vuelo rumbo a la tumba del Profeta, donde esperan ser liberadas del sortilegio. En pleno viaje, divisan unas ruinas y deciden detenerse para pasar la noche en ellas. Allí encuentran una lechuza que habla el lenguaje de los humanos y que les cuenta su historia. Ella es la hija única del rey de la India; el mago Kashnur, que la había pedido vanamente en matrimonio para su hijo Mizra, logró introducirse en el palacio disfrazado de negro y dar a la princesa una poción mágica que la convirtió en una lechuza, luego de lo cual la transportó a esas ruinas diciéndole que continuaría siendo un pájaro hasta que alguien consintiera en casarse con ella. Por otra parte, la princesa había oído en su infancia una predicción según la cual las cigüeñas le traerían la felicidad. La lechuza propone al califa indicarle el medio para liberarse del maleficio con la condición de que él prometa casarse con ella. Tras algunas vacilaciones, el califa acepta y la lechuza lo guía entonces hasta la habitación donde se reúnen los magos. Allí el califa oye a Kashnur —en quien reconoce al vendedor ambulante— relatar cómo logró engañar al califa, y mencionar la palabra mágica olvidada: *mutabor*. El califa y el visir recobran así su forma humana, al igual que la lechuza: juntos vuelven a Bagdad, donde se vengan de Mizra y de Kashnur.

El cuento se llama *El califa cigüeña*; en efecto, su protagonista es el califa Kasid, pues es su suerte la que el autor va siguiendo en la narración. La historia de la princesa lechuza es introducida por medio del relato que ésta hace al califa durante su encuentro entre las ruinas.

Basta modificar ligeramente la disposición del material para hacer de la princesa la protagonista; para ello habrá que contar primero su historia e introducir luego la del califa mediante un relato que tendrá lugar antes de la liberación del maleficio. En tal caso la trama seguirá siendo la misma pero el argumento habrá cambiado sensiblemente, pues el hilo conductor de la narración será diferente.

Señalo la trasposición de los motivos: el motivo del vendedor ambulante y el motivo de Kashnur, padre de Mizra, resultan ser uno sólo en el momento en que el califa cigüeña sorprende la conversación del mago. El hecho de que la transformación del califa representa el coronamiento de las maquinaciones de su enemigo Kashnur nos es comunicado al final del cuento, y no al principio como ocurriría en una exposición pragmática.

En cuanto a la trama, es doble:

1. Historia del califa hechizado por Kashnur gracias a una impostura.

2. Historia de la princesa hechizada por el mismo Kashnur.

Estos dos caminos paralelos de la trama se cruzan en el momento del encuentro y de las promesas mutuas del califa y de la princesa. De allí en adelante la trama sigue una vía única: la liberación de los sortilegios y el castigo del brujo.

El esquema del argumento sigue las alternativas de la suerte del califa. De un modo encubierto, el califa es el narrador, es decir que el relato aparentemente objetivo nos comunica lo que sabe el califa, y siguiendo el mismo orden en que éste lo ha ido sabiendo. Esto determina enteramente la construcción del argumento. Este caso es muy frecuente; habitualmente, el protagonista es un narrador disimulado (potencial). Por eso el relato suele utilizar la forma propia de las memorias, obligando al protagonista a contar su historia. De esta manera se revela el procedimiento de observación del protagonista, y tanto los motivos expuestos como el orden al que obedecen hallan su motivación.

En el análisis de la composición de obras concretas es preciso prestar especial atención a las funciones que desempeñan el tiempo y el lugar de la narración. Hay que distinguir en toda obra literaria el tiempo de la trama del de la narración. El tiempo de la trama es aquél en el cual se supone que se desarrollan los acontecimientos expuestos; el tiempo de la narración es el tiempo necesario para la lectura de la obra (o la duración del espectáculo). Este responde a la noción que tenemos de la dimensión de la obra.

El tiempo de la trama nos está dado:

1. Por la fecha de la acción dramática, de manera absoluta (cuando los acontecimientos son situados en el tiempo:

por ejemplo "'a las dos de la tarde del 8 de enero de 18..." o "en invierno") o relativa (mediante la indicación de la simultaneidad de los acontecimientos o de su relación temporal: "dos años después", etc.).

2. Por la indicación de la duración de los acontecimientos ("la conversación duró una media hora", "el viaje prosiguió durante tres meses" o —indirectamente— "llegaron a destino el quinto día").

3. Creando la impresión de esta duración: según la longitud de los parlamentos o la duración normal de una acción, u otros índices secundarios, determinamos de modo aproximativo el tiempo que insumen los acontecimientos relatados. Debe señalarse que los escritores usan de esta tercera forma con bastante libertad, intercalando largos parlamentos en intervalos muy cortos e, inversamente, cubriendo largos períodos con palabras breves y acciones rápidas.

Con respecto a la elección del lugar de la acción existen dos casos característicos: el caso estático, cuando los personajes se hallan en un mismo sitio (de aquí la frecuencia de los hoteles y otros establecimientos equivalentes que ofrecen la posibilidad de encuentros inesperados); y el caso cinético, cuando los personajes cambian de lugar para posibilitar los encuentros necesarios (narración del tipo de los relatos de viajes).

MOTIVACION

El sistema de los motivos que constituyen la temática de una obra debe presentar una unidad estética. Si los motivos o el complejo de motivos no están suficientemente coordinados dentro de la obra, si el lector queda insatisfecho con respecto a la conexión de ese complejo con la totalidad de la obra, puede decirse que el mismo no se integra en ésta. Si todas las partes de la obra están mal coordinadas, ésta se desintegra.

Por eso, la introducción de cada motivo singular o complejo de motivos debe estar justificada (motivada). El sistema de los procedimientos que justifican la introducción de motivos simples o compuestos se llama motivación.

Los procedimientos de motivación son muy diversos por su naturaleza y su carácter. Por esto debemos clasificar las motivaciones.

1. *Motivación compositiva.* Su principio consiste en la economía y utilidad de los motivos. Los motivos particulares pueden carac-

terizar los objetos ubicados en el campo visual del lector (los accesorios), o bien las acciones de los personajes (los episodios). Ningún accesorio debe quedar sin prestar utilidad a la trama. Chéjov pensaba en la motivación compositiva cuando dijo que si al comienzo del cuento se dice que hay un clavo en la pared, el héroe deberá colgarse de ese clavo al final.

En *La muchacha sin dote* de Ostrovski observamos esta utilización de los accesorios. Las indicaciones del tercer acto prescriben: "Sobre el diván, una panoplia en la que se han fijado diversas armas". Al principio esta frase no es sino un detalle del decorado que indica los hábitos de Karandichev. En el cuadro sexto este detalle atrae la atención del público a través del siguiente diálogo:

"ROBINSON (mirando la panoplia). — ¿Qué tiene usted allí?
KARANDICHEV. — Cigarros.
ROBINSON. — No, esos objetos prendidos. ¿Son falsificaciones o imitaciones?
KARANDICHEV. — ¿Qué falsificaciones? ¿Qué imitaciones? Son armas turcas".

El diálogo continúa y los presentes ridiculizan las armas. Entonces se precisa el motivo de las armas; cuando alguien señala el mal estado en que se encuentran, su propietario replica:

"KARANDICHEV. — ¿Y por qué habrían de estar en mal estado? Esta pistola, por ejemplo... (*Toma la pistola del muro*).
PARATOV (tomando la pistola). — ¿Esta pistola?
KARANDICHEV. — ¡Eh! Cuidado; está cargada.
PARATOV. — No tenga miedo. Cargada o descargada, el peligro es el mismo; de todos modos, no funcionará. Lo autorizo a disparar sobre mí a cinco pasos de distancia.
KARANDACHIEV. — ¡Oh, no! Esta pistola puede servir todavía.
PARATOV. — Sí, para meter clavos en la pared. (*Arroja el arma sobre la mesa*)".

Al final del acto, Karandichev al huir recoge la pistola de la mesa. En el cuarto acto, dispara con ella sobre Larisa.

La introducción del motivo del arma tiene aquí una motivación compositiva. El arma es necesaria para el desenlace.

Hemos visto el primer caso de motivación compositiva. El segundo consiste en la introducción de motivos como procedimientos de caracterización. Los motivos deben estar en armonía con la dinámica de la trama. En *La muchacha sin dote*, el motivo del Borgoña fabricado por un falsificador que lo vende a bajo precio caracteriza la existencia miserable de Karandichev y prepara la partida de Larisa.

Estos detalles característicos pueden estar en armonía con la acción de diversas maneras:

1. Según una analogía psicológica (el paisaje romántico: claro de luna para una escena de amor, tempestad o tormenta para las escenas de muerte o de crimen).

2. Por contraste (el motivo de la naturaleza indiferente, etc.). En la obra recién citada, en el momento en que Larisa muere se oye a través de la puerta del restaurán el canto de un coro gitano.

También hay que tener en cuenta la posibilidad de una falsa motivación. Ciertos accesorios y episodios pueden haber sido introducidos para desviar la atención del lector de la verdadera intriga. Este procedimiento figura muy a menudo en las novelas policiales, en las que se dan ciertos datos a fin de orientar al lector (y a una parte de los personajes, como ocurre en Conan Doyle con Watson o la policía) por un camino equivocado. El autor nos deja imaginar un desenlace falso. Los procedimientos de motivación falsa abundan principalmente en obras que se fundan en una gran tradición literaria. El lector está habituado a interpretar cada detalle de la manera tradicional. El subterfugio se evidencia sólo al final, y entonces el lector comprende que los detalles engañosos fueron introducidos al solo efecto de preparar un desenlace inesperado.

La falsa motivación es un elemento del *pastiche* literario, es decir, un juego basado en situaciones literarias conocidas pertenecientes a una tradición que son empleadas por el escritor con una función no tradicional.

2. *Motivación realista*. De toda obra exigimos una ilusión elemental: por muy convencional y artificial que ella sea, debemos percibir la acción como verosímil. Este sentimiento de verosimilitud es extremadamente fuerte en el lector ingenuo, quien puede llegar a creer en la autenticidad del relato y persuadirse de que los personajes existen realmente. Apenas terminada la *Historia de la revuelta de Pugachov*, Pushkin publica *La hija del capitán* bajo la forma de memorias, añadiendo la siguiente nota final: "El manuscrito de Piotr Andréievich Griniov nos fue proporcionado por uno de sus nietos, quien se había enterado de que nos ocupábamos de un trabajo referente a la época descripta por su abuelo. Contando con la autorización de sus padres hemos decidido publicar el manuscrito mismo". Así se nos da la ilusión de que Griniov y sus memorias son auténticas ,ilusión acreditada sobre todo por ciertos rasgos de la vida personal de Pushkin que eran conocidos por el público (sus investigaciones acerca de la historia de Pugachev), como también por el hecho de que las opiniones y convicciones manifestadas por Griniov no siempre coinciden con las del escritor.

Para un lector más avisado la ilusión realista toma la forma de una exigencia de verosimilitud; perfectamente consciente del carácter inventado de la obra, él exige con todo una cierta correspondencia. Ni siquiera los lectores familiarizados con las leyes de la composición artística pueden sustraerse psicológicamente a esta ilusión.

En este sentido, todo motivo debe ser introducido como un motivo probable dentro de la situación dada.

Pero como las leyes de composición del argumento no tienen nada que ver con la probabilidad, cada motivo que se introduce es una transacción entre esta probabilidad objetiva y la tradición literaria. Debido a su caracter tradicional no nos damos cuenta del absurdo realista de la introducción tradicional de motivos. Para mostrar que estos motivos son inconciliables con la motivación realista es preciso hacer un *pastiche* de ellos. Piénsese en *Vampuka*, parodia de ópera que todavía puede verse en escena en "El espejo deformante" *, y que ofrece el espectáculo de un repertorio de situaciones operísticas tradicionales reunidas con intención cómica.

Habituados como estamos a la técnica de la novela de aventuras, no reparamos en lo absurdo del hecho de que el héroe sea siempre salvado cinco minutos antes de su muerte inminente; tampoco los espectadores de la comedia antigua o de la de Moliére hallaban absurdo que en el último acto todos los personajes resultaran ser parientes próximos. (El motivo del parentesco reconocido puede verse en el desenlace de *El avaro* de Molière. El mismo procedimiento figura en la comedia de Beaumarchais *Las bodas de Fígaro*, pero aquí en forma de *pastiche*, pues en esa época estaba ya en vías de desaparecer. Sin embargo, la pieza de Ostrovski *Los inocentes culpables*, en la cual la protagonista reconoce al fin en el personaje central a su hijo perdido, nos muestra que este motivo es siempre actual para el drama). El motivo del parentesco reconocido facilitaba mucho el desenlace: el descubrimiento del parentesco, al cambiar radicalmente la situación, conciliaba los intereses. La explicación según la cual el reencuentro de un hijo con su madre perdida era moneda corriente en la antigüedad yerra completamente el tiro; en efecto, tales situaciones eran corrientes sólo en el teatro, gracias a la fuerza de la tradición literaria.

Cuando una escuela poética deja paso a otra más nueva, ésta destruye la tradición y conserva, por consiguiente, la motivación realista. Por eso toda escuela literaria que se opone al estilo precedente pregona siempre en sus manifiestos, bajo una u otra forma

---

* Teatro satírico de Leningrado.

su fidelidad a la vida, a la realidad. Así escribía Boileau, al tomar en el siglo XVII la defensa del nuevo clasicismo contra las tradiciones de la antigua literatura francesa; así defendían en el siglo XVIII los enciclopedistas los géneros burgueses (la novela familiar, el drama) contra los viejos cánones; así los románticos, en el siglo pasado, se rebelaban contra los módulos del clasicismo tardío, en nombre de la vitalidad y de la fidelidad a la naturaleza sin adornos. La escuela que los reemplazó llegó hasta tomar el nombre de *naturalismo*. En general, en el siglo XIX pululan las escuelas cuya denominación hace referencia a la motivación realista de los procedimientos: realismo, naturalismo, naturismo, novela costumbrista, literatura populista, etc. En nuestra época, los simbolistas han reemplazado a los realistas en nombre de una naturalidad sobrenatural (*de realibus ad realiora,* de lo real a lo más real), lo cual no ha impedido la aparición del acmeísmo, que impone a la poesía un carácter más sustancial y concreto, ni la del futurismo, el cual, habiendo en sus comienzos rechazado el esteticismo y aspirado a reproducir el "verdadero" proceso creador, se ha ocupado más tarde deliberadamente de motivos "vulgares", es decir, realistas.

De escuela en escuela va resonando la exhortación a ser fiel a la naturaleza. Pero ¿por qué no se ha creado la "verdadera" escuela natural, que no dejaría lugar para ninguna otra escuela natural? ¿Por qué es posible aplicar el calificativo de realista a toda escuela (y a la vez a ninguna)? (Ingenuamente, los historiadores de la literatura emplean este término como el elogio supremo para un escritor: "Pushkin era realista", es un *clisé* típico de la historia literaria, que parece olvidar que este adjetivo no tenía en la época de Pushkin el mismo sentido que le damos hoy). Este fenómeno se explica siempre por la oposición de la nueva escuela a la vieja, es decir, por la sustitución de las antiguas convenciones —perceptibles en cuanto tales— por otras que todavía no son percibidas como cánones literarios. Por otra parte, el material realista no representa en sí una construcción artística; para que llegue a serlo es preciso elaborarlo con arreglo a leyes constructivas específicas que, desde el punto de vista de la realidad, serán siempre convenciones.

En suma, la motivación realista tiene como fuente sea la confianza ingenua, sea la exigencia de ilusión. Pero esto no impide el desarrollo de la literatura fantástica. Los cuentos populares aparecen siempre en un medio popular que admite la existencia real de brujas y de genios familiares; pero su supervivencia se debe a una ilusión consciente en la que el sistema mitológico, o la concepción fantástica del mundo, o la admisión de posibilidades que no pueden justificarse realmente, son sólo una hipótesis voluntaria. Sobre hipótesis de esta clase se apoyan las novelas fantásticas de Wells. Habitualmente, este escritor no reclama la postulación de un sistema mitológico completo; se contenta con la aceptación de una hipótesis aislada, inconciliable con las leyes de la naturaleza. (En la interesante obra de Perelman *Viajes por los planetas* puede encontrarse una crítica de las novelas fantásticas desde el punto de vista de la irrealidad de sus premisas).

Resulta notable el hecho de que en un medio literario evolucionado los relatos fantásticos ofrecen la posibilidad de una doble interpretación de la trama en virtud de las exigencias de la motivación realista: es posible comprender los acontecimientos como reales y, a la vez, como fantásticos. En su prefacio para *El vampiro*, novela de Alexis Tolstoi que es un buen ejemplo de construcción fantástica, Vladimir Soloviev expresa: "El interés esencial de la significación de lo fantástico en poesía se funda en la certeza de que todo lo que acaece en el mundo y en particular en la vida humana depende, además de sus causas presentes y evidentes, de otra causalidad más profunda y universal, pero menos clara. El rasgo distintivo de lo verdaderamente fantástico consiste en que éste no aparece nunca en forma manifiesta. Sus acontecimientos no deben forzarnos jamás a creer en el sentido místico de los sucesos de la vida, sino sugerirlo, hacer alusión a él. En una obra auténticamente fantástica subsiste siempre la posibilidad exterior y formal de una explicación simple de los fenómenos, pero al mismo tiempo esta explicación está desprovista de toda probabilidad interna. Cada uno de los detalles particulares debe tener un carácter cotidiano, pero considerados en conjunto deben indicar un orden causal diverso. Si despojamos estas consideraciones del barniz idealista de la filosofía de Soloviev, encontraremos en ellas una formulación bastante precisa de la técnica narrativa, fantástica desde el punto de vista de las normas de la motivación realista. Tal es la técnica de los cuentos de Hoffman, de las novelas de Radcliff, etc. Los motivos habituales que ofrecen la posibilidad de una doble interpretación son el sueño, el delirio, las alucinaciones visuales o de otro tipo, etc. (Cf: a este respecto la colección de relatos de Brusov intitulada *El eje de la tierra*.)

La introducción de materiales extraliterarios en la obra literaria (es decir, la incorporación de temas que tienen una significación real fuera del contexto artístico) es fácilmente comprensible desde el punto de vista de la motivación realista de la construcción de la obra. Así ocurre en las novelas históricas, cuando se introducen en el escenario personajes históricos y se propone una u otra interpretación de los acontecimientos. En *Guerra y Paz* de L. Tolstoi hay toda una disertación de estrategia militar acerca de la batalla de Borodino y del incendio de Moscú, que provocó una polémica en la literatura especializada. Las obras contemporáneas retratan costumbres familiares para el lector, suscitan problemas de orden moral, social, político, etc.; en una palabra, introducen temas que tienen una vida propia fuera de la literatura. Aún en una imitación convencional en la que observamos una exhibición de procedimientos, se trata al fin de cuentas, y a propósito de un caso particular, de la discusión de problemas propios de la poética. Poner al desnudo un procedimiento, esto es, utilizarlo fuera de su motivación tradicional, equivale a hacer una demostración del carácter literario de la obra, del mismo tipo que el "escenario en el escenario" (por ejemplo, la representación teatral en el *Hamlet* de Shakespeare, o el final de *Kean* de Alejandro Dumas).

3. *Motivación estética*. Como dije, la introducción de los motivos resulta de un compromiso entre la ilusión realista y las exigencias de la construcción estética. No es forzoso que lo que ha sido tomado de la realidad cuadre a una obra literaria. Sobre este punto insiste Lermontov cuando escribe, refiriéndose a la prosa periodística contemporánea (1840):

> ¿Los retratos de quién, pintan?
> ¿Dónde han oído esas conversaciones?
> Aún si en realidad las han oído,
> nosotros no queremos escucharlas.

Ya Boileau aludió a este problema al decir, jugando con las palabras: "Lo verdadero puede a veces no ser verosímil". En esta fórmula, "lo verdadero" designa aquello que tiene una motivación realista y por "verosímil" se entiende lo que tiene una motivación estética.

La negación del carácter literario de la obra dentro de la obra misma es una expresión de la motivación realista que encontramos con frecuencia. Es bien conocida la frase: "Si esto ocurriera en una novela, nuestro héroe habría obrado así, pero como estamos en el mundo real, lo que ocurrió fue lo siguiente, etc.". Pero el hecho mismo de referirse a la forma literaria confirma las leyes de construcción estética. Todo motivo real debe ser introducido en la construcción del relato de una cierta manera y favorecido por una iluminación particular. Aún la elección de temas realistas debe estar justificada desde el punto de vista estético.

Las discusiones entre nuevas y viejas escuelas literarias giran en torno a la motivación estética. La corriente tradicional niega la existencia del carácter estético de las nuevas formas literarias.

Esto se manifiesta, por ejemplo, en el léxico poético, que debe estar en armonía con tradiciones literarias firmes (fuente de prosaísmos, palabras prohibidas para la poesía).

Examinaremos el procedimiento de *singularización* como un caso particular de la motivación estética. La introducción en una obra de materiales extraliterarios debe justificarse por su novedad y su individualidad a fin de que no desentone con los demás constituyentes de la misma. Es preciso hablar de lo viejo y habitual como de algo nuevo e inusual. Lo ordinario debe tratarse como insólito.

Por lo general, los procedimientos que singularizan los objetos ordinarios están motivados por la refracción de estos objetos en la mente del personaje para quien son desconocidos. Para describir el consejo de guerra que tiene lugar en la aldea de las Muchachas (*Guerra y Paz*), Tolstoi introduce el personaje de una pequeña campesina que observa e interpreta a su manera infantil todo lo que hacen y dicen los participantes, sin comprender lo esencial. En *Jolstomer*, este mismo escritor nos presenta las relaciones humanas a través del pensamiento de un caballo. (Cf. *Kashtanka*, de Chéjov, donde el autor recurre a la muerte igualmente hipotética de una perrita con el solo fin de singularizar la exposición. *El músico ciego*, de Korolenko donde la vida de los videntes pasa a través de la conciencia de un ciego, corresponde a este mismo tipo.)

Swift ha utilizado con liberalidad este procedimiento de singularización en *Los viajes de Gulliver* para pintar el cuadro satírico de los regímenes sociales y políticos de Europa. Gulliver, que ha ido a dar al país de los Houyhnhnms (caballos dotados de razón), describe a su anfitrión equino los usos vigentes en la sociedad humana. Obligado a ser sumamente concreto en su descripción, debe retirar su envoltura habitual de bellas palabras y de ficticias justificaciones tradicionales a fenómenos tales como la guerra, los conflictos de clase, la politiquería parlamentaria profesional, etc. Privados de su estuche verbal, estos temas se tornan singulares y revelan íntegramente su aspecto repugnante. De esta manera, un material extraliterario como lo es la crítica del régimen político obtiene su motivación y se integra íntimamente en la obra.

La interpretación del tema del duelo en *La hija del capitán* brinda un ejemplo semejante de singularización.

En 1830 escribe Pushkin en el *Diario literario*: "La gente de mundo tiene su propia manera de pensar, sus prejuicios incomprensibles para otra casta. ¿Cómo podríamos explicar a un apacible aleutiano el duelo de dos oficiales franceses? Su susceptibilidad le parecerá completamente extraña, y tal vez tendrá razón".

Pushkin ha puesto en práctica esta observación en *La hija del capitán*. En el tercer capítulo Gríniov se entera a través del relato de la mujer del capitán Mirónov que Shvabrin ha sido trasladado de la Guardia a una guarnición de la frontera:

"Shvabrín Alexis Ivánich, fue trasladado hace ya cinco años, como consecuencia de un asesinato. Sabe Dios qué demonio lo perdió. Salió de la ciudad acompañado por un teniente; echaron mano a sus espadas y allí los tienes, tirándose estocadas; ¡y Alexis Ivánich atravesó al teniente, y para colmo en presencia de testigos!"

Más adelante, en el cuarto capítulo, cuando Shvabrín reta a duelo a Gríniov, éste se dirige al teniente de la guarnición para proponerle que sea su padrino.

"¿Quiere decir —responde éste— que usted tiene la intención de ensartarlo a Alexis Ivánich y que desea que yo esté presente como testigo? ¿De esto se trata, o he entendido mal?

—Exactamente.

—¡Qué ideas se le ocurren! Pedro Andréich, ¿Qué busca usted con eso? ¿Ha tenido una disputa con Alexis Ivánich? ¡Vaya desgracia! Una injuria no es algo que se lleva en la cara. ¿El lo ha insultado? Mándelo al diablo. ¿Le ha dado un puñetazo en la jeta? Pues rómpale una oreja, y la otra, y la tercera, y después váyanse cada uno por su camino. Luego nosotros los reconciliaremos".

Al final de la conversación, Gríniov es rechazado categóricamente:

"¿Será como usted dice, pero si yo debo mezclarme en este asunto será solamente para ir a lo de Iván Kuzmich e informarle, como es mi deber, que en la fortaleza se está tramando un crimen contra los intereses del Estado".

En el capítulo quinto, Savelich describe unos pases de esgrima. La visión que nos muestra es sumamente extraña: "No soy yo, sino ese maldito Mosiú quien tiene la culpa de todo. El te ha enseñado a atacar con un asador, a golpear el suelo con los pies, como si las estocadas y saltitos sirvieran para protegerte de un pillo".

Como resultado de esta perspectiva cómica, la idea del duelo aparece bajo una luz nueva y desacostumbrada. La singularización adquiere aquí una forma cómica que el vocabulario contribuye a acentuar. "Le ha dado un puñetazo en la jeta": el vulgarismo "jeta" usado por el teniente no caracteriza la tosquedad de la cara de Gríniov sino la brutalidad del combate. "Una oreja, la otra, la tercera": la cuenta corresponde al número de golpes y no al número de orejas; la proximación contradictoria de las palabras crea un efecto cómico. No siempre, por supuesto, la singularización produce tal efecto.

Es corriente la presentación de los personajes como soportes que permiten agrupar y conectar entre sí diversos motivos. La aplicación de un motivo a un personaje determinado facilita la atención del lector. El personaje desempeña el papel de hilo conductor que permite orientarse en la maraña de motivos y funciona como recurso auxiliar destinado a clasificar y ordenar los motivos particulares. Además, existen procedimientos gracias a los cuales nos podemos ubicar frente a la multitud de personajes y la complejidad de sus relaciones. Un personaje debe ser reconocido y retener con más o menos facilidad nuestra atención.

Caracterizar a un personaje es un procedimiento que sirve para reconocerlo. Se llama *característica* de un personaje el sistema de motivos al que está indisolublemente asociado. Más estrictamente, se entiende por *característica* los motivos que definen el alma y el carácter del personaje. El elemento más simple de la característica es la atribución de un nombre propio. Las formas elementales de relato se contentan a veces con indicar el nombre del protagonista, sin ofrecer ninguna otra característica ("protagonista abstracto"), y vincularlo con las acciones necesarias para el desarrollo de la trama. Las construcciones más complejas exigen que los actos del protagonista deriven de una determinada unidad psicológica, es decir, que sean psicológicamente probables para ese personaje (motivación psicológica de los actos). En tal caso, se atribuyen al protagonista determinados rasgos de carácter.

La caracterización del protagonista puede ser directa: recibimos información acerca de su carácter a través del autor, de los demás personajes, o mediante una autodescripción del protagonista (sus confesiones). La caracterización también puede ser indirecta: el carácter surge de los actos del protagonista, de su comportamiento. A veces estos actos se producen al comienzo del relato, fuera del esquema de la trama, con el único fin de caracterizarlo; estos actos exteriores a la trama constituyen una parte de la exposición. (Por ejemplo en *Ana Timoféievna*, de K. Fedin, la anécdota de Yakovlev y la monja, que acontece en el primer capítulo).

El procedimiento de la máscara, es decir la elaboración de motivos concretos que corresponden a la psicología del personaje, es un caso particular de caracterización indirecta. La descripción de la apariencia del personaje, de su indumentaria, de su habitación (como la que hace Gogol con Plushkin) puede considerarse como máscara. No sólo la descripción de objetos visibles sirve de máscara; cualquier descripción y hasta el nombre del personaje puede cumplir esta función. Véase la tradición de los nombres-máscara, típicos de la comedia. Desde los más elementales como Pravdin, Milon, Starodum hasta los de Iaíchnitsa, Skalozub, Gradoboiev *, casi todos los nombres designan un rasgo característico del personaje. Las obras de Ostrovski constituyen un buen ejemplo.

Debemos distinguir dos casos principales en los procedimientos de caracterización de los personajes: el carácter constante, que permanece idéntico a lo largo de la trama, y el carácter cambiante, que evoluciona a medida que se desarrolla la acción. En este último caso, los elementos característicos adhieren íntimamente a la trama, y la ruptura de la continuidad del carácter (el famoso arrepentimiento del malvado) corresponde a una modificación de la situación dramática. El vocabulario del protagonista, el estilo de su habla, los temas que aborda en su conversación, pueden servirle igualmente de máscara.

Pero no basta diferenciar a los protagonistas y separarlos del conjunto de los personajes por algunos rasgos específicos: es necesario captar la atención del lector y suscitar su interés por la suerte de los personajes. El medio fundamental consiste en provocar la simpatía del espectador hacia la acción descripta. Los personajes llevan habitualmente una carga emocional: en las formas más primitivas son virtuosos o malvados; la actitud emocional hacia el personaje (simpatía-antipatía) se desarrolla, pues, sobre una base moral. Los tipos positivos y negativos constituyen un elemento necesario para la construcción de la trama; al atraer las simpatías hacia algunos de ellos y provocar la repulsión por otros, exige la participación emocional del lector en los acontecimientos expuestos y su interés por la suerte de los protagonistas.

El personaje que recibe la carga emocional más intensa se llama protagonista y es a quien el lector sigue con mayor atención. El protagonista provoca compasión, simpatía, alegría y pena. La actitud emocional hacia el protagonista está contenida en la obra. El autor puede atraer la simpatía hacia un personaje cuyo carácter, en la vida real, provocaría un sentimiento de rechazo. La relación emocional con el protagonista surge de la construcción estética, pues solamente en las formas primitivas él coincide necesariamente con el código tradicional de la moral y de la vida social.

Este aspecto solía ser descuidado por los críticos-periodistas de los años mil ochocientos sesenta, quienes evaluaban a los protago-

---

* *Pravda*: verdad; *milyi*: caro; *starye dumy*: ideas viejas; *iaíchnica*: tortilla; *skalit' zuby*: mostrar los dientes, reír abiertamente; *gradoboi*: helada. Estos nombres aparecen en las obras de los dramaturgos rusos Fonvizin, Griboiédov, Ostrovski y Gogol.

nistas desde el punto de vista de la utilidad social de su carácter y de su ideología, aislándolos de la obra literaria. Ejemplo: el empresario ruso Vasilkov, representado por Ostrovski (*El dinero loco*) como una figura positiva, se contrapone a la nobleza decadente; nuestros críticos, los de la *inteligentsia* populista, lo consideraron un tipo negativo de capitalista explotador en franco ascenso social, pues sus semejantes les eran antipáticos en la vida real. Esta reinterpretación de la obra literaria orientada por la ideología del lector, esta verificación del sistema emocional de la obra basada en emociones cotidianas o políticas, pueden constituir un muro infranqueable entre el lector y la obra. Es preciso leer de manera ingenua, obedeciendo las indicaciones del autor: cuanto más grandes es su talento, tanto más difícil oponerse a sus directivas emocionales, tanto más convincente resulta la obra. La fuerza de persuasión —medio de enseñanza y de prédica— es el origen de la atracción que la obra ejerce sobre nosotros.

El protagonista no es prácticamente necesario para la trama que, como sistema de motivos, puede prescindir enteramente de él y de sus rasgos característicos. El protagonista resulta de la transformación del material en argumento. Representa, por una parte, un medio de hilvanar los motivos y, por otra, una motivación personificada del nexo que los une. La anécdota —forma narrativa elemental— ofrece un buen ejemplo. Representa en general una forma de trama reducida, vaga y fluctuante. En numerosos casos se limita a ser la intersección de dos motivos principales (los demás pertenecen a la motivación obligatoria: el medio, la introducción, etc.) que crean un efecto particular de ambigüedad, de contraste, caracterizado por los términos franceses *bon mot* * y *pointe* o *concetti* en italiano.

Consideremos una anécdota construida en base a la conciencia de dos motivos en una fórmula (retruécano). Un predicador llega a un pueblo y los fieles esperan su sermón. Empieza: "¿Sabeis lo que voy a deciros?". —"No, no lo sabemos". —"Entonces, ¿qué puedo deciros sobre lo que no sabeis?". Y no dice el sermón. La anécdota tiene una continuación que destaca el uso ambiguo del verbo "saber". La vez siguiente los fieles responden a la misma pregunta: "Lo sabemos". "Si ya lo sabeis no vale la pena que os hable de ello..."(⁵).

---

* *Agudeza* (N. del T.).
5. En algunas variantes, esta anécdota tiene una nueva continuación. A la pregunta del predicador, una parte de los fieles responde: "Lo sabemos" y la otra: "No sabemos". La contestación del predicador es la siguiente: "Que quienes lo saben lo digan a quienes no lo saben".

La anécdota está construida sobre la doble interpretación de una palabra y subsiste en cualquier contexto. En su realización concreta, el diálogo está centrado siempre en un determinado protagonista (habitualmente el predicador). La trama está constituida por el predicador astuto y poco dispuesto a cumplir su tarea y los fieles burlados. El protagonista es el soporte de la anécdota.

Veamos ahora una anécdota más elaborada, del folklore inglés. Sus personajes son un inglés y un irlandés (en las anécdotas populares inglesas, el irlandés es el que reacciona tardíamente y a veces de manera desacertada). Los dos hombres marchan por el camino hacia Londres y al llegar a una encrucijada leen la inscripción siguiente: "Este es el camino a Londres. Los analfabetos pueden dirigirse al herrero que vive después de la curva." El inglés ríe; el irlandés calla. Por la noche, llegan a Londres y se instalan en un hotel para dormir. En medio de la noche, el inglés es despertado por la risa incontenible del irlandés. "¿Qué hay?" "Ahora entiendo por qué reíste al leer el cartel que encontramos en el cruce". "¿Ah, sí?". "Claro, el herrero puede no estar en su casa". Aquí también se entrecruzan los dos motivos: el verdadero aspecto cómico del letrero y la singular interpretación del irlandés que supone, como el autor de la inscripción, que los analfabetos podrán leerla.

El desarrollo de esta anécdota aplica el procedimiento de adscribir estos motivos a determinado personaje, elegido por su carácter nacional. (En Francia florecen las anécdotas sobre los gascones, y en nuestro país tenemos también gran cantidad de personajes regionales o extranjeros). Otro medio para caracterizar sucintamente al protagonista de la anécdota consiste en adosar los motivos a un personaje histórico conocido (en Francia el barón de Roquelaure, en Alemania Till Eulenspiegel, en Rusia el bufón Balakirev). También corresponden a este tipo de anécdota las que circulan sobre diversos personajes históricos: Napoleón, Diógenes, Pushkin, etc. Los tipos anecdóticos se crean a medida que se van sumando las atribuciones de motivos a un mismo nombre. El origen de los personajes de la comedia italiana es semejante (Arlequín, Pierrot, Pantalón).

VILA DE LOS PROCEDIMIENTOS DEL ARGUMENTO

Si bien los procedimientos de composición en todos los países y en todos los pueblos se asemejan notablemente, y aún cuando sea lícito hablar de una lógica específica de la construcción del argumento, los procedimientos concretos y particulares, sus combinaciones, su utilización y —en parte— sus funciones, cambian enormemente en el curso de la historia de la literatura. Cada época literaria, cada escuela, se caracterizan por un sistema de procedimientos que les es propio y que representa el estilo (en el sentido amplio del término) del género o de la corriente literaria.

Deben distinguirse los procedimientos canónicos y los procedimientos libres. Llamamos procedimientos canónicos a los que son obligatorios para un género dado y en una época determinada. Por ejemplo, el clasicismo francés del siglo XVII se caracterizó por las unidades dramáticas y la reglamentación minuciosa de cada forma literaria y representa el sistema más neto de procedimientos canónicos. Los artificios canónicos constituyen el rasgo fundamental de las obras de una escuela literaria. En la tragedia del siglo XVII la acción permanece en el mismo lugar y el tiempo está limitado a veinticuatro horas. Todas las comedias terminan con el casamiento de los amantes y las tragedias con la muerte de los personajes principales. Cada regla canónica sirve para fijar un procedimiento. Todo en la literatura (la elección del material temático, los motivos particulares y su distribución, el sistema de exposición, el lenguaje, el vocabulario) puede llegar a ser un procedimiento canónico. Se ha reglamentado el empleo de algunas palabras, la elección de determinados motivos y la exclusión de otros. Los procedimientos canónicos existen en función de su comodidad técnica; al repetirse, se vuelven tradicionales y una vez introducidos en los marcos de la poética normativa, se instituyen como reglas obligatorias. Pero como ningún canon puede agotar todas las posibilidades y prever todos los procedimientos necesarios para la creación de una obra, junto a los artificios canónicos existen otros libres, de carácter facultativo, propios de determinadas obras, escritores o escuelas.

Puesto que el valor de la literatura radica en su novedad y originalidad, los procedimientos canónicos se eliminan por sí mismos afectados por la búsqueda de una renovación de elementos tradicionales, estereotipados. Los artificios obligatorios se vuelven prohibidos; se crean nuevas tradiciones y nuevos procedimientos. Lo que no impide que, después de dos o tres generaciones literarias, renazcan, otra vez, los mismos procedimientos prohibidos.

Según la atención que merezcan en el ambiente literario, se pueden clasificar los procedimientos en perceptibles e imperceptibles. Pueden ser perceptibles por dos razones: su excesiva vejez o su extrema novedad. Los procedimientos eliminados, viejos, arcaicos, son perceptibles; aparecen como una supervivencia inoportuna, como fenómenos carentes de sentido, que sólo existen por inercia, como un cadáver entre los vivos. Los procedimientos nuevos, en cambio, llaman la atención por su carácter inhabitual, sobre todo cuando surgen de un repertorio excluido hasta el momento: por ejemplo, los vulgarismos en la poesía culta. La perspectiva histórica nos permite saber si un procedimiento es perceptible o no. La lengua de Pushkin parece fluida y apenas se advierten sus particularidades; sin embargo impresionaba a sus contemporáneos por la curiosa mezcla de eslavismos y expresiones populares y parecía despareja y abigarrada. Unicamente un contemporáneo puede apreciar la perceptibilidad de un procedimiento. Las construcciones sorpresivas de las obras de los simbolistas, que chocaban a los conservadores en materia literaria hasta 1908, no nos producen el mismo efecto. Por el contrario, descubrimos formas estereotipadas y banales en los primeros versos de Balmont y de Brusov.

Existen dos actitudes literarias en relación a la perceptibilidad de los procedimeintos empleados. La primera, característica de los escritores del siglo XIX, trata de disimularla. El sistema de motivación tiende a hacer invisible los procedimientos literarios y a desarrollar el material de la manera más natural posible, es decir, imperceptible. La segunda actitud no intenta disimular el procedimiento e incluso tiende a evidenciarlo. Si el escritor, que acaba de comunicarnos los pensamientos secretos del protagonista, interrumpe el discurso y se justifica alegando que no ha podido oír el final, no estamos frente a una motivación realista sino a una exhibición —o, mejor aún, una puesta al desnudo— del procedimiento. En el capítulo cuarto de *Eugenio Oneguin*, Pushkin escribe:

> *El frío intenso las piedras* raja
> *y se platean los campos vecinos.*
> *(El lector espera la rima* rosas*;
> *pues ahí tienes: recógela pronto)·*

Se trata aquí de una puesta al desnudo, evidente y consciente, del procedimiento "rima".

El futurismo, en sus comienzos (Jlebnibov) y la literatura contemporánea han vuelto tradicional el desnudar los procedimientos (en los cuentos de Karevin, pueden verse diversos ejemplos en que la construcción del argumento se hace evidente).

Entre las obras que muestran sus artificios, encontramos las que revelan un procedimiento extraño, tradicional o propio de otro escritor. Si al desenmascarar un procedimiento se produce un efecto cómico, estamos ante una parodia, cuyas funciones son múltiples: ridiculizar la escuela literaria rival, destruir su sistema creador, "desenmascararlo".

* En ruso: *morozy y rozy.*

La literatura paródica es muy vasta. En el género dramático es tradicional: cada obra más o menos notable provocó inmediatamente el florecimiento de imitaciones. Detrás de toda imitación hay otra obra literaria (o un conjunto de obras) sobre cuyo fondo se dibuja. Entre los cuentos de Chejov se encuentran muchas imitaciones literarias.

A veces la imitación no persigue un fin satírico y se desarrolla como un arte libre de artificios al desnudo. Los imitadores de Sterne de principios del siglo XIX, por ejemplo, representan una escuela que cultiva la imitación como género autónomo. En la literatura contemporánea, los procedimientos de Sterne reaparecen y prosperan (inversiones de capítulos, digresiones desmesuradas con cualquier pretexto, retardo de la acción).

¿Para qué se evidencia un artificio? Cuando se intenta enmascarar un procedimiento perceptible, produce una impresión cómica, en detrimento de la obra. Sólo se justifica estéticamente el procedimiento perceptible cuando lo es intencionalmente: de allí que el autor lo haga visible para evitar el efecto ridículo.

Por lo visto, los procedimientos nacen, viven, envejecen y mueren. A medida que se aplican se vuelven mecánicos, pierden su función y dejan de ser activos. Para combatir su mecanización se los renueva mediante una nueva función o un sentido nuevo: la renovación del procedimiento es análoga al empleo de una cita de un viejo autor en un contexto nuevo y con nuevo significado.

LOS GENEROS LITERARIOS

En la literatura actual observamos un agrupamiento constante de los procedimientos: se combinan en determinados sistemas que viven simultáneamente, pero se aplican a obras diferentes que se diferencian de manera más o menos neta, según los procedimientos empleados en ellas. La diferenciación de los procedimientos puede tener diversos orígenes: es natural cuando proviene de alguna afinidad interior que les permite combinarse fácilmente; la diferenciación es literaria y social cuando deriva de los objetivos propuestos a las obras particulares, de las circunstancias de su creación, de su destinatario, de la acogida que se le dispensa; la diferenciación es histórica cuando procede de la imitación de obras antiguas y de las tradiciones literarias. Los procedimientos de construcción se agrupan alrededor de algunos perceptibles. Se crean así clases particulares de obras (géneros) caracterizadas por un agrupamiento de procedimientos a los que llamamos los rasgos del género. Estos rasgos pueden ser muy diferentes y referirse a cualquier aspecto de la obra literaria. Basta que aparezca un relato que logre éxito (por ejemplo la "novela policial"), para que de inmediato surjan imitaciones y se cree un género de novela corta cuyo rasgo fundamental es el esclarecimiento del crimen por el detective; es decir, un tema determinado. Este tipo de género temático abunda en la literatura de intriga. En la poesía lírica existen géneros cuyo tema es motivado por un destinatario explicitado: el género epistolar, cuyo rasgo distintivo no es el tema sino la motivación a partir del destino. El uso diferenciado del lenguaje prosaico o poético crea uno u otro género; se distinguen los géneros dramáticos de los narrativos, de acuerdo a que la obra se destine a la lectura o a la representación escénica.

Los rasgos del género, es decir, los procedimientos que organizan la composición de la obra, son dominantes; los demás artificios necesarios para la creación del conjunto artístico, aparecen sometidos a aquellos. El procedimiento dominante se llama *la dominante* y su conjunto constituye el elemento que autoriza la formación del género.

Estos rasgos son polivalentes, se entrecruzan y no permiten una clasificación lógica de los géneros en base a un criterio único. Los géneros viven y se desarrollan. Una causa primera obliga a una serie de obras, a constituirse en un género particular: en las obras que aparecen posteriormente se ha de observar una tendencia a asemejarse a las de ese género o, por el contrario, a diferenciarse de ellas. El género se enriquece con nuevas obras que se vinculan con las que ya existen en su interior. La causa que ha promovido un género puede dejar de actuar; los rasgos fundamentales del género pueden cambiar lentamente, pero éste continúa viviendo como especie, es decir, en virtud de la referencia habitual de las obras nuevas a los géneros ya existentes. El género cumple una evolución y, a veces, una súbita revolución. Sin embargo, en razón de esa referencia habitual de la obra a los géneros definidos, su denominación se mantiene aunque se haya producido un cambio radical en la construcción de las obras correspondientes. Una novela de caballería de la Edad Media y una novela contemporánea de Andrés Bieli o de Pilnak no tienen tal vez ningún rasgo común. Sin embargo, la novela contemporánea aparece como el resultado de una lenta evolución secular de la novela primitiva. La balada de Yukovski y la de Tijónov son dos cosas completamente diferentes, pero entre ellas existe un nexo genético y es posible vincularlas por medio de eslabones intermedios que ponen de manifiesto el tránsito progresivo de una forma a otra.

A veces el género se disgrega. En la literatura dramática del siglo XVIII, la comedia se divide en comedia pura y tragicomedia, que ha dado origen al drama contemporáneo. Asimismo nacen constantemente nuevos géneros a partir de los antiguos que se disgregan: el género del poema lírico o romántico (byroniano) surgió a comienzos del siglo XIX entre las ruinas del poema épico y descriptivo del siglo XVIII. Los procedimientos autónomos que no constituyen un sistema pueden encontrar un "centro", un nuevo procedimiento que los une, los vincula en un sistema y pueden llegar a ser el rasgo perceptible que organizará en torno suyo el nuevo género.

Cabe señalar aquí un fenómeno curioso que se observa en la sucesión de los géneros: generalmente se clasifican según su grado de elevación, su importancia literaria y cultural. En el siglo XVIII, la oda solemne que celebraba los grandes acontecimientos políticos pertenecía al género culto, mientras el cuento ligero, sin pretensiones y a veces un tanto grosero, pertenecía al género vulgar. En el proceso de sucesión de los géneros es constante el remplazo de los géneros nobles por los vulgares. Se puede hacer un paralelo con la evolución social en la cual las clases elevadas dominantes son progresivamente remplazadas por capas democráticas: la casta feudal por la pequeña nobleza funcionaria, la aristocracia en su totalidad por la burguesía, etc. El remplazo de los géneros elevados por vulgares asume dos formas:

1) La completa desaparición del género culto. Así muere la oda en el siglo XIX y la epopeya en el XVIII.

2) La penetración de los procedimientos del género vulgar en el género culto. De este modo, elementos de los poemas paródicos y satíricos penetraron en el poema épico del siglo XVIII, creando formas tales como *Ruslan y Ludmila* de Pushkin. En Francia, en la tercera década del siglo XIX, la irrupción de los procedimientos cómicos en la tragedia clásica culta generó el drama romántico. Otro hecho semejante lo constituye, en el futurismo contemporáneo, la penetración de los procedimientos de la poesía lírica vulgar (humorística) en la poesía lírica culta: fenómeno que posibilita la resurrección de las formas elevadas de la oda y la epopeya (en Maiacovski, por ejemplo). Lo mismo se observa en la prosa de Chejov, que se desarrolló en los periódicos humorísticos. Un rasgo característico de los géneros vulgares es la función cómica de los procedimientos. La penetración de los artificios propios de los géneros vulgares en los géneros elevados está marcada por la nueva función de esos procedimientos, desvinculados de lo cómico. Lo esencial de la renovación de procedimientos radica justamente en esto.

Según el testimonio de Vostokov en 1817, la rima dactílica era respetada por los contemporáneos "únicamente en las obras divertidas que pueden ocasionalmente hacernos reir"; veinte años después aparece el poema de Lermontov, *En un momento difícil de la vida*, en el que nadie percibió un efecto jocoso o divertido. La rima propia del retruécano, que tuvo en Minaiev una función cómica, pierde ese carácter en Maiakovski.

Otro tanto ocurre con algunos procedimientos: en Sterne, el mostrar al desnudo la composición es aún un procedimiento cómico o, por lo menos, de evidente origen cómico. En sus orígenes, la revelación del procedimiento, en cambio, es un modo absolutamente legítimo de construcción del argumento.

El proceso de canonización de los géneros vulgares no constituye una ley universal, pero es tan frecuente, que cuando el historiador de la literatura busca las fuentes de un fenómeno literario importante, debe dirigirse a los fenómenos insignificantes y no a los grandes fenómenos literarios precedentes. Los grandes escritores se apoderan de los géneros vulgares y los elevan a cánones de los géneros cultos en los que determinan efectos estéticos inesperados y profundamente originales. El período de expansión creadora de la literatura está precedido por una lenta acumulación, en las capas literarias inferiores, de medios aún no canonizados que luego renovarán la literatura entera. La aparición de un genio equivale siempre a una revolución literaria que destrona el canon dominante y otorga el poder a artificios hasta entonces subordinados. Por el contrario, los herederos de las corrientes literarias elevadas que repiten constantemente los procedimientos de sus grandes maestros, constituyen generalmente un conjunto carente de atractivo. Los epígonos repiten una combinación trillada de procedimientos que fueron originales y revolucionarios y que se han vuelto estereotipados y tradicionales. De esta manera los epígonos desacreditan a sus maestros y matan —a veces por largo tiempo— la aptitud de los contemporáneos para sentir la fuerza estética de los ejemplos que imitan. Ejemplo: los ataques contra la dramaturgia de Racine, frecuentes en el siglo XIX, se explican únicamente porque los procedimientos racinianos hartaron hasta la repugnancia a todos sus lectores debido a las reproducciones serviles que hizo la literatura epígona de los clásicos tardíos, carentes de talento.

Volvamos al conjunto históricamente aislado de las obras literarias reunidas por un sistema común de procedimientos, entre los cuales —hemos dicho— algunos dominan y unifican a los demás. Ninguna clasificación lógica y sólida de los géneros puede establecerse. Su distinción es siempre histórica, es decir, justificada sólo para una época dada. Además, esta distinción se formula simultáneamente por diversos rasgos, que pueden ser de una naturaleza enteramente diferente entre un género y otro. Al mismo tiempo, continúan siendo compatibles entre sí, porque su distribución obedece sólo a las leyes internas de la composición estética.

Es preciso adoptar una actitud descriptiva en el estudio de los géneros; remplazar la clasificación lógica por una pragmática y utilitaria que tenga en cuenta sólo la distribución del material dentro de los marcos definidos. La clasificación de los géneros es compleja: las obras se distribuyen en vastas clases que, a su vez, se diferencian en tipos y especies. Si descendemos en la escala de los géneros pasaremos de las clases abstractas a las distinciones históricas concretas (el poema de Byron, el cuento de Chejov, la novela de Balzac, la oda espiritual, la poesía proletaria) hasta llegar a las obras particulares.

1925

NOTA BIBLIOGRÁFICA

Los artículos aquí reunidos fueron extraídos de las siguientes obras:

M. B. EICHENBAUM, "La teoría del método formal", *Literatura, teoriya, kritika, polemika*, Leningrado, 1927, págs. 116-148.

V. SHKLOVSKI, "El arte como artificio", *O teorii prozy*, Moscú, 1929 (1ª ed. 1925), págs. 7-23.

R. JAKOBSON, "Sobre el realismo artístico". Publicado por primera vez en una traducción checa en *Cerven*, IV (1921), págs. 300-304. Nuestro texto ha sido tomalo de *Readings in Russian Poetics*, Michigan Slavic Materials, Nº 2, Ann Arbor, 1962, págs. 30-36 (en ruso).

V. V. VINOGRADOV, "Sobre las tareas de la estilística" (conclusión) *Russkaia rec'*, I (1923), págs. 286-293.

J. TINIANOV, "La noción de construcción", *Problema stijotvornogo jazyca*, Leningrado, 1924, págs. 7-11. Reeditado en 1923 por Mouton y Cía.

J. TINIANOV, "Sobre la evolución literaria", *Arjaisty i novatory*, Leningraddo, 1929, págs. 30-47.

J. TINIANOV, R. JAKOBSON, "El problema de los estudios literarios y lingüísticos", *Novyi Lef*, Nº 12 (1928), págs. 36-37. Reimpreso en *Readings*, págs. 101-102.

O. BRIK, "Ritmo y sintaxis", extractos del artículo así titulado, *Novyi Lef*, Nº 3-6 (1927). Reimpreso en O. Brik, *Two essays on poetic language*. Michigan Slavic Materials, Nº 5, Ann Arbor, 1964.

B. TOMASHEVSKI, "Sobre el verso", extractos del libro *O stije*, Leningrado, 1929. El primero corresponde al capítulo III del artículo "El problema del ritmo poético" (págs. 10-13), el segundo al capítulo VI del mismo artículo (págs. 20-24), el tercero al capítulo IV del artículo "Verso y ritmo" (págs. 45-48), el cuarto al capítulo VIII del mismo artículo (págs. 58-61).

V. SHKLOVSKI, "La construcción del relato y la novela", *O. teorii prozy*, Moscú, 1929, págs. 68-90.

B. EICHENBAUM, "Sobre teoría de la prosa", extractos del libro *Literatura, teoriya, kritika, polemika*, Leningrado, 1927. El primero corresponde al capítulo I del artículo "Leskov y la prosa contemporánea" (págs. 210-214), el segundo al capítulo II del artículo "O. Henry y la teoría de la novela" (págs. 171-177).

B. EICHENBAUM, "Como está hecho *El capote* de Gogol", *Literatura, teoriya, kritika, polemika*, Leningrado, 1927, págs. 149-165.

V. PROPP, "Las transformaciones de los cuentos fantásticos", *Poética, Vremennik Otdela Slovesnyj Iskustv*, IV (1928) p.ágs. 70-89.

B. TOMASHEVSKI, "Temática", extracto del libro *Teoria literatury (Poetika)*, Leningrado, 1925, 132-165.

SOBRE LOS AUTORES

O. M. BRIK (1888-1945). Periodista. Muy pronto lo une una gran amistad con Maiakovski, y comparte la suerte del poeta desde la época del futurismo. Dirige (con Maiakovski) las revistas *El arte de la Comuna* (1918), *LEF* (1923-25), *El nuevo LEF* (1927-28). Organizador e inspirador del movimiento formalista, no ha dejado empero ningún libro sobre la teoría literaria. En los años treinta propone la teoría de la "demanda social" en literatura. Es también autor de libros para el cine (*Tempestad sobre el Asia*, de Pudovkin).

V. V. SHKLOVSKI (1893). Escritor y crítico literario. Alumno de Baudouin de Courtenay en lingüística, escribe su primer libro, *La resurrección de la palabra*, bajo la influencia de este último. Organizador de la *Opoiaz* ("Sociedad para el estudio de la lengua poética"), centro del formalismo. Sus opiniones han sido expuestas en su mayoría en antologías de cortos ensayos: *Rozanov* (1921), *El movimiento del jinete* (1923), *La literatura y el cine* (1923), *La tercera fábrica* (1926), *El cuento de Hamburgo* (1928), como también en algunos libros consagrados exclusivamente a la literatura: *Acerca de la teoría de la prosa* (1925), *Materiales y estilo de "Guerra y Paz" de Tolstoi* (1928), etc. Más adelante se dedica íntegramente a la ficción, escribiendo novelas históricas (*Marco Polo*, 1936; *Mínimo y Poyarski*, 1940). En los años cincuenta vuelve a la crítica literaria: *Notas sobre la prosa de los clásicos rusos* (1955), *Pro y contra, notas sobre Dostoievski* (1957), *Acerca de la prosa literaria* (1959), *Tolstoi* (1963).

B. M. EICHENBAUM (1886-1959). Historiador de la literatura. Enseñó Historia de la Literatura Rusa en la Universidad de Leningrado desde 1918 hasta 1949. Sus principales obras del período formalista son: *La melodía del verso lírico ruso* (1922), *Ana Ajmátova* (1923), *A través de la literatura* (1924), *Literatura* (1927), *Mi periódico* (1929). Durante el mismo período enseña en el Instituto de Historia del Arte en Leningrado. En los años treinta se ocupa esencialmente de la edición de los clásicos rusos. Deja la Universidad en 1949 y en 1956 retoma sus actividades en el Instituto de Literatura Rusa. Ha consagrado largos años al estudio de dos escritores rusos: Lermontov y Tolstoi (*Tolstoi*, I, 1928, II, 1931, III, 1960; *Lermontov*, 1924; *Estudios sobre Lermontov*, 1960).

R. JAKOBSON (1896). Fundador del Círculo Lingüístico de Moscú (1915-1920), que más tarde se fusiona con la Opoiaz en el movimiento formalista. Entre 1920 y 1939 vive en Checoslovaquia, donde es uno de los miembros más activos del Círculo Lingüístico de Praga. Sus dos primeros libros, *La poesía moderna rusa* (1927) y *Sobre el verso checo* (1923), forman parte del legado de los formalistas. Durante la guerra se exila en los Estados Unidos; actualmente enseña Lingüística General y Lenguas y Literatura Eslavas en la Universidad de Harvard y en el MIT. Durante este período ha consagrado diversos artículos a la poética, especialmente al estudio de la prosodia, de la significación gramatical, de la estructura formal, etc.

V PROPP. Especialista en folklore. Su primer libro, *La morfología del cuento*, está fechado en 1928. Enseña etnología en la Universidad de Leningrado. Sus libros posteriores son: *Las raíces históricas del cuento fantástico* (1946), *La poesía épica rusa* (1955), *Las fiestas campesinas rusas* (1963).

B. V. TOMASHEVSKI (1890-1957). Se inicia en los estudios literarios con análisis estadísticos del metro en Pushkin, recogidos más tarde en su antología *Sobre el verso* (1929). De la época del formalismo provienen otros dos libros: *La versificación rusa* (1923) y *Teoría de la literatura* (1925). Más adelante se consagra a la edición crítica de los clásicos rusos (ha dejado un manual de textología, *El escritor y el libro*, 1928). Enseña Estadística y, más tarde, análisis del verso y del estilo. Durante toda su vida se interesó en la obra de Pushkin: participó en la edición de sus obras y ha dejado varios libros acerca de él: *Pushkin* (1925), *Pushkin 1813-1824* (1956), *Pushkin 1824-1837* (1961, póstumo), *Pushkin y Francia* (1960). Murió en un accidente. Sus últimos libros han sido publicados por sus alumnos: *El verso y el lenguaje* (1958), *Estilística y versificación* (1959).

J. TINIANOV (1894-1943). Escritor e historiador de la literatura. Enseña Historia de la Literatura Rusa en el Instituto de Historia del Arte de Leningrado entre 1920 y 1931. Sus libros de la época formalista son: *Dostoievski y Gogol* (1921), *El problema de la lengua poética* (1924), *Arcaizantes e innovadores* (1929). En los años treinta escribe biografías noveladas de los poetas contemporáneos de Pushkin y del mismo Pushkin (v. I, II, 1936; III, 1943, inconcluso).

V. V. VINOGRADOV (1895). Sus trabajos se refieren principalmente al estudio del estilo y de la lengua rusa. Sufre la influencia de J. Baudouin de Courtenay y de Saussure alrededor de los años veinte y explora el dominio del estilo con nuevos métodos. Entre sus libros de esa época son los más importantes: *Gogol y la "escuela natural"* (1925), *La evolución del naturalismo ruso* (1929), *Acerca de la prosa literaria* (1930). Más adelante estudia la historia de la lengua a través de la obra de los escritores (*La lengua de Pushkin*, 1935; *El estilo de Pushkin*, 1941, etc.). Desde 1946 es miembro de la Academia de Ciencias. Ultimamente ha consagrado varios libros al estudio de la lengua literaria: *Acerca de la lengua de la literatura* (1959), *El problema de la identificación del autor y la teoría de los estilos* (1961), *Poética, teoría de la lengua poética, estilística* (1963), *El asunto y el estilo* (1963). Actualmente está a la cabeza de los lingüistas soviéticos.

impreso en national print, s.a.
san andrés atoto 12 - naucalpan de juárez
53500 edo. de méxico
un mil ejemplares y sobrantes para reposición
15 de octubre de 1991